アキバと
手の思考

粉川哲夫 Tetsuo Kogawa

せりか書房

アキバと手の思考　目次

Ⅰ　忘却のアキバ
　　忘却の境界　6
　　テレビキット　25
　　外の風と逆風　31
　　半田パフォーマンス　35
　　ＤＩＹ精神　57
　　ジャンク屋　62
　　うさんくささの行方　74
　　都市の行く末　86
　　シチューと五目ご飯　95

Ⅱ　手の思考
　　機械と身体　102
　　アートの誕生日　109
　　手で考える　121
　　地理的距離の終わり　128
　　ポリモーファス・ラジオ　135
　　ワイヤレス・イマジネイション　147
　　ディーディー・ハレック　159
　　スローライフ　170
　　コピーライトフリー　181
　　破綻万象　193

Ⅲ　日付のある手の旅　　206
　　グラーツ
　　ウィーン
　　ベルリン
　　ニューカッスル
　　ソウル
　　リスボン
　　グラスゴウ
　　ライプチッヒ

Ⅳ　失敗と成功　芸人への道　　348
　　ロンドンの出来事

あとがき　　366

I　忘却のアキバ

Ⅰ　忘却のアキバ

忘却の境界

　その男と会ったのは、昨年の秋だった。アキバで歩き疲れ、駅の中央改札口からほどちかいショットバーでビールを飲んだときだ。
　わたしはひんぱんにアキバに足を向ける。ラジオアートという分野でアート活動をしている者にとって、アキバは材料の宝庫である。ラジオアートというのは、電波を素材にしてアート作品を創造するアートであるが、送信機や受信機自体が作品なので、既製品を買うわけにはいかない。ゼロからアイデアを立て、自分で組み立てるので、部品を集める必要がある。東京を離れると、大阪の日本橋や名古屋の大須をのぞけば、部品を手に取って選別しながら買える店はほとんどない。だから、ネットで注文する人も多い。油絵や彫刻の材料も、段々そんな感じになっているらしい。
　男は、わたしが座った窓側のカウンターのすぐそばの席で外を見ていた。わたしが、買い集めた部品を袋から出し、ひとつひとつ点検していると、ひとりごとを言うかのように、そっぽを向きながら「書くものを貸してください」と言った。それ

があまりに自然だったので、わたしは無言でボールペンを差し出した。

　それから30分あまりが過ぎたが、男は、そのボールペンで小さいメモ用紙になにかを書き続けていて、わたしにはまったく関心をむけなかった。あげたつもりはなかったが、それは、すでに完了済の出来事のようであった。わたしは、「じゃあ」と言おうとして、無言で立ち、その店を出た。

　同じことがそれから半年して起こった。いっとき海外に出て、もどってきたとき、故郷にもどるかのようにアキバにやってきた。ほとんど習慣のようにいくつかの店をまわり、その店に落ち着き、同じ席に座り、同じように生ビールを注文した。ふと、左方を見ると、半年まえに会った男がいた。わたしは親しみを感じて、声をかけた。

「去年お会いしましたね」

　が、その男は無表情でわたしを見て、「書くものを貸してください」と言った。ペンを差し出しながら、

「よく来られるのですか？」と言ったが、わたしの問いに、男は答えず、

「駅を越えられない」

とひとりごとのようなトーンで言葉を発した。

　駅というのは秋葉原駅のことだろう。「越えられない」ということは駅の向こう側に行けないということだろうか？

I　忘却のアキバ

「どうしてですか？」
「すっかり変わっちまった」
いきなり対話が成立したので、驚き、
「たしかに、アキバといえば、電気街でしたよね」と話をつないだ。
しかし、男は無表情でメモ用紙に視線を落としているので、わたしはビールを啜りながら、ひと昔まえを回想した。

「坊や、自分で作るのかい？」
「ええ」
少年は、やや得意げな気持ちをおさえながらシャイな口調で応える。彼が膝の上に大事そうに乗せているのは、アルミ製のシャーシである。新聞紙で半分くるまれているが、それとすぐわかる。当時、ラジオはすべてシャーシと呼ばれる箱に真空管やトランスの穴を開け、部品を半田付けして組み立てた。少年は、アキバのラジオマーケットで買い物をして、渋谷へ向かう山手線に乗ったところであった。

初めてアキバに来たのは、1950年ごろだったと思う。いまラジオセンターとラジオストアがある中央通りの路上には、露天が何軒も立ち並び、人がごったがえしていた。わたしを連れて行ったのは、両親の仕事を手伝っていた板橋作太郎という禿げ頭のひとだったが、彼が、「勉強してよ」

と言ったのが奇妙に印象深かった。
「何の勉強するの？」
　勉強という言葉に学習という意味しかないと思っていたわたしがたずねた。板橋さんは苦笑いしながら、「勉強する」というのは「まける」ということだと教えてくれた。
　よく思い出せないのだが、このときアキバに来たのは、母の差し金だったような気がする。彼女は、エクセントリックな人で、あるとき「こうだ」と思うと、それがいささか常識に反していてもすぐ実行しようとする。その当時彼女は、わたしがもっと幼いときに古いラジオを解体し、部品のいくつかをなくしてしまったのを、「これはよくないことだ」と確信したにちがいない。そして、ものごころのついたいま、「もとに戻すべきだ」というわけで、板橋さんという、彼女の仕事を手伝っていた元植木職人だった人に頼んでわたしをアキバに行かせたのである。
　ぼんやりした記憶をたどると、わたしたちが探していたのは、ラジオのダイアルのところに付いていたツマミだったように思う。ものが乏しい時代で、同じものを見つけるのは至難の業だ。だから、板橋さんは、わたしを引き連れてラジオの部品屋をさんざん歩き回ったすえ、アキバの露天にたどり着き、問題の品に近いものを発見したのだろう。

当時、ラジオ部品を売る店は、アキバよりも神田駅から万世橋にかけての一帯に集中しており、アキバは、むしろ新興のラジオ街だった。だから、ラジオ部品を買いに行くときは、いまのJRあるいは地下鉄銀座線の神田駅で降り、そこからアキバまで店を物色して歩くというのが定石だった。1950年代には、「神田の電気街」という言葉が生きており、アキバよりも須田町が電気／ラジオ部品の中心であった。

　壊した古ラジオを復元するのと前後して、模型の電車を作るようになった。材料は、側面・天井・底が1枚1枚の真鍮板で提供され、それらを半田でつながなければならない。せっかく2面ぐらいまで止め付けるのに成功しても、もう1面を半田付けしようとすると、その熱で他が外れてしまうのだった。音をあげて放り出すと、それを見た母は、ぶつぶつ言いながら半田鏝を握り、組み立てようとするが、経験があるわけではないから、簡単には仕上がらない。しかし、最後は組み上げて、なかにモーターを止めつけ、走らせるに至った。

　この時期、鉄道模型と前後して、鉱石ラジオを作った。これは、キットをクリスマスプレゼントとしてもらったのだと思う。ヘッドフォンから放送が聞こえたはずだが、のちに真空管ラジオを作り、音が出たときのような感動は記憶していない。当時の鉱石ラジオの音は非常に心もとないものだ

いまならまさに DIY 読本のようなガイドブックで、劣化した真空管を電熱器で温めて「若返らせる」方法まで図入りで書いてある。

真空管の若返り

ったためだろう。

　ラジオ工作は、鉱石ラジオが終わると真空管ラジオに進むのが普通で、わたしもその道をたどった。単管のラジオを作り、どうしても音が出なくて、マニュアルにしていた本の著者に出版社経由で手紙を出し、返事をもらって感激したのをよくおぼえている。その本は、杉本哲の『初歩のラジオ研究』（山海堂、1949 年）で、当時は、『初歩のラジオ』という月刊誌の定期的な寄稿者で、よく名前が知られていた。

　おのずから、須田町・秋葉原通いはひんぱんになった。戦後のどさくさの時代だったから、ひとりで行くことは許されず、かならず先述の板橋さんがついてきた。が、そのたびごとに、彼が、店の人の言う値の半分近くまでまけさせてしまうのに舌を巻いた。

　わたしは、それを自分でも実践してみたくてたまらなかったが、10 年後、自分で「まけてよ」と言える度胸が出来たころには、定価販売制が次第に定着し、パフォーマティヴに買値を決めるやりとりをエンジョイすることはできなかった。面白いのは、その後、海外の街をさまようようになり、そこでものを買うとき、何のためらいもなくこのパフォーマンスを実践できる環境に出会い、昔の須田町やアキバを思い出したことだった。

　送信機を作って電波を出しはじめるまえ、短波

I 忘却のアキバ

真瀬正雄(1953年、新大久保の下宿で)は、その後1級無線通信士の免許を取り、遠洋漁業の通信士になった。半年ほどの航海のたびに、海外から「舶来品」を買ってきてくれた。日本では手に入りにくかったステレオのカートリッジ(Shure製)も彼の土産だった。

無線を受信することに熱中していた。テレビ日本堂というラジオ店(後述)で知り合った真瀬正雄の影響もある。彼は、そこでアルバイトをしながら無線通信士の免許を取ろうとしていた。アパートに行くと、頭に手ぬぐいで鉢巻をして電信の電鍵を握り、トンツー(モールス信号)の練習をしていた。

当時、写真にも入れ込んでいたので、自室の写真が残っているが、それを見ると、テーブルの上のカレンダーには1954年とあるから、わたしが小学生6年生のときだ。トリオから無線受信機のキットが出ていて、それを組み立てた。アンテナ

受信機の左にあるのは基準周波数を発信させるオッシレイター。微弱な送信機である。これで受信周波数を正確に知る。

は、高さ10メートルぐらいの竹竿(当時は街で売っていたのだ)を買ってきて立てた。受信の感度はアンテナ次第というようなところがあり、さいわい障害物がまわりになかったので、海外の電波も受信できた。海外旅行などしたことがない小

学生にとっては、この短波受信機が渋谷の狭小空間の視野を無限の世界に広げてくれるような気がした。これは、ある意味で、ヴァーチャルな世界の最初の体験でもあった。

　放送を受信したら受信状態を知らせ、その局の「SWLカード」（SWL=Short Wave Listener）をもらうのが慣習化していることを知り、せっせとリポートを書いて送った。最初は国内外の大きな放送局からカードをもらっていたが、次第に、アマチュア無線局からもらうのが日課になった。当時、アマチュア無線の会話はとてもホットに聴こえた。子どもには未知のおとなの会話だったからにすぎなかったのかもしれないが、受信結果を知らせると、（こちらの年令を明かすことはなかったこともあってか）ちゃんと対応してくれるのがうれしかった。

　当時もらったSWLカードをいま見ると、その

カードをくれた香取光世氏（1918〜2003）は強力な電波で海外でも知られていた。

忘却の境界　　13

I　忘却のアキバ

後のアマチュア無線の歴史を築いたひとたちのものがあって驚く。

短波は、遠距離通信を容易にするので、アマチュア無線でも、東京から遠いところにある無線局の信号もクリアーに受信できた。

次第に、受信しているだけではなく、自分でも電波を出してみたくなった。そして、アマチュアバンドの端のほうに、「アンカバーバンド」というある種の「解放区」があることを知った。

アキバに1人で通うようになったある日、ガード下のラジオセンターが大火事に遭った。新聞でそのことを知り、野次馬根性も手伝って現場に出かけたわたしが発見したのは、見るも無残に焼け焦げ、天井から水がしたたる「通路」だった。すでに、近所の仲間たちと「アンカバー」通信をやっていたわたしは、しばしば米軍「放出」の送信管や変

鶴岡市の斎藤勉氏のカードには、出力120Wで20メートルのアンテナを使っているとある。

調トランスを買いに行ったが、そういう店も火事のために休業になってしまった。そこで、わたしの足は、ふたたび万世橋のガード下のマーケット（これはいまでも形だけは残っている）にもどった。

　都市の大火事は、しばしば、その街の方向を変えるものだが、アキバの場合も、ラジオセンターの火事は、ラジオ街が闇市的な要素から決別するきっかけとなったように思う。折しも、日本経済は高度成長に向かって進もうとしており、生活物資の消費も次第に上向きはじめていた。

　アキバの遊歩者の目にも、そのことは漠然と感じられた。米軍の放出品を並べたジャンク屋が少なくなり、完成品を売る店が出来はじめた。また、真空管に代わってトランジスタが使われるようになり、ラジオや無線装置の組み立て方法も変わってきた。当時非常に高価だったトランジスタは、いまではたったの10円もしないが、出はじめのトランジスタは、高価なうえに熱に弱く、取り付けには細心の注意と高度な技術が必要だった。そのため、電子装置の組み立ては、アマチュアには手の出ないものになっていったのである。これは、それから10数年して、安くて丈夫なトランジスタやICが登場するまで続く。

　60年代後半になってわたしがアキバに距離を置くようになったのは、このことと無関係ではない。実際、この時期になると、部品よりも完成品、

I 忘却のアキバ

ステレオ・ビデオ・テレビの「三種の神器」を安く買うには、まだ秋葉原だった。

専門製品よりも家電製品を売る店が増え、アキバの雰囲気が変わってきた。廣瀬無線が部品の専門店からオールラウンドの電気量販店に様変わりし、第一家電や石丸電気がアキバの顔になる時代がはじまったのである。

70年代後半から80年代の初めまでわたしは、ニューヨークに惚れ込み、他の都市に関心がなかったので、この時代のアキバのことはよく知らない。が、家電志向がますます強まり、従来以上に一般の人々がアキバに行くようになった時代であることだけは確かだろう。まだ、家電を安売りする店があちこちに出来る前だったから、テレビや冷蔵庫を安く買うためにはアキバが一番だったのである。

80年代に入って、わたしは、ひょんなことから微弱電波を使ったミニFMのブームの仕掛人の一人になってしまった。ワイヤレスマイクに毛の生えた程度の送信機を使うとはいえ、出来合いの送信機では、400～500メートルの合法エリアをカバーすることは難しかった。そこで、自作をしなければならなくなり、しばらくごぶさたしていたアキバ通いがはじまることになった。頼まれてアンテナ（FM受信用のものを流用する）を買いにいったことも数しれない。

再会したアキバは、斜めに眺めていた70年代のアキバとも違っていた。目立ちはじめたのは、コンピュータを扱う店が急に増えてきたことだ。

また、使いようによっては、かなりのことが出来るICやハイブリッドモジュールを数百円の値段で量販している新タイプのジャンク屋が登場していた。そうした製品は、モデルチェンジやオーバーストックで、メーカーが投げ売りしたもので、なかには、「本品は、ココム協定で共産圏への持ち出しが禁止されています」といった但し書きがしてあるものもあった。これは、ベルリンの壁崩壊とともに姿を消すことになる。
　そんな製品を扱う店を覗くうちに、わたしは、そうしたICやハイブリッドモジュールを使ってある種のハイテクアートを制作することを考えついた。往年のラジオ工作とその後の文化的関心とが一つに結びついたのである。これは、その後も続くどころか、ますます昂進し、その制作プロセスを「レクチャーパフォーマンス」と称して披露するようになった。こうなると、アキバは材料やアイデアの物色に不可欠の場所にならざるをえない。
　アキバの街は、たえず中心を移動させながら変貌をとげてきたが、80年代から90年代にかけて、その中心は、中央通りを越えた外神田1丁目の一帯に移った。その目玉商品は、コンピュータであり、ソフマップとザ・コンピュータ館がその中心的なスポットになった。コンピュータの店は、部品店と家電の店との中間に位置している。後年、新宿や渋谷の、家電製品を扱う店でもコンピュー

タを売るようになったとはいえ、自分のマシーンに合ったハードディスクやメモリーのような「部品」を安く買おうとすると、アキバのコンピュータ店に行かなければならないし、専門知識を持った店員も多かった。

1970〜80年代のアキバには、パンチパーマの店員が結構いて、わたしもちょっぴり怖い思いをしたことがある。テープレコーダを買おうとして、ある製品を見せてもらい、いまいち買う気になれなかったので、「カタログありますか？」ときいた。すると、そのおにいさんは、「現物があるんだから、そんなもの見るこたぁねぇだろう！」とすごんだ。こういう店員は、その後のコンピュータ店では存在不可能である。逆に、製品のことは恐ろしく詳しくて、いくらでも説明してくれるが、はたしてこの人、売る気があるのだろうか、という疑問をいだかせるようなオタク店員がいるのも、90年代に出てきた新しいアキバの表情の一つだろう。

わたしがコンピュータを使いはじめたのは1980年代の中頃からだが、90年代になると、先述のレクチャーパフォーマンスとあいまって、ますますコンピュータの病が膏盲に入るに至った。ミニFMとの関わりはその後も続く。ふたたび、部品屋もジャンク屋もコンピュータ店も、すべてのアキバがわたしに身近な存在になった。

加えて、夜型のわたしにとって、6時で大半の

店が閉まってしまうのを常とした従来のアキバは、まだ半分距離があった。ところが、コンピュータの店が増えると、夜の10時ぐらいまで開店しているところが出来、アキバに夜の時間が付け加わった。これは、都市として一段成熟したことを意味する。これと平行して、それまで少なかった喫茶店や食べ物屋も出来、単に買い物をするだけでなくこの都市を使うことが出来るようになった。

「越えられない。越えられない」
　また、男がひとりごとを言った。
「越えられないのはあの線路のことですか？」
　返事を期待しないで言うことには慣れている。わたしの年上の旧友が晩年そういう感じだった。そのとき、無視するのではなくて、相手になってやるのがいいということを学び、毎日、平行線の対話をしていた。
　彼はしばしば、新興の街へ行くのを怖がった。家から歩きはじめて、徘徊をしてしまうのは、たいてい、自分がまだ行ったことのないところや、開発で外観が様変わりしてしまった場所に迷い込んだときだった。いったんそういうエリアに入ってしまうと、馴染みのある場所が向こうに見えていても、そこにたどりつけないらしい。
　この店の窓から見えるのは、山手線と京浜東北線が走っている高架線で、その先に電気街のビル

I　忘却のアキバ

が見える。そのビルも、ラジオ街がにぎわっていたころにはまだなかった。もし、この男が認知症であるとしたら、ここから電気街に到達するためには、2つのハードルを越えなければならない。まず、新しく装いを変えた駅のアンダーパスを抜けなければならないが、そのためには、ヨドバシ・アキバのまえを通って、まるで空港のバス通路のようなガードを越えなければならない。車道を渡ると、角にスターバックスがある。いや、ここまで来ることが出来れば、ワシントン・ホテルの通りを右折して直進すればよい。この通りは、まだ20年から30年の記憶を宿している。ガード下のニューアキハバラセンターにはほとんど客の姿がないが、電子部品だけは並んでいる店がある。ここは何なのだろう。その狭い通路に入ると、亡霊が出てくるかのような気持ちになる。

　この男の記憶の限界域はいつごろなのだろうか？　何年ごろのアキバならば恐怖をかきたてないのだろうか？　わたしの意識は、また過去のアキバへむかった。

　アキバを歩きまわっているうちに、なにかを飲み食いしたくなることがあった。いまならなんでも飲みたいものがあり、食べたいものが食べられる。ところが、これが30年もまえには、およそ不可能だった。ちょっとお茶をする店などなかっ

数少ない喫茶店の一つだったが、アキバ化以前に閉店。

たし、十分な腹ごしらえをしようとすると、一番近いところでは肉の万世あたりに行くか、須田町や御徒町方面に足を延ばさなければならなかった。70年代以前なら、早朝や午前中だけ、青物市場のなかで食事ができたが、あそこはなんか特殊地帯という感じがして、入りにくかった。駅と一体になった「秋葉原デパート」があり、そこで食べることはできたが、電気街に歩き出してしまうと、駅までもどるのはめんどうだった。

　なぜ食べ物屋がないのだろうと考えたことがある。わたしが達した結論は、アキバを何時間も放浪するひとは少なく、大抵のひとは、用事を済ませてすぐ電車に乗って去るという動態がこの街のパターンなのだということだった。

　それが、ある時期から変わった。といっても、それは、いまの新ゾーンが出来てアキバがドラスチックに変わる以前の微妙な変化のことである。とにかく、ある時期から、この街に来るひとが変わったのであり、この街の機能も変わったのである。用件の街から遊びの街への変化。電子部品やパソコンの周辺機器を買うためだけではなく、「パソコンなんかがある」街をぶらつくという新しい層の増加だ。

　しかし、アキバの魅力は、そういう傾向が他の街のテンポでは進まなかったところであった。東京では、80年代後半から喫茶店の様変わりが起

忘却の境界

I　忘却のアキバ

ラジオセンターの隣のラジオストアーの3階にあった「珈琲ラウンジコロナ」。映画『WASA BI』でも使われたが、いまはない。

こった。ドトール・コーヒーのようなセルフサービスの店が登場することによって、それ以前の喫茶店は後退を余儀なくされ、コーヒー・ショップのスタンダードがセルフサービスのコーヒーショップになった。座席はゆったりとしているにしても、コーヒー1杯700円も800円もするような喫茶店は衰退し、生き延びるために、店をドトール方式に改装するところが増えた。

　ところが、その後それが、さらに新興の勢力によって危機に瀕するようになる。スターバックスの登場である。90年代には、アキバにはドトールとその類似店は出来たが、スターバックスはまだ出現していなかった。山手線沿線の他の街では、スターバックスのチェーンがどんどん出来、さらには、その真似をした店まで出はじめているのに、アキバではまだそのような動きはなかった。

　当時、スターバックスがドトールと歴然と違っている要素があった。スターバックスの店に入ると、店員が、「こんにちは」ないしは「こんばんは」と言う。わたしは、朝でも晩でも一律に「こんにちは」という癖があるから、抵抗がなかったが、ひとから言われると、ん?!という感じがしないでもなかった。普通の店は、「いらっしゃいませ」だったからだ。

　スターバックスは、発祥の地がシアトルということもあって、ビル・ゲイツのお気にいりだった。

ワシントンでは、クリントンが例のモニカ・ルインスキーとデートしたのがスターバックスだという伝説があるように、上昇指向の強い連中がスターバックスを好み、勢いがついた。

　日本のスターバックスとはちがい、スターバックスのアメリカでのイメージは、「ヨーロッパ的」と受け取られていた。スターバックスそっくりの店はヨーロッパにはなかったにもかかわらず、スターバックスは、コーヒーショップではなく、「コーヒー・バー」という新しい名称を獲得した。そして、逆に、このスタイルがヨーロッパに広まっていく。ハワード・シュルツが最高責任者（CEO）になってから、彼がヒントにしたのは、イタリアの「バール」だったという。気軽に客がエスプレッソを注文し、ぐいっと引っかけて出て行く店である。これは、非常に庶民的な場所だが、シュルツは、これに、80年代に登場したヤッピーのカルチャーをまぶして全く別のものを作りあげた。

　アメリカでは、その後、スターバックスは、コーヒー店のモデルとしてだけでなく、店舗そのもののモデル、さらには、ビジネス全般のモデルにすらなってゆく。その特徴の一つは、ボーダーレスということであり、異なるもの、異なる世界をかぎりなくリンクしていくような要素である。スペース的にも、ひとが気軽に、そして、後くされなく関係をもてるようなインスタントなサロン空

間を目指す。その意味では、ヨーロッパで生まれたサロンが、アメリカ化されて使われている。

そういえば、わたしは、90年代の終わりに、似たようなことを書き、こう結論づけたことがあった。

> 日本でいま増えつつあるスターバックスが、こういう機能を果たしているとは思えないが、アメリカのスターバックスがいま果たしつつある社会的な機能や実現しつつあるビジネス・スタイルがいずれは日本でも、産業構造の変化にともなって要請されると思う。
>
> しかし、そういうものが要請される場所は、決してアキバではないだろう。アキバは、サロンよりもワークショップという言葉の方が似合う。いずれにせよ、手先よりも口先の方が達者な新ヤッピーがアキバを闊歩するようになったら、わたしはアキバへは行かないだろう。

残念ながら、アキバは、その後、わたしが恐れる方向へ突き進み、街全体がスターバックス化したのである。そこでは、すべての記憶がテフロン加工の表面に弾き飛ばされるかのように、壁や道路や広場に記憶が染みつくことはなく、つねに真新しく清潔なゼロ状態が保たれている。ここでは、ひとは、ある種の認知症になり、広場恐怖におびえることになる。

テレビキット

　JR秋葉原駅の電気街口を左に出てすぐのラジオセンターの角に「テレヴィ商会」という店があった。看板だけは2000年ぐらいまではあったと思うが、話は大分さかのぼる。テレビ放送がはじまって1年もたたない1950年代の中頃のころだ。
　そのころ、わたしはまだ中学生で、ラジオの製作はひと通り卒業し、短波の送信機製作を試みつつあった。そうしたある日、雑誌だったか、口コミか、あるいは、アキバ歩きで発見したのか、テレヴィ商会が14インチのテレビ受像機キットを売り出したということを知った。
　テレビへのわたしの関心は、その2、3年まえから高まっていた。というのも、わたしが入り浸っていた「テレビ日本堂」というラジオ屋の中田角男さんという主人がオシロスコープ用の丸型のブラウン管を使ってテレビを作り、店頭に置いて見せていたからである。プロレスや野球のテレビを最初に見たのも、この店でだった。
　中田さんは、店の名を「テレビ日本堂」と命名していることからもわかるように最新のメディア

I 忘却のアキバ

テレビ日本堂(1953年頃)。右端は店主の中田角男。

であるテレビに注目し、当時としてはまだ輸入品しか完成品がなかった時代に、空軍の通信兵の時代に身につけた技術でテレビを自作し、販売しはじめたのである。しかし、組み立てや調整の様子を見ていると、とても、ようやく5球スーパーを攻略したばかりの小学生のわたしには、手の届かない世界だった。

テレヴィ商会のキットに出会ったときは、すでに短波の知識もあり、もう少し自信がついていた。だから、中田さんに頼みこめば、1個1個の部品を集めてテレビを組み立てることも可能だったかもしれないが、彼が、水平・垂直コイルを自作して、オシロを見ながら調整するのを間近で見ると、まだ自信が持てなかった。その意味で、キットというのは魅力だったのである。

決して安くはないこのキットを親にねだって買わせることに成功したのは、当時、テレビの本放送がはじまり、わたしの親もテレビを欲しいと思っていたからだ。当時は、テレビ日本堂のような店で特注品を作ってもらうか、アメリカからの輸入品を買い、周波数を日本のチャンネルに合わせてもらうしかなかった。いずれも高価であり、その3分の1以下でテレビが持てるというのなら、そのキットやらを買ってわたしに作らせてみようかと思ったのだろう。

到着したキットの箱は、やけに大きかった。ち

ゃんと茶色のニスを塗った箱があり、なかに部品がぎっしりつまっていた。回転式のチューナーと高周波の回路は組み立てられ、調整済だった。しかし、ラジオにくらべると、真空管（ミニチュア・タイプ）の数も多く、組み上げるまで大分時間がかかった。

　組み立てが終わって、電源を入れるのは、いつも緊張が走る。3球のラジオを作ったとき、電源回路をまちがって組み、何度やってもヒューズが飛ぶ——また、その音がハデなのだ——ので、最後には、電源コードを長くして遠くから怖々と電気を通したこともあった。だから、ちゃんと動いてくれたときには感動も大きい。

　小学5年生のとき、5球スーパーを作ってはじめて電源を入れたとき、最初ウーともスーとも言わなかったのだが、スピーカーの線をつなぎわすれているのに気づき、つないだとたんに大音響で鳴り出しときの感激はいまでもおぼえている。そのとき、聴こえたのは、シオノギ製薬の「ペンギン、ペンギン、かわいいな」というコマーシャルであった。

　テレヴィ商会のキットは、電源を入れても、画面には何も映らなかった。まだマニュアルという発想がなかったから、紙にガリ版印刷で書かれている説明は、いま売られているキットとは比較にならないほどいいかげんで、自分で問題をさぐる

しかなかった。真空管には「火」が灯っている。が、要するに水平発振しないのだ。アンテナをつけると、音が聴こえた。NHKとNTVである。

結局、うまくいかずに、何日かすぎたある日、自宅の近くを歩いていたら、元商店だった1軒の家のガラス越しに測定器やラジオ部品が見えた。立ち止まって見ると、それらは、明らかに高周波関係の品物だ。そして、なかにいた優しい眼をした小柄な人と眼が合った。

話をしてみると、坂口というその人は、これから、ポータブルのテレビを設計製作して売り出すのだという。当時、大手の会社が、ようやく図体の大きなテレビ受像機を量産するようになっていたが、ポータブルテレビを作るメーカーはなかった。こっちは中学生なのだが、坂口さんは、そんなことはおかまいなしにそのポータブル・テレビが技術的にどうすれば可能かを熱烈に語るので、行きずりの訪問なのに、なんだか昔からその人を知っているかのような気がして数時間が過ぎた。

それがきっかけで、わたしは、坂口さんのところに入り浸るようになり、彼もわたしのシャック（ラジオ製作の部屋）を訪れるようになった。テレヴィ商会のキットのトラブルのことを話すと、彼は、ざっと点検するなり、「なんだ、ラスターがアースしてないじゃない」と即座に問題点を指摘した。

「ラスター」というのは、ブラウン管表面の、実際に映像が写しだされる部分のことだが、彼が言おうとしたのは、ブラウン管の背中の部分がマイナスになっており、その部分をアースしなければならないということである。キットにはそういう説明はなかったし、アースのための線も入っていなかった。

　そこで、太めの裸線を用意して、ブラウン管の外側の黒い部分を縛るようにしてアースした。そののち、恐る恐る電源スウィッチをONにすると、カリカリというような音を立てて、ブラウン管の内部で光が発し、こちらに光が噴出してくるような感じでブラウン管の表面に白い走査線が見えるのだった。

　ちなみに、この坂口さんは、やがて会社を立ち上げ、ポータブルテレビの製作販売を手掛けるようになった。忙しくなって会うことが難しくなり、わたしの足も遠のいた。たまに会うと、昨日は青森に行ってテレビを敷設してきたというような話をしてくれた。当時は、東京にしかテレビの放送アンテナはなかったから、それを青森で受信するためには、相当高いアンテナを立てなければならなかった。

　東京都内でも、みな屋根の上にアンテナを立てた。わたしは、10メートル以上の竹竿を買ってきて、その先端に八木アンテナを付け、フラット

自作のテレビ用八木アンテナ。

ケーブルでテレビまで誘導して、やっと NHK と NTV の放送を受信した。

　映画『Always 三丁目の夕日』にテレビを室内アンテナで見るシーンがあるが、この映画の時代設定は昭和 33 年（1958 年）で、ちょうどこの年に東京タワーが出来、NHK のテレビの放送（日本テレビが東京タワーを利用するようになるのは大分あとである）がそこから放送するようになり、その近辺なら室内アンテナでも放送を受信することが出来たのだった。わたしが住んでいた渋谷あたりでは、室内アンテナではとうていちゃんとした受信は無理だった。

外の風と逆風

　いつも時間に追われてアキバに来ていたのだろう。ある日、これといった用事もなしにJR秋葉原駅の電気街口を出たとき、いつもとは違う街に来た気がした。ラスベガスというのは大げさだが、新宿の歌舞伎町にも劣らないくらいきらびやかなネオンと電光掲示板に圧倒されたのである。アキバにはこんなにネオンサインがあっただろうか？　おそらく、いつもは、慌ただしく歩き、下ばかり向いていたにちがいない。

　都市は、歩く者の姿勢によってその相貌を大きく変える。それは、あたりまえのことだが、子どもの見る都市、老人の目に映る都市、そして路上に座り込んでいる者にとっての都市が、それぞれ違う雰囲気と動きをもっていることには、ふだんはあまり気づかない。

　その昔、新宿でにわかホームレスをやったとき、そのことを痛感した。シャッターが閉まった店のくぼんだ空間にダンボールを敷いて寝ていると、そのすぐそばを急ぎ足で歩いて行く「普通の人」の姿が、やけに異常に見えるのだった。なぜそん

I　忘却のアキバ

なに急ぐのか、という疑問があらためてわいてきた。これは、小津安二郎のカメラよりももっとローアングルの視覚で初めてわかる都市の姿である。

　アキバに来る人のうち、電気街口を絶対に使わないで、旧「秋葉原デパート」のなかを抜けて、1階に出るのを好む人がいた。たしかに、秋葉原デパートというのは、名前は「デパート」でも、ほかとは相当違っていた。ほかが極端な様変わりをしたのに対して、ここはあまり変わらなかったからである。その意味では、秋葉原デパートは、数少ない「まっとう」なデパートだった。ただ、ここも、やがて、店内にマツモトキヨシ風のインナーショップが出来て、様変わりする。とはいえ、デパートというよりマーケットという風情を最期まで残していた。

　以前は、このデパートの入口付近の路上に幾組もの実演販売の「パフォーマー」たちがいた。発明家が工夫の味付けをした栓抜きとか、ガラスの汚れをあっさりと取り去ってしまうワックスとか、新案特許品のセールス・パフォーマンスの屋台である。新式の包丁や日常用具を巧みな語りで売りさばくこの街頭パフォーマンス、普通の店にはまだ出ない新商品を実演と巧みな弁舌で宣伝し、売るのである。1990年代にジャパネットたかたの創業者の高田明がテレビではじめたパフォーマンスは、アキバではよく知られていた。

１９８９年、最初期の電子カメラ Q-PIC RC-250で撮影。

あるとき、深夜のテレビをつけると、（最初は東京12チャンネルだけだったと記憶する）ちょうどアキバのパフォーマーたちがやっているのと同じような調子でアメリカ人が新商品の紹介・実演を見せているのを発見し、これは、かつてアキバを訪れたことのあるアメリカ人が、アキバから持って行ったアイデアで、それがいま逆輸入されているのではないかと思った。

　しかし、それは逆なのだった。小沢信男によると、特に下町では、「下町特有」だと思っていたことが、実は、アメリカやヨーロッパから持ち込まれたものであるということがよくあるらしい。

　そういえば、アキバでも、ある時期から、商品を茶色の再生紙の袋（英語では「バッグ」と言う）に入れ、その表面に直接明細を書き、そこで計算までしてしまい、そのまま客に渡すやり方が登場した（たとえば、むかしの秋月電子通商）。これは、アメリカでは、八百屋から古本屋にいたるまで、かなり一般的に行われていたことであり、わたしも、1970年代に初めて見たときには、ずいぶん合理的な方法だなと感心した。

　日本には、包装文化というか、過剰に何でも包んでしまう習慣がある。本にカバーをし、それをさらに袋に入れるなど、その最たる例である。これは、エコの見地から、改められつつあるが、社会的な意識としては、何でも包んでしまいたいと

いう思いが依然濃厚にあるのだと思う。エレベーターのなかをフェルトなどで「養生」をするのがあたりまえになっているが、最初は物品の搬入の際に壁面に傷がつくというのではじめたはずだ。これが常態化してしまうと、これでは一体いつその下の地肌をおがめるのかなと思う。それなら、壁面にほどこした美しい塗装はいらないではないか。

　もしアキバが、外からの風が吹き込み、やがて逆風となって外に広まる主要な場所であるとすれば、過剰な包装文化も、いずれは変質するだろう。が、アキバが逆風に吹き飛ばされ、普通の街になってしまう可能性もないではない。

半田パフォーマンス

　まだAKB48などの気配もなかった時代に、わたしは本気でアキバをパフォーマンスアートの街にしたいと思っていた。パフォーマンスアートといっても、それは、芸能ではなく、アキバの電気街と密接な関係をもったものであり、ラジオ部品店とそのアートが密接な創造的な関係にあり、アーティストはアキバを拠点とすることによってその創造作業がしやすくなるという構想だった。

　そういう主張は他所でも書いたりしゃべったりしていたが、その話を『ラジオライフ』の編集部の村中宣彦さんと話していて、「理屈はともかくやってみては」ということになった。

　大型連休に突入したある日のアキバの昼下がり、わたしたちはアキバで待ち合わせた。電気街口の改札は、ホームまで続く人の列で身動きがとれない。ホームで混雑を察知したわたしは、総武線のホームから秋葉原デパートに抜ける改札に直行。こちらは難なく出られた。

　人の流れに逆らって電気街口の改札に近づくと、改札に向かってバチバチバチっとアグレッシブに

シャッターを切っている男がいた。見ると、それは村中さんではないか。ここで待ち合わせたのだが、すでに彼はパフォーマンスをやっている。

　この日、われわれがアキバに来た魂胆は、工具店で何か面白いものを手に入れ、何かを作ってみる——しかも街頭で——ことだった。

　何かを作るとしたら、わたしの場合、送信機である。1980年代から、短時間にFMの送信機を作り、インスタントなラジオ局を立ち上げて、パーティをやるという「ラジオ・パーティ」を海外でやり続けてきた。送信機は、無機物の電子部品で作るにもかかわらず、出来上がると有機物のナマもののような複雑さと繊細さが生まれる。情報も飛ばすが、同時に感性や情念を飛ばしもするからである。

　いつもやっている作業を一味変えてくれるものをアキバの工具店に求めるとしたら？ ふと思いついたのは、ライター用のプロパンガスを熱源とするポータブル半田ゴテである。以前、ヴァンクーヴァーで、やはり「ラジオ・パーティ」をやったとき、最後の過程で同軸ケーブルをM型コネクターに半田付けするのに、コテを金属面にじっと当てて半田が溶けるのを待っていたら、観客のあいだから青い光を出すポータブル半田ゴテをいきなり差し出した男がいた。一瞬、ジャックナイフを突きつけられたような感じがしたが、素直に受

け取って使った。それは、見かけによらずパワフルで、すぐにコネクターの厚い金属面に半田がきれいに盛り上がった。

　海外でパフォーマンスを演っていて面白いと思うのは、こういう観客の予想外の反応だ。こちらの思惑としては、ローパワーの半田ゴテで「大物」を処理する裏ワザを見せているつもりだったが、この人は、わたしが半田づけに苦労していると思ったらしい。

　プロのなかには、半田ゴテはワット数の大きめのものを使うのがコツだと言う人もいるが、わたしは、電子回路の半田づけには、15ワットのセラミックス式のを使っている。付ける相手が「大物」でも、じっと押しつけて1分もすればちゃんとついてくれる。熱に弱い「小物」をつけることがメインで、「大物」は1、2個なので、この方が安心なのだ。

　そんなわけで、ガス式のポータブル半田ゴテは、わたしのなかでは、パワフルな（微細な部品の半田付けには向かない）イメージが定着していた。その後、アキバで同等の製品を目にすることがあり、食指が動くこともあったが、自分から買うことはしなかったのも、そんな先入観があったからである。が、色々な種類のものが登場し、気にはなっていた。パワーがありすぎても、素早く付ければいいのである。

I 忘却のアキバ

　早速、ラジオセンターの山紘電線で太洋電機産業の Pro PIEZO を購入。これが一番ハンディな作りだったのと、熱量を 15 〜 75 ワットのあいだまで自由に調節できると説明にあったからだ。

　休日なので、中央通りは歩行者天国である。街頭パフォーマンスの環境には申し分ない。材料を入れてきたトランクを、車道と歩道との境にある柵の上に乗せたら、ぴったりで、5 分たらずのあいだに、「作業場」が出来上がった。

　かぎりなくゼロに近いところから送信機を作るというのがわたしの送信機パフォーマンスのミソなのだが、例によって、銅基盤の上にその小片をエポキシのボンドで貼りつけ、20 個ほどの「島」を作る。取り付け終わったら、その表面に半田を盛る。これで「島」は完全に基盤本体に密着する。あとは、コンデンサーや抵抗を半田付けするだけ。この間に、簡易化につぐ簡易化を試みてきたので、部品の数は 30 個程度。これで、2 ワットの FM 送信機が出来上がる。

　Pro PIEZO の使い心地はなかなかよかった。ガスの消費を抑えるためにひんぱんに火を止めても瞬時に着火し、しかも 15 ワット程度のローパワーを保つ。

　多くの人は気づかずに通りすぎ、ときおり外国人が興味深げに立ち止まったりする「自然」な環境のなかで、たちまち初段が完成。新しい環境で

街頭で作った1〜2Wの送信機。

ややアガったのか、抵抗を1本付け間違えたが、すぐに修正。早速テストする。CDプレイヤーを接続し、村中さんにラジオを持ってあたりを回ってもらう。けっこう飛んだようだ。初段の100mW程度の出力でもアンテナさえつければ、歩行者天国全域をカバーすることも不可能ではない。

この分ならば、アキバの街頭でどんな電子回路を組み立てることもできそうだ。アキバの工具店には、このポータブルの半田ゴテ以外にもさまざまな用途の可能性を秘めた面白いものがまだまだあるだろう。要は、まさにアイデアと「手」次第である。

しかしながら、わたしのアキバでの送信機パフォーマンス「公演」は続かなかった。機会がなかった、機会を作ろうとしなかったということもあるが、同じことを海外でやることにより興味を持ち、またその実、やりがいのあることを実感してしまったからであった。

1998年の初め、ブリュッセルで新しいアートの活動をやっているジャン=ポール・ジャケット (Jean-Paul Jacquet) から一通の電子メールをもらった。それによると、いまブリュッセルでミニFMについての関心が高まっており、3月に"Muzak Attack"という、アートとラジオに関するイベントを開くのだが、ついては1994年にカナダのThe Banff Centre for the Artsから出た「Toward

I 忘却のアキバ

オウガイティスは、熱烈なエディターシップで、以下の多彩な執筆陣を集めた。
Dan Lander
Jody Berland
Hank Bull
Patrick Ready
Friedrich Kittler
Hildegard Westerkamp
Douglas Kahn
Christof Migone
Heidi Grundmann
Rober Racine
Gregory Whitehead
Paula Levine
Frances Dyson
Tim Westbury
Kim Sawchuk
Coco Fusco
Guillermo Gómez-Peña
Carol Laing
Paul Wong
Richard Kriesche
Tetsuo Kogawa
Rob Kozinuk
Margaretta D'Arcy

Polymorphous Radio」をリプリントさせてくれないかというのだった。これは、80年代にわたしたちがやっていたミニパワーの自由ラジオの経験と理論を文章にまとめたもので、2年前の1992年に、バンフのキュレイターのダイナ・オウガイティス（Daina Augaitis）が立ち上げた「Radio Rethink」というイベントを総括する論文と資料集のために書いた。

ジャン＝ポールのメールの後、アムステルダムの「海賊」放送グループなどが加わっているメイリングリストを見ていたら、そこにわたしの名前を発見して驚いた。それは、"Muzak Attack"のニュースとスケジュールなのだが、なんと、そこには、わたしがブリュッセルでラジオワークショップをやると書かれているではないか。あわててジャン＝ポールに電話して訊いてみると、初めて話をする彼は、「3月にヨーロッパに来られるという噂を聞いたので予定に組み入れた」と言う。一瞬唖然としたが、その「いいかげんさ」がすっかり気に入ってしまった。しかし、行くことは無理なので、結局、たまたま実験を開始していたリアルオーディオ／ビデオを使って、日本からインターネット経由で送信機製作パフォーマンスの実演を見せるということになった。

リアルオーディオ／ビデオは、回線の状態で、しばしば音・映像が途切れたりするので、一体、

どの程度こちらの実演が向こうに伝わったのかわからなかったが、終了後に届いたメールでは、VENUEというサイバーカフェーのスクリーンに映し出された実演は、「みんなに感銘を与えた」とのことだった。リアルオーディオ／ビデオの画質を知っているわたしは、それでも半信半疑の気持ちをぬぐい去ることができなかった。だから、それからしばらくして、10月にわたしを招いて、「本格的なワークショップ」をやりたいという連絡がジャン＝ポールから入ったときには、もう一度びっくりしたわけである。

　ブリュッセル空港の通関を出ると、背の高い男が「BXL MINI FM」と書かれた大きなポスターを示しながら立っているのが見えた。その隣には、スキンヘッズの青年がいて、わたしを見つけて顔をほころばせた。ジャン＝ポールとフランクである。

　初対面ながら、旧知の仲のような感じでおしゃべりをしながら、フランクの車で市内に行き、ホテルに案内される。そして、1時間後には、われわれは、翌日会場となるパレ・デ・ボザールで打ち合わせに入った。

　わたしは、いい意味でジャン＝ポールを「信用」していなかった。その「いいかげんさ」を愛していたので、別に驚かなかったのだが、案の定、送信機ワークショップで必要な部品の手配は実にい

いかげんだった。ルーヴァンのフィリップス工場に勤めているウィムが「トランジスタとバリキャップを除いてすべて手配済」とのことだったが、彼らの側には、送信機の部品として満足に使えるものはほとんどなかった。「RG58［日本規格では 5D2V］ではなくて、RG62［同 3C2V］の太い同軸ケーブルが絶対必要なんだよ」としつこくメールで指示したのに、用意してあったのは細めの RG58 だった。「ヨーロッパでは、RG62 は手に入らない」というのだ。そうか？

翌 10 月 30 日、わたしは、すでに感じをつかんだパレ・デ・ボザールの広間でセッティングをはじめた。前日、打ち合わせのあと、ベルギー料理の名店「フォルスタッフ」に案内されて、したたかベルギー・ビールを飲み、おしゃべりしたので、やや疲労感がある。しかし、パフォーマンスにせよ講義にせよ、最良の身体コンディションで臨むなどということは、あったためしがないから、これが普通なのだろう。

ジャン＝ポールと数人の青年は、客が多いときのために、パフォーマンスするわたしの手もとを映すビデオプロジェクターをセッティングしている。が、どうもプロジェクターの位置が変なので、たずねると、「ケーブルが足りなくてここにしか置けない」のだという。これも、彼らしい。

パフォーマンスのあと、すぐに 20 人の参加者

ジャン＝ポールとの打ち合わせでも手が使われる。

（ほとんどがサウンドアート系のアーティスト）がわたしの指導のもとで送信機を作るワークショップがあるので、パフォーマンスの準備だけでなく、そちらのほうの準備もしなければならない。「万が一のため」に用意した20人分の部品は、個別には分けていないので、あらかじめ用意してもらった20枚の皿（これはちゃんと用意してあった——ただし、館内のキャフェテリアからの借り物）に、個々の部品を取り分ける。これが大変。なにせ、半田付けをやったことのない人にわかるように部品を整理しておかなければならないのだ。手伝ってもらって2時の開演ぎりぎりに何とか終了する。すでに客は入りはじめ、なんか異様な雰囲気である。椅子が30脚ほど並べてあったが、座りきれないので、片づけ、立ってみてもらうことになった。

　わたしの送信機パフォーマンスは、まず、マイクロラジオの意義、日本のミニFM、その影響をすこし受けたアメリカのマイクロラジオ運動などについてレクチャーをするところからはじまる。それからは簡単で、あらかじめ用意した作業台に移り、「銅基盤」を適当なサイズに切り、その上に「ストリップライン」（銅基盤を5ミリぐらいに切ったもの）を瞬間ボードで貼りつけ、部品を半田付けしていく。

　そして、テスト送信。必ずここで観客がどっと

沸く。通常だとこのあと、観客を巻き込んでインスタント放送をするのだが、この日はワークショップが控えているのでここでおしまいにする。が、そのワークショップが大変だった。

　送信機を自分で作るというワークショップは、想像以上の期待をかきたてたようだ。おまけに、わたしが 30 分ほどで見本を作って見せるので、「こんな簡単に電波が出せるのなら、自分もやってみたい」という気持ちが高まってくるらしい。そして、これも必ずといってよいくらい、「出力を強くするのはどうすればいいのか？」という質問が出る。出力を強めて、放送をやりたいというのだ。

　抵抗やコンデンサーを初めて見るひとが多いので、心配したが、所定の部品を小皿から自分の前の大皿に取り分ける最初の作業は、難なく進んだ（ように見えた）。すでにわたしの実演を見ているので、早速作りはじめる者もいる。積極性があってなかなかよろしい。小学生ぐらいの子どもの参加者もいて、母親がつきっきりでめんどうをみている。

　変調部→初段の発振部→逓倍回路→終段という順に作っていくと、初段のところで電波が出ているかどうかをテストできるので、この順序に従って作るように指示した。ところが、逆方向から作りはじめた者がいたので、注意すると、「いや、ぼくは、こっちから作りたいんです」と頑強に言い

張る。半田の付け方もお世辞にもきれいとは言えない。じゃあ、勝手にするがいいと放っておいたら、1時間半後、最初に完成し、しかも一応作動させたのが、この男だった。首にスカーフを巻いたこのハンサムな男は俳優が本業だとのこと。ワークショップが終わって飲み会をやったとき、彼の面前でこの話をし、「セラヴィ」（人生ってこんなもんさ）と言うと、みんな大笑い。

　こういう「独立心」の強い人物の場合は、経験がなくても、わたしが作った完成品をしっかりながめて、それを参考にして自分でやっていくが、部品の区別ができなくなってわたしを呼ぶ者もいるし、その世話をしていると、「10 p（ピコ）のコンデンサーがない」と騒ぎ出す者もいる。誰かが 100 p とまちがえて小皿から取ってしまったのだ。

　そんなこんなでたちまち 2 時間がすぎ、3、4 人が何とか部品の取り付けを終えた。彼や彼女らは、電源（12V 300mA ぐらいのアダプターを用意するように言ってあったが、伝わっていなかった）もバッテリーももっていないので、わたしのバッテリーでテストしなければならない。しかし、勝手にやらせると、一発でトランジスタを焼いてしまうこともありえるので、まず、わたしが回路を点検し、それから、わたしの手でパワーオンすることにした。

I 忘却のアキバ

　ダミーロード兼出力計を終段に付け、ワニグチクリップ付のリード線でパワーオン。回路にまちがいがなければ、ここで出力計が大きく振れる。ところが、例のスカーフを巻いた男の場合はうまくいったのだが、彼の次に出来上がったきまじめなメガネ君はうまくいかない。すでに俳優君の「やった！」という声を聞いているので、彼は、悲しげな顔をする。励ましながら、点検すると、案の定、半田がうまくついていない。半田しなおしたら、うまくいった。

　部品をまちがえている者、トランジスタの足を折ってしまった者……。一応電波は出たが、コイルのコアを回そうとすると動かないので、よく見ると、熱を加えすぎてプラスチックのボビンが溶け、固着してしまっているのなんかもある。これは、大変だと思いはじめたのは、4時間ぐらいしてからだったから、わたしはニブいのだろう。考えてみれば、20人のワークショップを1人でこなすのは無理である。

　電源を入れて、作動すれば、次は、希望の周波数にセットし、コイルのマッチングを取る作業にはいる。ところが、4人目ぐらいになって気づいたのだが、希望の周波数がどれも101.4MHzか104.3MHzなのだ。

　「一体、誰がこの周波数を決めたの?!」わたしは、大声を出してしまった。ブリュッセルでは、100

メガ帯はものすごく混んでおり、マイクロラジオの帯域としては不利である。近距離で別々に電波を出そうとする者もいるはずだから、みんなが同じ周波数で出したのでは、混信してしまうではないか。

　すぐにわかったのだが、この元凶はわたしだった。その昔、ミニFMの「合法性」を逆手に取るやり方の一つとして、微弱電波の局をリレーしていけば、かなりのエリアをカバーできるという「理論」を披露したことがある。主催者のジャン＝ポールが読んだ英文のわたしの文章にも、その記述がある。

　実際には、これは、送信機の周波数が安定していて、その電波を受けるリレー受信機の方も、音の劣化を起こさずに次のリレー送信機に入力できること、さらに、ずらした周波数に他の大きな局の電波の干渉を受けない十分な空白の帯域がなければならない。それは、80年代初めの日本では可能であった。

　実際に、「FMひがしむらやま」は、76MHzと78MHzの2つの周波数を使ってリレー・システムを作り、かなり広範囲のネットを実現していた。しかし、その後の日本でもそういう豊かな空白はもはやないし、ましてブリュッセルでは、隙間のないくらい大きなラジオ局がひしめいているのだから、とうていそんなリレーは不可能である。

I　忘却のアキバ

　うかつだったが、このワークショップのためにつくられたパンフには、わたしの文章のほかにフェリックス・ガタリの「民衆の自由ラジオ」（杉村昌昭訳『分子革命』法政大学出版局所収）、ベルトルト・ブレヒトの「コミュニケーション装置としてのラジオ」（野村修ほか訳『ブレヒトの映画・映画論［ベルトルト・ブレヒトの仕事６］』河出書房新社所収）などといっしょに、今後１週間の番組表が載っており、そこにくだんの２つの周波数も記載されていた。それは、この日に完成した５台ほどの送信機をリンクして、ブリュッセル市内の中心部をカバーしようというもので、そのために、多くの参加者が２つの周波数を希望したというわけである。

　「う〜ん」わたしは、頭をかかえてしまった。

　わたしは、以前から、「ポリモーファス（多形的）・ラジオ」ということを提唱しているのだが、これは、通信衛星やインターネットが使える時代には、大きなリンクは容易なので、むしろ、小さな面白い単位の局なり、イベントなりを創造すべきだということである。この観点からすると、マイクロラジオ局がリレーしあって、大きな範囲に同じプログラムを流すということは意味がない。

　結局、この日は、わたしがつたない英語でこの「ポリフォーミズム」についてしゃべりまくり、それで納得した者が、比較的空いている88MHz

『これが「自由ラジオ」だ』（晶文社）所収の中継図。

付近に周波数を設定し、あくまでリレーで行くという確信を崩さない者は先の2つの周波数に設定して、最後のアンテナ作りに入ることになった。

　6時間ちかく過ぎ、電波が出た者は、送信機を手にして帰り支度をしはじめた。わたしは、喉がカラカラであり、疲労も限界に達してきた。「今日は、これで終わりにしようよ」とジャン＝ポールに言うと、「出来上がった送信機で放送をする予定のアーティトが待っているんです」と言う。「え?!」そういえば、大分まえから部屋の片隅で、楽器やデジタル機器をテーブルにならべて、おしゃべりしている集団がいた。

　早く言えよ、というわけで、早速、わたしの送信機とアンテナで「放送」を開始することになった。誰が聴くのかなどということを気にしないところがいい。が、それにしても、彼や彼女らの熱気はどこから来るのだろうか？ それは、「EU本部」を自他ともに認める都市とは別の地脈から来るにちがいないと思った。

　もともとわたしには拠点を作るという意志がよわい。だから、アキバをラジオアートの拠点になどという発想をちらりと持ちながらも、それを強い意志で実現していく努力はしなかった。結局、ノマドなのだ。いや、アキバに通っているうちにわたしもノマドアーティストになってしまったわ

I 忘却のアキバ

けで、アキバにはひとをノマドにする要素が潜んでいるらしい。

　ブリュッセルのあと、翌99年3月にはアムステルダムのNext 5 Minutesというアートフェスティバルで送信機を作るパフォーマンスをやったが、さらに翌年の2000年秋には、ドイツのヴァイマルに行くことになった。アムステルダムでわたしのパフォーマンスを見たラルフ・ホーマン（Ralf Homann）というアーティストが、この年からバウハウス大学のメディア学部のなかに「実験ラジオ学科」というのを創設し、その講義とゼミの枠を作ってくれたのだった。

ラルフ・ホーマン

　パフォーマンスといっても、わたしの場合は、要するに送信機を組み立てるところを見せ、それから送信するだけである。まあ、「だけ」といっても、やり方は色々あり、送信する素材や形式はかぎりないから、そう簡単ではない。これでも相当の年期が入っているわけだ。

　ここには、海外で舞踏のマネごとかなにかをやってアーティストを気取るサギ師のイメージが感じられるかもしれないが、道具とアート作品、技術者とアーティストの差は紙一重である。というより、両者を分ける境界線は、本当はないのだ。「ペインター」という言葉が、絵描きとペンキ屋の両方を意味するように、そして、絵描きがペンキ屋よりも絵が「うまい」とはかぎらないように、

要は、作ったものの出し方（コンセプト）とその環境である。

　送信機のパフォーマンスにおいて、わたしは、それを伝達の道具としてよりも、送信する場を変える触媒として使うことに興味をもってきた。このためには、数十ミリワットの超微弱な送信機でもいいのだが、いつもセットにして考えているパフォーマンス／ワークショップ／自由ラジオとのあいだに一貫性があることを示すためには、1～2ワット程度の出力の送信機がいい。機能が両義的だからだ。

　807の真空管で7メガ帯のAM送信機を作った中学生のころは完全に伝達の道具として送信機を使っていた。ワークショップで作る送信機も、もとはといえば、80年代に自由ラジオの活動をしているときに電波を飛ばす伝達の道具として作ったものとほぼ同じである。自由ラジオとは、規制から自由な送信をするということだが、場合によっては、「海賊放送」と見なされることもあった。70年代のイタリアではじまった自由ラジオは、合法だった（規則がなかったから）が、ドイツでは、自由ラジオはイコール「海賊放送」だった。日本のミニFMは、電波法の「微弱電波」を逆手に取ったので、合法とみなされていた。

　ドイツの状況は、ベルリンの壁の崩壊以来、大きく変わり、1～2ワット程度の実験的な送信

I 忘却のアキバ

ヴァイマルのイルム公園でラルフとラジオピクニックの準備。

ゲーテの別荘 (Gartenhaus) の前をアンテナ用の棒を持って歩く怪しい集団。

であれば、「海賊」とは見なされないし、そのための（狭い範囲だが）周波数帯も用意されている。そこで今回は、ゲーテの別荘（ガルテンハウス）があるヴァイマルのイルム公園にインスタントなラジオ局を設置し、学生たちがそれを自由に使い、その電波を大学で受けてストリーミング・サーバーに流す一方、公園では、それぞれにラジオ受信機を持った参加者が、その放送を聴きながらハイキングをするということにした。

インターネットで聴いた者は、ケータイで「局」に連絡してくる。そのことをラジオで聴いた「ハイカー」は、ケータイで「局」に反応する。ラジオ／ネット／電話／足からなる四重のメディア回路が生み出す不思議な空間。名所になっているガルテンハウスを訪れる観光客が、興味深げにわれわれを見ていたが、ゲーテの公園でこんなことをやっているとは誰も予想しなかっただろう。

翌日のワークショップには、15人ほどの学生が参加した。わたしは、ベルギーのときは20人も許可したために疲労困憊した経験があるので、今回は、参加をあらかじめ10組にかぎった。半田づけを初めてやる者もいるので、10台の送信機が出来上がるまでには、相当な時間がかかる。

回路は、機能を落とさない範囲で極限まで単純化してあるので、部品は20数個であり、参加者は、その配置を図示したダイアグラムにしたがっ

て、部品をとりつけていけばよい。これらの部品は、全部、わたしからのプレゼントである。探す手間はかかっているが、どのみち大した値段ではない。アキバに感謝である。

　ワークショップで、いつも口をすっぱくして、部品を最短で取りつけるように言うが、それにもかかわらず、必ず、抵抗やコンデンサーのリード線を長くして、「装飾」する者がいる。面白いのは、説明した順番に部品を取りつけない（しかも汚く）ので、「可愛くない奴」と思っていると、そういうのにかぎって、全くのトラブルなしに電波が出たりすることだ。ベルギーにもそういうのがいた。

　が、どんなに「可愛げのない奴」でも、電波が出た瞬間にはみな子どものように喜ぶ。これは、送信機製作の不思議なところだろう。わたし自身、何台作っても、電波が出るときはハッピーである。かつて未来派のマリネッティは、「無線的想像力」（英語にするとワイヤレス・イマジネイション）ということを言い、詩人ホイットマンは、「荷電した身体」（ボディ・エレクトリック）と言ったが、送信機とは、身体を荷電させ、かぎりない想像力をかきたてるなにかなのではないだろうか？

　送信機をメッセージの伝達ではなく、感性や情念の共振や転移をもたらすものとして使うというところから、送信機の製作や操作が、アートに転換するのだが、送信機製作のいちばん要にある半

田付けも、単なる接合技術からある種のアートに転換する。

　半田づけを一つのアートにしようと思いはじめたのは、観客をまえにしたパフォーマンスをやっているときだった。80年代初めのころである。そのパフォーマンスは、光や温度に反応するセンサーを使ったものだったが、パフォーマンスはハプニングや即興性が重要なのだから、出来上がった装置がどう作動するかを見せるだけでなく、その装置が出来上がるプロセスもいっしょに見せてしまったほうが面白いだろうと思ったのである。

　結果は、発見も多く、半田付けを初めて見た人からは、驚異の賛辞をもらったりもした。半田歴は長いが、自慢できるほどの腕ではない。真空管時代のラジオ技師のなかには、本当にスゴ腕の半田師がいた。当時は、ペーストを必ず使ったので、半田をつけるたびに「シャー」という気持ちのいい音がする。煙も、いまの細い脂入り半田を使うときより、ハデな立ち方をした。そういうのにくらべると、わたしの半田付けは小じんまりしている。とはいえ、初体験の人には、細い煙を上げながら、部品がどんどん接続されていく様は驚きに映ったようだ。

　そこで、あるとき、半田する手元にヴィデオカメラを向け、パフォーマンスをしている自分の背後にその映像を写し出すことにした。これは、な

かなかシュールなイメージになった。画面が大きいから、手先の瑣末な動きでも、けっこう迫力がある。

　その後、更に悪ノリして、今度は、コテ台の底に小さなコンデンサーマイクをとめつけておいて、半田づけをする音を拾い、それをPAに流すことを思いついた。こうなると、思いつきはどんどんエスカレートしていって、マイクで拾った音をエフェクターで味つけしてPAに流すようになった。これが、なかなか面白い音になる。観客は、目の前で、装置が組み立てられていくのを見ると同時に、その手の動きや部品の接触する音——しかも、普通に予想されるのとはいささか違った音——を聞き、不思議な気分にひたることになる。

　次にやったのは、30分ぐらいの時間内に低周波のオーディオジェネレーターを作るというものだったが、その際、まず発振部分を組み上げ、その時点でその部分を起動させ、その出力を（エフェクターをかませて）PAに出し、その状態で、その回路にイコライザー部分を付加していくのである。そうすると、抵抗とコンデンサーが取りつけられるたびに、PAから出る音が変わり、半田鏝の動きが発する音（例によって、台にマイクを仕掛けた）とともに、面白いサウンドが出る。こうなると、半田づけが、一種の楽器演奏のような性格すらおびてくるわけだが、実際に、その後、さ

まざまな音楽家やノイズアーティストと「共演」することになった。

　パフォーマーにとっては、くり返された「演技」の出来を評価されるよりも、そのときしか起こらなかったであろう一回的なプロセスが評価されるほうが重要である——少なくともわたしの場合はそうである。「演技」というのは、演技者の修練や努力に負う部分が大きいが、プロセスの方は、パフォーマー個人よりも、パフォーマーをその一部とする環境全体の条件に依存している。だから、パフォーマーの努力よりも、観客の質や場所の雰囲気が非常に重要で、面白い場所を選べば、それだけで斬新なパフォーマンスができてしまうということが少なくない。

　ここから、パフォーマンスの「創造者」は「自我」でも「精神」でもなく、まずは身体であり、場である——という考えが生まれる。そして、わたしの場合は、このような場を電磁波・電波に見出そうとするわけである。

DIY 精神

　アキバの店の対応にも変遷がある。闇市があった時代の一種のセリ的な売買の時代から、定価販売が定着してからも、いろいろのパターンがあった。いまは、わからないことに直面したらケータイでネットにアクセスして調べられるから、店員にいちいち訊かなくてもよいが、ケータイが普及する以前には、店の人に訊いてから買うのがあたりまえだった。

　その場合、打てば響く感じの対応──その代わり、説明はバシバシ「専門用語」や隠語でなされるから、それに対応できないとなめられる──、必要以上に懇切丁寧な説明、知ったかぶりの説明などあるが、説明が出来ない店員が増える傾向が高まり、そのあげく、「質問不可」という名札を出す店まででてきた。それだけ、部品が多様になったという面もあるが、使い捨て的な雇用のために、部品の使い方までわかっている店員が少なくなったということもある。

　そうした中間期のエピソードで、わたしは、アキバのショップの人たちは、知らないことをきか

I 忘却のアキバ

れるのが嫌いなのではないかと思ったことがある。「知りません」とか「ありません」というのが、くやしいのか、「それは〜」とか言って、露骨に不快な表情を返してくる店員が増えたのであった。

　アナログ部品よりもコンピュータ部品の店が活気づいた90年代のある日、SUNのUNIXワークステーションのハードディスク（HDD）を自分で取り替えようと思って、アキバに行った。HDDを買いに行ったのではなくて、HDDのコネクターを探しに行ったのである。

　この当時のワークステーションの内蔵HDDは、通常安売りされているタイプのものと違い、コネクターが50ピンや68ピンではなく、80ピンになっていて、電源も同じ端子から供給されるようになっていた。むろん、同じタイプのHDDを買えば話は早いのだが、定格はほとんど同じものはあっても、80pのコネクターのものは、アキバでは見かけなかった。たまに専門店（当時の「T-Zoneミナミ」など）のHDDコーナに並ぶことがあるが、えらく高価であった。アキバ通いの習いとして、こういうのを買ってしまうのは、信念が許さない。

　そこで、変換コネクターを探しにアキバに出かけた。まず最初に行ったのは、UNIX関係ではよく知られた店。だが、80pという言葉を発した段階で、相手は不機嫌になり、こちらの説明が終

たったの2GBの容量で12万円以上もした（1997年の広告）。

上から80、68、50と接続ピンの数も特性も異なるハードディスクにDIYで強引に互換性を持たせようというわけだ。

わるか終わらないうちに、「そんなのありませんねぇ。どこにもないんじゃない」と冷たく言い放った。

こうなると、わたしの反抗心は、歳がいもなく、むらむらと沸き起こってくる。是が非でも探してやろうと思うのだ。その店にはないとしても、愛するアキバのどこにもないなどということはないと信じているからである。

わたしは、異国の街へ行って迷うと、街角で人に道をきく。店でもものを尋ねるのをいとわない。ましてここは生まれ故郷の東京だ。ジャンク・ショップを中心に2、3軒あたるうちに、耳寄りな情報を得た。「たんせい」の本店にどうやら、わたしが探している変換アダプターがあるらしい。

行ってみると、税込みで4170円もするが、期待通りの代物があった。80 p を68 p の HDD コネクターと4 p の電源コネクターとに分け、小さな基盤にマウントしてある。基盤には、Made in Taiwan というプリントがある。ちゃんとあるじゃないか。

仕事場にもどり、早速、取りつけてみる。バッチシだ。68 p の HDD はまだ買ってないので、手元にあった68／50 p の変換コネクターをさらにここにかまし、50 p の HDD で動作テストを試みることにする。これも、問題なくパス。

さて、ここまで来て、別の虫が目をさました。50 p の HDD が動作するということは──この SUN

DIY精神

のワークステーションに、68 p よりももっとポピュラーで安い 50 p の HDD をつけてもいいはずではないか。このワークステーションは、ウェブのサーバーに使おうと思っているので、特に高速の HDD を必要としない。それに、50 p のありきたりの HDD だって、7,200RPM ぐらいのスピードのものが安くなりはじめていた。

ふと、思いついたのは、CD-ROM のケーブルを分岐してやってはどうかということである。ケーブルさえ正しく接続すれば、あとは、認識させるだけである。これは、ソフトレベルの操作でどうにでもなる。

思いついたら、やらないではいられないわたしは、CD-ROM の端子（一方が 68 p で CD-ROM 側は通常の 50 p）を引っこ抜き、そこに 50 p の HDD をつないでマシーンを動かしてみた。問題なく認識される。なんだ、これなら、80 p のコネクターなどにこだわる必要などなかったではないか。

問題は、この CD-ROM 用のフラットケーブルには、一切余分な端子がついていないので、それをどうするかだ。「電源分岐ケーブル」というのがあるのと同様に、50 p の角型のコネクター（メス）を分岐するものがあればよい。これは、またアキバに願いを託すしかない。

翌日、ふたたびアキバに行き、ショップめぐり

をする。SCSIの変換コネクターは、前日見なかったものも含めて、意外とあることがわかったが、フラットケーブル付きの50pコネクターを2つに分岐するアダプターというのはない。そんなことをしなくても、フラットケーブルには、いくらでもコネクターを止め付けられるからである。だが、問題のワークステーションでは、他端が50pではないのだ。

　しかし、千石電商のパーツの棚で、フラットケーブルに直付けの端子が数百円で売っているのを見ているうちに、こいつを自分で取りつけてしまえばという野望がむらむらとわいてきた。フラットケーブルに関しては苦い経験があり、既成のケーブルに付いているコネクターの位置を止め直したら接続不良になって苦労したことがあるのだ。

　が、案ずるより生むは易し。仕事場にもどり、フラットケーブルのそれぞれの線に端子の各爪がしっかりからむように細心の注意を払い、最後は、バイスで一気に締めつけたら、うまくいった。

　こんなことをするなら、最初から「純正」のHDDを買ってしまった方が楽だったのでは、という声も聞こえるが、いやあ、これがDIY精神というものなのだ。

I　忘却のアキバ

ジャンク屋

　アキバにジャンク屋があるかぎり、アキバの魅力と活力は失われることがない、と信じていたことがある。いや、いまもそう信じている。
　ジャンク屋といっても、進駐軍の放出品や部品取りした中古パーツを売っていた時代からはじまって、何段階かの変化がある。店の雰囲気も品物の種類も時代時代で違っていたことは言うまでもない。
　ある時期から、それまでの観念でわたしが「ジャンク屋」だと思っていた店が、その当事者からすると、ジャンク屋だとは思っていないという現象もあらわれた。「じょうだんじゃない。ウチはジャンクなんか置いてないよ」と。
　「ジャンク」という言葉は、戦後の進駐軍あたりから流れてきたのだと思うが、わたしにとっては、むしろ神々しいイメージをもっている。当時のジャンク屋とは、米軍から流れてきたとかいう中古のさまざまなラジオパーツを無造作に並べた店で、その品物の多くは外国製であり、実際に日本にはないにおいがした。ある種「舶来」のにおいであ

こういう風情のジャンク屋はほとんどなくなった。

り、まだ舶来信仰があった時代には、決して「クズ」ではなかったからだ。

　自然食志向が強くなった時期には、「ジャンク」という言葉からまず思い浮かぶのは、「ジャンク・フード」になった。自然派の連中に言わせると、インスタント食品はすべて「ジャンク・フード」であり、自然食の愛好家も、化学調味料の入った食品をこの言葉で軽蔑するようになる。

　学校の英語の時間に「ジャンク」という言葉を聞いた記憶はない。英語の junk がそうしたラジオ部品のイメージよりももっと価値の低いクズ物を意味するということを知ったのは、大分たってからであった。とにかく、当時のジャンク屋には、ゴミのような品物もあるにはあったが、少年の小遣いではなかなか手が出なかった黒光りのする GT 管などがあったり、精密機械のような緻密な雰囲気の短波受信機などが床に並べられたりしていたので、ジャンク屋は、決して「クズ」とは結びつかなかったのである。

　そんなわけで、古物は少なくても、品物の上にいい感じにゴミが堆積したままの部品を置いている店（たとえば国際無線など）は、第１級のジャンク屋であり、また中古など全く置いていない秋月電商も、わたしにはジャンク屋なのである。

　要するに、マーケット風の雰囲気で電子部品・機材を売っている店は、すべてジャンク屋のカテ

ゴリーに入れてしまうので、コンピュータの部品の新品と中古品とをごたまぜにして売っているような店も、わたしにとっては、「ジャンク屋」であった。

　古典的な意味でのジャンク屋が急速に消えていったのは、高度経済成長がアキバの街の雰囲気を変えはじめたころである。部品屋に代わって、家電をあつかう大店舗が次々に登場し、電気工作などとは無縁の人たちがアキバにやってくるようになった。

　それは、その後も続き、家電がアキバのメイン商品になり、アキバという街が、すっきりしすぎて、猥雑な魅了というか、得体の知れない部分を内包した活力が失われたような気がした。

　しかし、そんな傾向は、コンピュータ・ブームがはじまってからすぐに元にもどった。ビルの細い階段を延々と上がったところの迷路の果てにあるような店や、路地裏のみすぼらしい建物の中でパソコンの部品が売られ、周辺機器が並べられるようになると、冷蔵庫やテレビを整然と並べているだけの店は白々しく見えてくる。

　アキバに来て、なかなか家路につくことが出来なくなってしまうことがあった。次々に掘り出しものが出るとか、行きたいところがたくさんあって、時間がどんどん過ぎていくときは別だが、どこへ行っても買いたいものが全くなく、手ぶらじ

ゃ帰れないという気持ちがエスカレートしていくときである。

　とりわけ遅い時間にアキバに着いたときなどには、このフラストレイションにさいなまれながらあてどもなくアキバを歩くことになる。ツキが悪い日というものがあり、めぼしいジャンクがないうえに、次々に店が閉まっていく。わたしは、「蛍の光」が大嫌いで、店であの音楽が鳴りはじめるとあわてて飛び出す。だから、閉店の時間が近づいたときに大きめの店に行くのは避けてきた。

　そんなある日、わたしの足は、自然に外神田3丁目の芳林公園の方向に向かっていったのだが、このあたりには、知らぬ間に、コンピュータのジャンク屋がずいぶん増えているのだった。PCを自作する流行は、1990年代からはじまったが、PC部品をあつかう普通の店の店頭にもバルク品が混じるという傾向が激化した。バルク品は、オーバーストックの新品で、ジャンクとしては上等品である。ところが、このあたりに増えつつあるコンピュータのジャンク屋には、文字通りのジャンクが並んでいるのである。コンピュータがアキバをつまらなくするように見えたのもつかのま、今度はコンピュータのジャンクがアキバをよみがえらせるようになった。

　そういうコンピュータ・ジャンクの店が軒を並べる界隈が「ジャンク通り」と呼ばれたりもした。

2000年のある日、ジャンク通りをひとあたり流し、末広町の方に歩いていたら、歩道にテーブルを出し、あの「Indy」（インディ）を売っている外国人に出会った。何と値段は純正のモニター、付属品コミで6万円だという。

Indyとは、映画の特殊効果や3Dグラフィックスでは欠かすことの出来ないマシーンを提供してきたシリコン・グラフィックス社（SGI）が、1993年に、当社の技術を個人ユーザーに解放するために開発し、発売した初めてのグラフィックワークステーションであった。それまで数百万円もしたマシーンと同等のパワーを7000ドル程度で享受できるというので、映像や音の実作者には救いだった。わたしも、すぐに愛用者の一人になった。

いまでは信じられないことだが、当時はまだ、マックでもウィンドウズでも映像や音の処理ということになるとほとんどまともなことが出来なかったのである。しかし、それでも7000ドルである。が、それが、5年後にはたったの6万円とは、コンピュータの世界の価値観の変化のすさまじさを思わせるが、この「ジャンク」の使い道は、いくらでもある。

「このマシーンで何が出来るかをすべて知っている人はいないだろう」と言われるくらい、Indyのバンドルソフトも多様である。当時のSGIには、

プログラマーやマシーンの設計者たちが、自分でいいと思ったものを勝手に付加してヴァージョンを上げていくような、企業にして企業を越えている過激さがあった。このへんがなぜ変わってしまったかについては、SGIの創業者の自伝『起業家ジム・クラーク』（日経BP）に詳しい。

Indy上のMosaic画面

ジム・クラークはやがてSGIに愛想をつかし、世界で最初の一般的なブラウザ「MOSAIC」を作ったマーク・アンドリーセンを誘って「ネットスケープ・ナビゲータ」を生み出すことになる。それは、現在のFirefoxに受け継がれるが、当時、何にでも代価を付けないではいなかったマイクロソフトが、類似のブラウザ「インターネット・エクスプローラー」をOSの無料付録にし、ブラウザ単独では今日にいたるまで有料にはできなかった皮肉の根源にあるものを示唆している。Indyは、こうしたSGIの遅れて来た最後の「正嫡子」であり、そのジャンクにはよき時代のSGIの面白さや過激さがつまっていたのである。

わたしの異常な興味を察したその外国人が、「本店」をおしえてくれたので、行ってみた。それは、シティバンクの裏のビルにあるVCNという店で、エレベータを降りると、細長い部屋に所狭しとIndy、Indigo2、そしてOnyxまであるのだった。店の人たちは、英語とパキスタン語でしゃべっている。日本語は通じないらしい。外国人の客

I　忘却のアキバ

積上げた Indy に手をつくシディキさん

も多い。

　この異文化空間に惹かれ、あれこれ物色していると、マネージャーのシディキ・ガファール・アブドゥルさんが現われた。話してみると、SGI マシーンのことをよく知っている。ただジャンクを並べているのとは違うことがすぐわかった。OS（IRIX）をインストールし、最高三カ月の保証もつけるという。

　わたしは、すっかりこの店が気にいってしまい、それから何度か足を運んだ。そして、シディキさんから、この店のなりたちなどについても話を聞かせてもらった。

　彼は、1988 年に「出稼ぎ」のためにパキスタンから日本にやって来た。当時は、コンピュータのことは全然わからなかったが、しばらくして、彼は、コンピュータのジャンクを買い、それを再生して売るというアルバイトをはじめた。英字新聞やパソコン通信の掲示板が唯一の広告媒体だったし、商売というよりも自分の技術を分け与えるような作業だったが、「いまの自分の出発点はたぶんこのころにあった」のだろうと言う。

　アキバでコンピュータを売る店は、最初はメーカーの純正製品ばかりを並べていたが、1990 年代に入ると、店の一角にコンピュータの自作コーナーを作ったり、むき出しのマザーボードや周辺機器やメモリー、ケーブルなどを店頭にゴタゴタ

並べるような店が出てきた。アキバは、確実にまた、アキバ本来の創造的猥雑さを取り戻しはじめたのだが、にもかかわらず、ここには決定的な変化があった。

　昔のジャンク屋の店頭を飾った品々は、みな半田付けで組み立てる。つまり手作り性の強い部品である。これに対して、コンピュータ部品は、ほとんどドライバー1本で組み立てることができる。半田付けはいらないのだ。組み立ては、レゴ遊びのようにはめ込むだけであり、取り付けの工夫と多くの手作業を必要としたアナログ部品の場合と比べれば、身体を張る必要がない、つまりクリーンなのだ。半田鏝でやけどをしたり、アルミ板に穴をあけるリーマーで手に豆を作ったりといった「身体を張る」要素は文字通り《手先》の仕事に矮小化された。

　しかし、手は依然として身体に属している。ジャンクがあるかぎり身体は残るのだ。逆に言えば、ジャンクが消えれば、それとともにわれわれの身体も重みを失う。他方、身体が情報システムとして、重みを失うのは、20世紀からはじまった大きな変化であり、それは避けられない。とすれば、アキバのジャンク屋の行く末は明るいはずがない。

　実際、パソコン自作ブームは、すぐに勢いを失った。自作パソコンの部品の店やコーナーが急に減ってきた。一時の動きだと、もう誰も完成した

パソコンなど買わなくなるのではないかといった雰囲気すらあったが、それを脅威と思ったのか、メーカーもあわてて対策を講じた。完成品の価格をぐっと下げ、自作ではとても追いつけない価格（しかもスペックは同等）の製品を出しはじめた。こうなると、マニアか趣味人しか自作には手を出さなくなる。そして、その行き着く先は、主要機能の全面的なモジュール化である。ゲーム機がまっ先にその傾向を取りいれた。こうなると、それなりの設備をもった大工場の独壇場になり、ドライバーとラジオペンチでシコシコ組み立てているような個人や「零細」工場は出番がなくなる。

　こういう状況は、以前にもあった。1950年代にトランジスタ・ラジオが登場したときだ。それまでラジオといえば、自作があたりまえで、プロ（ラジオ屋）もアマも、夏の暑い日でもクーラーなどない環境下で、半田鏝をジュージューいわせながら抵抗やコンデンサーを取り付けていた。ところが、トランジスタが出現してからは、次第に、そういうことが意味をなさなくなった。基盤なるものが出来、部品は、工場の一貫作業で取り付けられるようになり、5、6年のあいだに自作の電気工作は、理工系の研究室やオーディオ趣味の世界を別にすると、だんだんすたれていったのである。

　大メーカーによる巻き返しの先に見えるのは、

性能的にパソコンが大同小異になるという現象である。ラジカセもビデオデッキもデジカメも、普及して何年かすると、買って使って「とんでもない」という製品にぶつかることはなくなった。うるさいことをいわなければ、どんな製品もみな、そこそこのスペックをクリヤーしている。そこで、商品的な差別化は、デザインやブランド、そして付加価値的な機能ということになる。

　パソコンの場合、AppleのiMacやiBookという名前の頭に「i」付くシリーズは、パソコンが家電のようなものになることを見越した商品だった。それは、結局、パソコンの行き着く所は、ソフトだからである。しかし、ソフトは、フロッピーやCD・DVD等のディスク、さらにはUSBのような形あるものとして提供されるのは過渡期の現象で、ソフト自体は無形であり、手や身体で触ることが出来ない。ソフトは、可視的・可触的な部分（ハード）を排除し、極小化する。ジャンクとはソフトから御用済みにされたハードの遺物だということも出来る。

　エレクトロニクスのテクノロジーが暗黙に要請しているのは、創造の「素材」（マテリー）がもはや金属やプラスチックのような形あるものではなくて、情報であるということだ。そのリアリティは、身体が直接感知することのできる一定の形や色や重さの変化のなかにあるのではなくて、む

しろ「観念」や「思念」のなかにある。

　その意味では、ビデオモニターやコンピュータをおおげさに並べるよりも、手を空にかざして宇宙から届く電波を受信すると称するオカルト主義者の方がはるかにハイテク・アート的なのだが、80〜90年代に「メディアアート」と称して喧伝されたアート展は、メカ依存のこけおどしのものばかりだった。

　メディアアートにとって本来の素材とは、電磁波（電流・電波・光）である。電磁波とは、「モダン」時代の観点からすると、カオスであり、空虚であるが、リアリティの基準が「造形」的なものにではなく、情報的なコミュニケーションにある状況下では、構造化された実体となる。

　アキバは、まさにこの電磁波の部品や製品をあつかう街である。ということは、つまり、アキバほど「現代アート」的な街はないということである。ただしそのためには、アキバを「電気街」つまり説明書に書いてあるお定まりの使われ方をする部品や製品、その終末形態としての「造形」ガジェットのマーケットとしてでもなく、むしろ、「モダン」時代の「物」の「遺物」つまりはジャンクのための街として、そして究極的には、そういう物の観念を取り払ってしまうようなサムシングの「素材」の街としてとらえなおすのでなければならないだろう。

言い換えれば、もしアキバが、脱モダンな「ジャンク」屋の街であるとき、さらには、そこにそういうことをやるアーティストが住み、物ではない情報としての素材つまりは電磁波が発信され続けるような街であるとき、アキバは最も先端的な街になるだろう。

　ジャンク屋には、モデルチェンジで在庫処理したハイテク部品やハイテクの半完成品がごっそり並んでいる。それらを買ってきて送信機や衛星通信の受信機を作るのも面白いだろうが、わたしが面白いと思うのは、こうしたジャンク屋に並んでいる電子部品の性格である。つまり、これらは、「モダン」時代の「物」としてはジャンク＝廃品やガジェットであるにもかかわらず、組み合せによってはとんでもないコミュニケーションや表現を生み出すかもしれない素材なのである。そして、その意味では、量販店にならぶさまざまな家電製品もジャンクの予備軍であり、それらの店は巨大なジャンク屋なのである。

I　忘却のアキバ

うさんくささの行方

　アキバでは、1998年ごろ、かつてアキバに家電の店が出来はじめたのに匹敵するような構造的な変化が起っていたようである。それは、アキバをアキバたらしめてきた電気街という性格自体をも変えかねないような変化である。

　ラジオ部品を売っていた店が消え、そこにコミックマーケットで売っているような同人誌の本屋や飲食店が進出するという現象が目立つ。この分でいくと、確実にアキバは電気街としては衰弱する。その姿が当面どんなものになるかは、交通博物館のそばのガード下にある電気マーケットを見れば想像がつく。わたしが子どものころ、このマーケットはとてもにぎわっていた。まだ、1960年代でも、高周波回路関係の部品はここのほうが豊富な品揃えをしていたので、わたしは、アキバに来れば必ずここに足を向けた。

　電気部品をバラであつかっている店でも、手作り用の部品が急速に姿を消していった。あるとき、送信機ワークショップで使うコア入りのマイクロコイルの買い置きが少なくなったので、アキバに

部品屋が連なるラジオデパート内。

出かけた。近々、海外でワークショップをやるので、ストックしておきたかったのだ。しかし、以前は手作り用の部品だらけだったようなジャンク屋でも、そういう部品のコーナ自体をなくしてしまったり、縮小したりしている。埃だらけの引き出しにわずかに少量残っているだけとかいう状態である。この分では、いま買いだめしておかないと、手作り用のバラ部品は手に入らなくなってしまうにちがいない。まあ、通信販売のような手段で手に入れることはできるだろうが、マーケットで料理の食材でも買いあさるように、手に取り、吟味しながら購入するということはできなくなるだろうと思った。

　この時代、コンピュータの部品をあつかう店のほうは増えつづけていた。コンピュータを自作するのが流行りだし、そのほうが安くて性能のよいパソコンを持つことができるようになった。わたしも、このときから、パソコンはもっぱら自作することにしている。しかし、モジュール化された回路の組み立てと手作り用のバラ部品を組み立てるのとでは根本的にちがうところがある。前者は、同じ部品で組むかぎり、同じものが得られる。組み立てといっても、半田付けはなく、単純な結線だけですむ。ここでは、同じモジュールを交換してみて、異なる動作をしたら、誤動作だとみなされる。ちがいは許されない。モジュールそのも

のも、次第に手作りの要素は少なくなり、自動化された流れ作業で作られるから、誤差は極少におさえられる。

　これに対して、手作りは、誤差が多く、カット・アンド・ペーストが必要である。「同じ」定格の部品をそろえても、同じ音がしなかったり、同じ質の電波が出なかったりするのが普通なのである。しかし、これがかえってアート的で面白い。だが、電気回路は、もともと実用を目的にしている。アートなんかとは関係ないところで生きてきた。その性格は今後も変わらない。だから、手作り回路がアートだといっても、電子装置を使う側にはどうでもよいことなのだ。

　御多分にもれず、アキバの店も、マツモトキヨシ化していった。薬はとうの昔からパッケージ商品であり、量り売りではなくなっていた。調剤薬局でも、いまは、パッケージされた薬を組み合わせて出すだけだ。チェーン店は、地域による差別化を考慮しながらも、基本的には売れる商品しか店に置かない。こういう傾向が、アキバで緒を切り、それから本屋や食料品店にひろがる。

　素材を売る店は減少し、材料はパッケージ化されたものや、キットでしか買えなくなる。スーパーやコンビニでは、とうの昔からそうなっている。その点では、アキバは「遅れた」要素も残していたわけである。

神保町や早稲田の古書店の衰退も、古書という手にとって読まれる本が、単に読み捨てられるだけの本によって駆逐されたところから起こった。コンビニ同様、棚に本を置くやりかたまで取り次ぎが仕切る店まるごとのパッケージ化。これは、店の個性で本を並べた従来の書店とは根本的に発想がちがう。

　こうなると、アキバの部品店は、ほとんど趣味的に店を開いているようなところを除くと、あとは、アメリカのレイディオ・シャックのように、抵抗やコンデンサーもすべてパッケージし、完全な部品管理のなかで売る店が少しあるといった状態になってしまうだろう。当然、ラジオセンターやラジオデパートのようなマーケットショップはなくなる。

　しかし、これは、さびしいことである。いや、そんなセンチメンタルなことよりも、せっかくのユニークな都市文化が失われるのは、文化的損失だ。いま、わたしはアキバについて言っているが、このことは、大阪の日本橋や名古屋の大須についても同様であるし、それどころか、都市全体の問題である。

　経済構造の変化と連動した形での都市再編が進むなかで起こる変化であるから、アキバの衰退は、都市が活力のある「うさんくさい」部分を失っていく兆候である。

I　忘却のアキバ

　結局、この十数年のアキバは、ビジネス街として再生（？）しつつある。そこでは、「うさんくさい」つまりは身体に直結したものが極力排除され、透明のガラスと輝くスチールに象徴されるモダン建築が街の主役となってきた。思えば、1989年に神田青果市場が大田区に移転したのは、まさに生もの（腐り、うさんくさくもなるきわめて身体的なもの）がアキバから排除される最初の出来事であった。

　アキバに「エロタワー」というスポットが出来たのも1990年代末だった。当時雑誌のために取材に行ったときは、1階から8階まですべてアダルトもの専門店であった。わたしにはよくわからなかったが、入れ込んでいるひとには、細かな差異づけがあるらしく、各階がさまざまなカテゴリーに分けてビデオ／ソフトと写真雑誌類が並べられていた。8階は、テレカなどの「美少女もの」専門コーナーで、フィギュアは少なかったが、レジの女性がフィギュアードールの衣装に似た服を着ているのが面白かった。

　表に「○○子」とアリがちな「女子学生」風の名を書いた看板がさりげなく置いてある。わたしは、瞬間、サロンのような空間を思い浮かべた。そこへ行けば「素人の女子学生」がはべっていて、その持ち物を手ずから売ってくれるというようなイメージである。なにせ、わたしは、ブルセラシ

ョップなんかまったく知らなかった。ブルセラという言葉ならば、名前だけは聞いたことがある。

　原田眞人の映画『バウンス ko GALS』に、岡元有起子がアメリカ留学の資金かせぎに桃井かおりの渋谷のブルセラショップへ下着を売りに行くシーンがあった。全体としてイキのいい映画だったが、桃井かおりのイカニモといった演技に、いまごろブルセラかぁと思ったのだった。

　しかし、アキバの一画に出来た店は、「古典的」なブルセラショップとは違っているように見えた。つまり実物よりも仮象を売っているように見えたのだ。これは、わたしの直観であって、とにかく他を知らないのだからあてにならない。いまはみなこういう感じになっているのかもしれない。が、そこは、最初から、「ホンモノ」ではなくて、「らしさ」を売ることに徹しているように見えたのである。

　アキバのエロ系の店は、縦に延びる。そういえば、コンピュータの部品ショップもそうだった。それは、スペースがないからそうなるのだ。取材の流れで訪れた店は、パソコン部品の TWO TOP のビルにも似た細い階段が上まで延びていて、最上階に行くと、急に天井が低くなり、やや怪しげな雰囲気になる。その最上階が問題のブルセラショップで、入ると「有名」女子校のとおぼしきセーラー服や、これも「有名」チェーンでアルバイ

トの女の子が着せられるとおぼしき制服が所狭しと並んでいた。

　入ってすぐ右手には、ベットがあって、そこに、「いかにも」の雰囲気でコギャル空間が作られている。サイドテーブルの上のポートレートは、この空間の持ち物がその女性のものであるという設定である。

　しかし、ここに並んでいる「いかにも」のグッズ（CDや文具もある）は、実際にその写真の女性の持ち物であったかどうかはどうでもいい。そうだと思ってひとつながりの雰囲気にひたり、自分なりのイメージを作って、その文脈のなかで自分流の定冠詞付き「コギャル」を創造・想像してそのなかにひたり込めばいいように出来ている。

　おそらく、「古典的」なブルセラショップとの違いがあるとすれば、この辺だろう。そこでは、「血統書」が重要であり、たとえ嘘でも、これは、ホンモノなのだと自分に言い聞かせることができる客が前提されていた。これは、ひところ流行った「唯幻論」と対をなしている。すべては幻想なのだが、人はそれを本当と信じることによって生きるという底の浅い形而上学である。それなら、全部「現実」で、さまざまな、無数の「現実」があると言ってしまった方がいい。大文字の現実なんてものはないからだ。あなたもわたしも、こういう店に来て、何らかの「幻想」にひたるのでは

ない。それを一つの「現実」として受けとめ、そのなかにひたるのだ。

　その意味で、この店の奥に並んでいた「使用済みパンティ」は面白かった。これも、通常は、誰かがそれを使ったという保証のもとで購入する。だからその「鑑定書」が信頼のおけるものであればあるほど商品の値も上がる。しかし、ここに並んでいる品は、そういうことを問題にはしていないように見えた。

　たしかに、ビニール袋から見えるパンティには、ちゃんとした尿か体液の染みた跡が見え、おまけに陰毛という設定の毛が1、2本（サービスに）からみついているものもある。だが、この棚の説明がふるっている。使い方のサジェスチョンとして、「まず冷蔵庫でフリーズさせ、それを蛍光灯などの温度でゆっくり溶かしながら（そこはかとない）臭いを楽しんでください」とあるのだ。これには感心した。

　ある時期から、アロマセラピーのような匂い（人によっては「臭い」かな？）産業が隆盛だが、この使い方は、まさにそういう時代に見合ったものである。色や形よりも、むしろ匂い／臭いの商品として売ること。これは新しい。

　匂い／臭いの世界には、幻想と現実の区別はない。それは、幻想と言えば幻想だし、現実といえばすべて現実である。アラン・チューリングだっ

たと思うが、匂い／臭いは、分子結合の振動から生じるという説をとなえている。が、その結合は、外部の分子と内部（匂い／臭いをかぐ肉体側）の分子との相互結合であるから、ある匂い／臭いの厳密な「客観性」というものは立てられない。

しかし、新たに登場した匂い／臭い商品が、アキバでは電気や電子の店からではなく、外から闖入した勢力から生まれたのは、アキバの未来を暗示しているかもしれない。

もともと、電気製品はそれほど個性的な匂い／臭いをもっていない。が、いま、電子テクノロジーの尖端世界で最も関心を持たれているのは、コンピュータによって匂い／臭いを認識したり、合成したりすることである。つまり、もともと匂い／臭いと縁を切るところからはじまったエレクトロニクスが、匂い／臭いを取り戻そうとしているわけである。

アキバでは、その後もこの種のショップが増え続けた。なぜ、電気街に「エロ」もののショップが合うのだろうか？

わたしの独断では、この流れは、アキバに青物市場があった時代にさかのぼる。なぜ青物市場が出来たのかは知らないが、一方に冷たいマシーンや部品の市場があり、そのかたわらにナマが売りものの青物市場があるという組み合わせは、考えてみると、非常に平衡的な関係である。

政治や経済の論理からすると、キタナイものやアブナイものを都市の中心部から避け、都市の周辺部に押しやるという傾向がある。江戸時代には、山谷の「貧民街」の近隣に、刑場が作られ、そして吉原遊廓が許可された。刑場に引かれる受刑者が家族と別れた場所が泪橋(なみだばし)で、いまもその名がある。吉原はいまでもセックス産業のスポットとして健在である。

　面白いのは、最初は殺伐とした場所に放逐されたかにみえた「悪場所」（広末保の名著に『悪場所の発想』という本があった）が、次第に、その殺伐さとの相対関係のなかで輝きを増してくることだ。そして、最初に「普通」の場所に作られたときよりも、むしろ効果的な結果を生むのである。

　もちろん、「悪場所」は嫌われ、なかなか「普通」のところには作りにくいから、自然に、辺鄙な場所へ場所へと動いていくことも事実である。しかし、結果は、それが、セックス産業などにとってはプラスに働くのである。

　いまは、産業に対して中央集権的な支配を貫徹することはできないから、現代の「悪場所」（大抵は、前の時代の悪場所のエリアを継承した形になっているが、もし新たに作る場合）は、まず、需要がありそうで、かつ周辺的な要素を持った場所に作られる。

　電子メディアの時代には、必ずしも地理的に中

央から遠い場所が「周辺」であるとはかぎらない。アキバは、地理的には、周辺ではないはずだが、意識のレベルでは、「周辺」である。高層のビルが建っても、どこかアカ抜けないところがあり、わたしなどはそこがいいのである。

わたしは、以前から、古本屋に行ったとき、哲学や人文科学の難しい本が並んでいる棚のそばに、必ずといってよいほどビニ本やアダルトものが並んでいることを不思議に思ってきた。やがて、それは、要するに、こういう抽象的な文章を読む人間は、「エロ」も好きなのだと確信するにいたった。考えてみると、わたしは、哲学を学んだが、相当のヘンタイであり、ヘンクツである。つまり、これも平衡作用なのであり、頭が肉体性を欠いて殺伐としている分、どこかでバランスを取ろうとする動きが出てくるのである。

昔、青物市場があったころ、末広町の方からそのなかを通り抜け、青物市場に入り、通路に並ぶ箱のなかの果物のかぐわしい匂いや地面に転がる屑物のやや腐った臭いなどをかぎながら歩き、それからラジオセンターの方にやって来ると、そのショップの細々と分けられた台に並ぶ部品類が、果物や魚のように、妙に生々しく感じられ、部品の表面からかすかにただようエナメルや金属の独特のにおいがひどく肉感的に感じられたものだった。ふだんは、冷たい機械の感触しかなかった

品々が、ナマモノとの接近遭遇のおかげで、言うなれば「バーチャル」な肉体性を獲得したのである。

　あの時代にくらべれば、真空管が肉体への近さをもった「温かみ」のあるものとしてノスタルジックに語られるように、デジタル時代のアキバで主流を占める品々は、以前よりももっと「冷ややか」になっていった。ほとんどすべての工程が精密な機械の操作で作られる部品や製品。デジタルの世界には、肉体のもつ「いいかげんさ」や柔軟さは禁物だということになる。

　脱肉体的なものを愛する人々は、「論理明晰」な人たちである。そもそも、パソコンを使うためには、相当程度、気まぐれさや情動性を犠牲にして、自分を「論理明晰」にしなければならない。その意味では、多かれ少なかれパソコンを使う現代人は、肉体性を欠いているのである。

　こうなると、現代人がなぜ昔の人よりもスケベであり、とりわけアキバ人がそうであるかが納得できるだろう。アキバに「エロタワー」が出来たのは、自然なことなのであり、以後、その手のショップがますます増えていったのも、必然だったのだ。都市は、なにかが欠けると外部から調達し、バランスを保ちながら生き延びる。

I　忘却のアキバ

都市の行く末

　新春のアキバを歩いていたら、ゾフィ・プシクール（Zofy Poussicours）にばったり出会った。まさかと思ったが、ジャンク通りの路上の箱にかがみ込んでいる東欧の空気をただよわせる男がいたので、よく見ると彼だった。声をかけると、相手もびっくり。ネットではよくメールをやりとりしているが、このまえフェイス・トゥ・フェイスで会ったのは、3年まえのアムステルダムでだ。

　ノマド・アーティストという言葉があるが、その初期モデルを提供したのは彼あたりだろうとわたしは思っている。彼には定住の地がない。そのくせ、ある都市でちょっとした面白いイベントがあると、必ず彼の顔がある。つかのまの定住地は知り合いの家だが、それをあえて探す気配はない。

　彼は知り合いの家を泊まり歩きはするが、泊めたがいいが、電話やネットは使い放題、おまけに最後に金をせびって姿を消すという手合いとは全然違う。むしろ、こういう手合いとは逆に、誰もが頼んで泊まってもらいたくなるような雰囲気がある。

ゾフィは、コンピュータに強い。世界中をわたり歩き、その街で最も「旬」なことに関わってきているから、泊まれば、最低一晩は彼の独演会で終わる。ラップトップパソコンが普通になった時代にも、自分でコンピュータを持ち歩くなどというヤボなことはしなかった。「最近どんな感じ？」などと水を向けると、やおらこちらのコンピュータに向かい、猛烈なスピードでキーボードをたたき、いままで見たこともないアドレスにアクセスして、不思議なウェブサイトを見せてくれる。妙なプログラムをダウンロードしてくれることもあった。
　「今日泊まらない？」というこちらの問いに、「じゃあ、明日行くよ」と答えた。しばらく、ジャンク品をいっしょにあさって別れたが、彼の場合、「行く」と行っても、必ず来るわけではない。約束した日に来ず、数日後に、「いまヴァンクーヴァーだ」などというとぼけたメールが来たりする。どうも今回もそのパターンだったようで、このときはそれでおわった。
　2000年のはじめに彼に会ったとき、アキバの街は、今年、いままでにない大きな変貌をとげると言ってわたしを驚かせた。どこでそんな情報を得たのかは知らないが、とにかく、海外の大きな資本が入ってくるので、駅周辺の雰囲気はガラリと変わるという。それは、わたしも予感しないわ

けではなかった。

　JR駅はもう限界だから、建て替えは必至だろうと思っていた。聞くところでは、秋葉原駅のコンクリは、よき時代の産物なので、材質が固く、いまのコンクリのように簡単には壊れないので、建て替えるよりも、別の場所に新しい駅を建てる方が安上がりなのだという話は別のところから聞いていた。

　実は、このゾフィの予言を信用したわたしは、ある雑誌にアキバのことを書くとき、「秋葉原の駅を壊すのなら、駅は、そのままの形で残し、ミュージアムやイベント・スペースにしたらいい。そのなかに秋葉原デパート／ストアの一部をそのままの形で移動するのもいいだろう。50年以上変わらない駅の骨組みはいまとなっては、貴重である」と書いたことがあった。

　そのとき彼と話したのだが、アキバは、ポストモダン都市のパノラマといったおもむきがある。まず、露店のなごりを残す「前近代」の要素。そして、消費という「近代」の中心的な要素。さらに、エレクトロニックスという「近代」を揺さぶり、「脱近代」を招き入れる要素をあわせ持っている。だから、当時は、ゾフィの予言通りに、「駅前にオフィスビルが建ち並ぶとすれば、〝近代〟の要素はすべて出そろうことになる」などと楽観論を書いてしまった。

むろん、懸念も書きはした。その場合、「近代」を超える要素の方は増強されるのだろうかという疑問である。それは、道具や建物ではなく、ひと次第である。都市の活気は、ひとで決まる。どういうひとが集まるか、そこで彼や彼女らがなにをやるかだ、と。

　ゾフィの挑発に乗ったわたしの予感はまちがってはいなかったが、いま考えれば、大分甘い。マイナーなもの、その語の本来の意味でのサブカルチャーは、いまのシステムのなかでは、瞬時にメインストリームの流れのなかに組み込まれる。だから、秋葉原48劇場が出来るのが2005年だから、2000年のはじめにこんな光景に注意を向けたのは敏感なことだった。

> 　最近、「街づくりハウス"アキバ"」のあたりにアーティストが集まりはじめている。が、一見して、彼や彼女はおとなしい。「うさんくささ」がない。このような傾向は、日本の都市全体に言えることだから、別にアキバを責めるいわれはないのだが、世界の都市を見回して、面白い街は、「うさんくさい」ひとでもっている。

　しかし、そんな「アート」志向は、たちまちエンターテインメントのほうに組み込まれたのであ

り、「うさんくささ」などというものは、全く出る幕すらなくなった。

しかし、こういう時代に重要なのは、無境界なひとである。既存の境界／ボーダーをかぎりなく踏み越えて歩きまわるひと。そういうひとは、街だけでなく、あらゆる世界（心の世界でも）でそうだから、たえず新しいことに接している。

グローバリズムという言葉が流行ったとき、これは、世界同時的な現象が強まると同時に、ローカルな孤立化が強まることを意味してもいた。グローバリズムに、単に「地球的規模」のような面ばかりを見ていると、身近なところに生まれつつあるタコ壷化を見忘れる。インターネットでなら商売でも恋でもセックスでもなんでもできるが、隣人にどう声をかけてよいのかわからないといった分裂状況はすでに起こっている。これも、グローバリゼイションの一つなのだ。

こういう負のグローバリズムを越えるには、ゾフィのような「無境界人」がもっと増える必要があるし、あなたやわたし自身がもっと「無境界」的になることだろう。

わたしのアキバ歩きのスタイルも変わっていった。かつてアキバへ行く場合は、なにはともあれ行くことだったが、ある時期からそれが変わってきた。「アキバ肉体派」と称し、毎週最低1、2度

は身体を運んだわたしだったが、まずネットで検索してから行くというような形になったのである。

　これは、ある意味で身体と一体をなしていた都市が衰退し、情報としての都市になりかわるという70〜80年代からはじまった都市の動向と関係がある。

　実際、アキバでの意外な出会いが乏しくなってきた。わたしにとってアキバの魅力は、多様なジャンクの豊富さだった。それが、ジャンクはどこかに行き、ディスカウントの新品ばかりになっていった。

　そんなある日、昔ばなしになるが、ADSLのスプリッタ＋モデムの後ろにつけるブロードバンドルーターを買おうと思い、まずはアキバへと腰をあげかかって、もう一度パソコンのまえにすわりなおした。ネットで検索してからにしようと思ったのである。ネットワーク関係の機器なら思い当たるショップがいくつかあるが、ブロードバンドルーターを置いているかどうかは確信がない。まして、どこが安いかは見当がつかない。

　はたして、「ブロードバンドルーター ADSL 秋葉原」と打ち込むと、ただちに数件のショップのサイトが表示された。値段と品揃えでは、中央通りの愛三電気が群を抜いている。が、これは、あくまでも検索されたサイトの情報のなかだけの話であって、ウエブに情報を流していないショップ

もあるはずだから、アキバの客観的な情報ではない。

このとき思ったのだが、アキバにかぎらず、これからの都市は、ネットと連動した形で活気づいたり、衰退したりするだろう、と。すでに、渋谷は、テレビ局と連動して変貌していったのだったが、インターネットは、テレビよりも詳細かつ大規模に都市の動きとシンクロし、街そのものの雰囲気や活気を左右することができるからである。

ブロードバンドが普及すればなおさらのこと、いまでは、やろうと思えば、街角にビデオカメラを置き、その映像と音を24時間ストリーミングで流しっぱなしにすることが簡単である。いや、ビデオカメラなんかを用意しなくても、ケータイで全部できる。

かつての静止画のウェブカムにかわって、街を俯瞰する動画のウェブカムのサイトが世界中にあるが、そうした映像で、もし、暴動だとか、街をあげての祝祭のシーンを見たら、わたしのように好奇心の強い者でなくても、行ってみたくなることは確実である。

いま、映画や演劇に行く場合、いきなり劇場に行くひとは少ない。ネットでチェックしてから出かけるのが普通だ。その結果、ネットの影響が観客の数を左右するようになった。この傾向は、すでに情報誌ではじまっていた。つまらない映画で

も、テレビでくり返し予告編を見せられ、ついつい劇場におもむいてしまう客が登場したが、いまはネットのトレイラーである。

インターネットは、ある意味でヴァーチャルな都市スペースであり、そのスペースを歩きまわり、商店や劇場に入って、商品をチェックしたり、映画の予告編を見たりできるわけだが、こうした状況が進むにつれて、そのヴァーチャル・スペースが超面白いからといって、生身の身体を現場に運んでみたら、それほどでもないということも起こるようになる。が、ここでサイバースペースと「現実」との乖離というようなことを嘆いてみてもしかたがない。むしろ、サイバースペースもさまざまな「現実」のなかのひとつにすぎないと考えるべきだし、そうなっていくはずだ。

その場合、サイバースペースと他の「現実」との関係を繊細にとらえるかどうかで差が出てくる。東は東、西は西みたいな投げやりなとらえかたをしているところは、サイバースペースと身体スペースとの相関関係を入念に考えないから、両者がからみあって、相乗効果を増すようなこともない。

しかし、アキバには、生身の都市とヴァーチャルな都市とがリアリティの位相差の関係として厚味を増すような「都市改造」が起こる気配はなかったし、その後もないままだった。

アキバにかぎらず、サイバースペースとその

「モデル」は、それぞれ別の道を歩きはじめ、サイバースペースはいまや、物理的・地理的な都市を越えてはてしなく広がり、入れ子的に重層化し、多元化する方向に向かう。その勢いのまえで、もとはこちらが「ナマ」だった都市のほうが委縮しはじめた。秋葉原はアキバになっただけではなく、そのアキバにも残されていた身体的な活気はサイバースペースのなかに吸収されそうである。というのも、そもそも、われわれの身体そのものが、いまや、《手先》（指＝デジタルの digit の原義）に極小化されつつあるからである。

シチューと五目ご飯

　アキバの電気街がなくなるということはあるのだろうか？　こんなことを考えたのは、最近ロンドンで友人と会い、「東京にはアキバというところがあって、街の数キロ四方が全部電気街なんだよ」という話をしたら、「昔はロンドンにも──そんなに大きくはないが──電子部品を売る店が集まっている場所があったんだけどね」という話を聞いたからだ。

　ニューヨークのチャイナタウンのそばのカナル・ストリートは、1970 年代にはまだ 20 軒ほどの電子部品ショップがたちならんでいた。いまでは、もう 1 軒もない。ブリュッセルには、送信機の部品も揃えているようなショップがあったが、ポツンと 1、2 軒点在しているだけで、アキバのように通りを形成しているわけではなかった。トロントのクイーン・ストリートに 4、5 軒あったラジオショップはいまはどうなっただろう？

　不思議なのは、同じ業種の店が 1 カ所に集まっている街はいくらでもあるのに、電子関連のショップが集まっているところは、欧米諸国では、（わ

たしの知るかぎり）皆無であるということだ。

　その点、アジアには、似たような街が存在する。タイペイの中華路段は、かなりアキバ的であった。シンガポールにもビルのなかに電気ショップが密集しているところがあった。ソウルの竜山の電気マーケットは、「ソウルのアキバ」と呼ばれることがあるが、とんでもない。アキバの倍以上の規模の電子部品やコンピュータの市場だった。

　行ったことがないが、たぶん、ベトナムにもそういう場所があるのではないか？　というのは、アジアからの移民が多いヴァンクーヴァーでラジオ修理店をやっている人のなかには、ベトナム移民が多いことに気づいたことがあるからである。

　そうしてみると、アキバ的な街というのは、アジアに特有なものなのだろうか？　アジア的な文化とどこかでつながっているのだろうか？

　たしかに、こまごました空間性は、アジアの街や室内の特徴ではある。コンビニがよい例だが、決して大きいとはいえないスペースの店でも、食品から文具、本や雑誌、衣類からコンドームまで、ほとんど生活に必要なものをこまごまとひと通りそろえている。このような店は、アメリカにもヨーロッパにもない。

　アジアの料理には皿が多い。皿が多いのは、ものをこまごまと分けるからだ。この30年ぐらいのあいだに世界中にひろまった「ビュッフェ」方

式をわたしが初めて目にしたのは、1980年代の ロンドンでだったが、非常ににぎわっているイタリア料理店があったので入ってみたら、そこの人気メニューは、5ポンドで食べ放題というビュッフェだった。客は、ウエイトレスかウエイターから大皿を受け取ると、それをもって、さまざまな料理が並んでいるテーブルに行き、好きなものを皿に盛りつけるわけだが、いまでは驚くべきことではないのに、わたしは、客のなかに5回も6回もテーブルに通いつめ、皿に一杯料理を盛る人がいるのに驚いた。

　この方式は、じきに日本でもはやるようになり、ホテルの朝食では標準になってしまったが、違うなと思うのは、トレイの使い方である。日本の場合、皿に料理を盛ると、それをトレイに載せ、自分のテーブルに置くと、そのまま食べるのが普通だが、アメリカでもヨーロッパでも、客は、トレイから皿をテーブルの上に置いてから食べるのである。だから、トレイを最初から使わず、皿に盛っては自分のテーブルに運び、食べ終わったら、また持ってくるという人も多い。トレイで運んだとしても、トレイを横に置いたりして、給食のような食べ方をしないのだ。面白いことに、トレイのまま食べるスタイルは、韓国のホテルでも普通だった。これも、アジア方式なのだろうか？

　ヨーロッパや北米のビュッフェ式レストランで

もっと驚いたことがある。それは、日本だと、1枚の皿に色々な料理を盛りつけても、それを混ぜて食べるというようなことはしないのだが、あちらの客たちは、けっこう混ぜたりするのである。日本には、「五目ご飯」（「まぜご飯」とも言う）というのがあるが、その場合、具がまじりあっても溶けあうのは許されない。「まぜ」といっても、具と具とは「ご飯」できっちりと距離を置かれているのである。コンビニ弁当でも、おかずとおかずとのあいだには厳密な仕切りがある。

　極端に言うと、食べ放題の皿に取ったものをシチューのようにして食べるのもありというのが、「欧米」式なのではないか、と思った。シチューでは、具のひとつひとつが何であるかはあまり重要ではない。

　日本の文化や社会は、均質だと言われるが、事実はそうではない。異常なほど細々とものごとを細分化し、どうでもいいようなことにも微妙な差異を求める傾向のほうがむしろ強いのである。

　逆に、「欧米」では、個々人は別々で独立しているのだが、文化や社会のような共通項のレベルでは、シチューのように溶けあっている。だから、熱い連帯が生まれる一方で、闘いも、異なる材料がシチューになる以前の闘い、つまり集団と集団との文字通り食うか食われるかの殺しあいにエスカレートする傾向がある。旧ユーゴ地域の紛争は、

いわば肉や野菜等々の「シチュー」の材料同士の闘いだ。この闘いは、キリスト教やイスラム教という特定の「シチュー」に変化するまで続けられる。

　その点、日本では、集団同士の争いよりも個人対個人や個人の内面での争いの方が深刻なのではないか？　イジメや増え続けている自殺もそういう文脈で解釈できる。

　「シチュー」圏では集団は仮のものだから、集団同士がうまくいかないのは、集団の組み方が悪いからにすぎない。ならば、集団の組み方を変えればよい。つまり制度を変革・改革すればよいということになるが、個人と個人、さらには個人内の多数の個がうまくいかないのは、ちょっと宿命的である。個人性というのは、肉づきであり、そう簡単には変えられないからである。だから、結局、日本の場合は、決まりがそういう個人を争いから遠ざけるための防御壁になっており、日本人は、いわば決まりのなかの「隠者」なのである。

　小さな部品店がびっしりたちならぶアキバのラジオデパートやラジオセンターの通路を歩きながら、そのこまごました多様性に魅力を感じると同時に、他方で、この多様性は、「隠者」として相手に距離を置き、本当には連帯できない「気難しさ」を隠しているのではないか、と考えたりもするのである。

II 手の思考

Ⅱ　手の思考

機械と身体

　アキバからわたしは、多くのことを学んだが、ここにはテクノロジーだけでなく、経済があり政治があった。2004年のイラク人質事件で「自己責任」という言葉がにわかに浮上した。しかし、この言葉は、アキバでは大分まえからよく知られていた。店頭に並べられた極安のパソコン部品や周辺機器のそばに、「この商品は自己責任でお求めください」と書かれており、それが「保証なし」という意味であることは誰でも知っていた。そういう表示の製品には、最初から壊れていることを知りながら売っているものもあるわけだが、そういう「ジャンク」を買ってきて直して使ってしまうのが、DIY(Do It Yourself)つまりは「手前細工」の醍醐味でもある。

　テレビや新聞が「自己責任」という言葉をしきりに話題にするようになったとき、わたしは、そうか、政府はアキバの低サービス系のジャンク屋になったのかと思った。国民は、いまや無保証の「ジャンク品」でそこそこの生活に甘んじるか、あるいは、「手前細工」主義者になって創造的に

生きるかを求められている。かつて国民を保護することを義務とした「福祉」国家が、ケツ（失礼）をまくってしまうのがポスト近代の動向なのである。

　ところで、現実は、もっとすごいところまで行っていると思う。「自己責任」が不当であるという批判に若干なりともたじろぐ議員や官僚のいた日本は、まだ「近代」にどとまっているのかもしれない。この事件以前にも、ジャンク屋の店頭で、「質問不可」という表示があるのを何度も発見した。「自己責任」などはあたりまえ。買うのに「質問」もしてはいけない。「黙って買え」というのだから、すごい商売ではないか。「自己責任」という言葉の今日的な使用法を先取りしたアキバでこの用法が登場したからには、おそらく、国家も、そのうち、「質問不可」を国民に要求するのではないだろうか？

　コンピュータのジャンクがアキバの店頭にごろごろしていたころ、わたしは、40台近くのコンピュータを持っていた。大半は、1万円以下のジャンクで買ったものばかりだ。といって、わたしはアンティク・コンピュータのコレクターではないし、40台を全部稼動させていたわけでもない。むしろ、路上に子犬や子猫が捨てられているのを見て、ついつい連れかえってしまうひとのような意識で、ジャンク・コンピュータを買ううちに、

数が増えてしまったのだ。

　ある時期から、アキバのジャンク屋には、ありきたりのマシーンしか並ばなくなったが、2000年をすぎた数年間は、あっと驚く名機が捨て値で店頭に並んだ。その10年まえには垂涎の的だった名機が、ゴミでも捨てるように道端に転がされているのを見ると、わたしは、腹が立ち、哀れみを感じた。エンジニアが精魂込めて作った名機が屑のようにあつかわれている。

　いつか、「動物愛護」のように、「機械愛護」の風潮が広まるのかもしれない。が、そのころの「機械」は、コンピュータではないだろう。そういえば、スピルバーグの『A.I.』に、不要になったロボット／アンドロイドが、公開死刑のような見世物舞台で次々に破壊されるシーンがあった。すでに心情をそなえたアンドロイドたちは、独裁政権のもとで銃殺される受刑者のようにおののき、悲痛な表情をうかべながら破壊されて行くのだった。

　むろん、アキバのジャンク屋のコンピュータたちに「意識」があるわけではない。しかし、わたしの感覚からすると、微動だにしないマシーンでも、それがハンマーで打ち壊されるのを見るのはしのびがたい。それは、本や雑誌を破ったり、捨てたりするのに抵抗がある（だから捨てられない）のと似ているが、わたしの場合は、印刷物以上に、

マシーン類、とりわけ、しっかりとデザインされ、それなりの設計思想が浮き出ているものをないがしろにすることはできないのだ。

　それには、おそらくわたしのパーソナル・ヒストリーがからんでいるだろう。たしかに、わたしの周囲には子どものころからさまざまな機械があった。それらは、電気機械であるよりも、近代のマシーン・テクノロジーの流れをくむ金属製のゴツゴツした機械であった。そんな機械の細々した部品を積み木代わりにして遊んだり、職人が金属に穴を開けたり、削ったりするのを眺める機会が多かった。

　その間に、わたしの関心はラジオ作りに移っていった。小学校3年生のとき、真空管が3本あるラジオを作った。作るには作ったが音が出ず、親の知り合いにラジオのプロがいて、その人がきてくれて、配線のまちがいを教えてくれた。ぼんやりした記憶では、その人は、文句も言わず、わたしがやった配線を一つ一つやりなおしていたように思う。「まいっちゃうな」と思ったかもしれないが、そういう表情は見せなかった。

　当時はキットなどというものはなく、アルミのシャーシにドリルで1つ1つ穴を開け、部品を止めつけなければならない。大きな穴は、まず小さな穴を開けて、リーマーで広げていく。そのあとは部品の半田付けである。その手間は、ある時

機械と身体　　105

II 手の思考

自作の807管使用の送信機、ポータブルラジオ、オーディオアンプ、測定器や米軍のトランシーバーのジャンクなども見える（1955年撮影）。

期に流行ったパソコンの自作とは比較にならない。パソコンを自作するには、決まった規格で作られた部品をレゴのようにはめ込んでいけばよい。道具もドライバー1本あれば十分だ。

そんなわけで、中学に上がるころには、わたしの部屋は工作室になってしまい、次第にラジオの受信から送信のほうへ関心がうつるにつれて、「シャック」（無線室）の様相を呈してきた。本などあまりない。あるとしても、無線関係の本と雑誌だけだ。こういう環境のなかでは、おのずからマシーンへの愛着が深まらざるをえない。本は読めなくても、配線図は読める。数学はできなくても、コイルの巻き数を計算する数式はわかる。学校教育で教えられる知識には興味がないのに、そういう知識には魅惑された。

こんな生活をしていれば、いまなら「ひきこもり」になるしかないだろうが、そういう言葉もなかったし、事実上はそうであっても、名詞化され、そういうカテゴリーに分類されて差別されることはなかった。しかし、同じようなことをやっている仲間はクラスにはいなかったから、つきあう相手はどうしてもおとなになる。たまたま自宅の近所に新しいラジオ屋ができた。軍隊帰りの店主と従業員（前述の「テレビ日本堂」の中田角男と真瀬正雄）は、足しげく通うわたしを一応「一人前のおとな」としてあつかってくれ、ときどき、

ラジオの組立を手伝わせてくれたりもした。

　機械をないがしろにできないということは、近代の発想からすると、ある種のフェティシズムであり、アニミズムである。しかし、問題は、機械が、それ自体で「生命」を持ち、「意志」を持っているかどうかではない。機械は道具である。が、それは、機械が人間の決めた目的を実行する手段であるということではなく、個々の「わたし」の身体（とりわけ手）とリンクし、身体の一部になるということだ。電気や電波はそうしたリンクを助ける媒介である。電気や電波によって、機械が身体化する。

　その点で、機械＝道具に関して、マルチン・ハイデッガーが、『存在と時間』のなかで言い表した「Bewandtnis」（ベヴァントニス）という概念は、画期的だった。日本語では「適所性」、「帰趨性」、「用向き」などとよくわからない言葉で訳されているが、ハイデッガーの他の用語と同様、この言葉もこの語と親族関係にある動詞「bewenden」（ある場所におさまる）や「benden」（ある方向に向く）を意識して使われており、要するに、道具とは、ハンマー→釘→板→台→地面……というようにかぎりなく場と場とをリンクし、ローカルな場を越えてネットしあっているということである。

　この「ベヴァントニス」の主軸は、ハイデッガーの場合、「現存在」（Dasein）ということになるが、

機械と身体　　107

これは、要するに「手」であり、手の側からとらえなおされた人間存在である。つまり、機械と道具は、手のネットワーク的な結節点（のっぺりしたボーダーレスな延長ではなくて、さまざまな「区切り」とボーダーを含んだ多様な連続体）だということである。このことは、直接の「手ざわり」を感じることができないラジオやコンピュータにおいてもかわりがない。

　機械＝道具が「人間不在」をもたらすかどうかは、こうした「手の関係」次第である。機構が巨大になれば、手との関係は希薄になる。しかし、一見「手が届かない」ところにあるように見える電子機械は、物理的な距離とは無関係に手との関係をとりもどすことができる。むろん、そのためには、「手」の再定義が必要である。

アートの誕生日

　毎年、1月17日が近づくと、海外のあちこちから今度の「アーツ・バースデイ」(Art's Birthday)をどうするかというメールが届く。これは、フルクサス(FLUXUS)のアーティスト、ロベール・フィリウが1963年に発表したパフォーマンスを継承して、「芸術の誕生」を祝うお祭りである。日本ではこの日は、1995年以後、阪神・淡路大地震の起こった日になってしまったので、この日に「ありもしない」誕生日を祝う遊びなどにほうけるのは不謹慎ではないかと気もしないではないが、そのへんの屈折を創造的に解消することが出来ないまま、毎年この祭りに参加している。

　「アーツ・バースデイ」にやってきて、「こんなに本格的なのなら、マスコミにも知らせて、もっと大掛かりにやったほうがいいじゃないすか」などと言う人がいる。「本格的」という意味は、インターネットで「世界に発信」していることを指しているのかもしれない。たしかにウィーンの公共放送ORFの傘下にあるクンストラディオ(Kunstradio)のようなラジオ局とネットし、東西

Ⅱ　手の思考

　ヨーロッパに流されはする。しかし、そういう発想は、全然「アーツ・バースデイ」らしくないのだ。そもそも、重要なのは、大掛かりにやることではなく、参加者が楽しむことであって、「事業」（エンタープライズ）をぶちあげることではない。パーティは、規模が大きくなればなるほど、パーティの進行から落ちこぼれ、席の隅で退屈さをまぎらわさなければならない人が出てくる。「アーツ・バースデイ」は、自主独立というよりも「勝手」にやるお祭りでありパーティである。フィリウの発想に共感をおぼえた者やグループが、勝手にアートの誕生を祝うのである。

　フルクサスのアーティストにとって、冗談や「ナンセンス」が創造性の重要な源泉だったが、フィリウは、1963年に、「アートは、100万年まえに、誰かが乾いたスポンジを水の入った桶に落としたところから生まれた」と宣言し、彼自身、その10年後の1973年に、ドイツのアーヘンのノイエ・ガレリィで「百万十回目のアートの誕生」パーティを開催した。わたしは、フィリウが、いたずらっぽい笑顔で彼自身の「作品」である巨大なはりぼてのケーキにローソクをともしている写真でしかそのときの状況を知らないが、フルクサス系のアーティストたちは、この手のイベントやパーティを数かぎりなくやってきた。

　フィリウのこの誕生パーティ・イベントは、この

アヴァンギャルドとエンターテインメントの両極を柔軟に横断するハンクがタップダンサーの姿でパフォーマンスをする（１９９７年撮影）。

ときかぎりのものだったが、これが、今日のような知る人ぞ知るのお祭りになった背景には、ヴァンクーヴァーのウエスタン・フロントで実験アートの活動をしてきたハンク・ブルの存在がある。フルクサスの発想に賛同する彼としては、「アーツ・バースデイ」を世界の祭りや国際イベントにしようなどという欲も考えもなかった。彼は、面白いから友人のアーティストにこのアイデアを話し、呼びかけたのであり、それが、次第に広がって毎年、一部の大きな放送局までもがそのために番組を組むようなところまで来たのである。

「アーツ・バースデイ」が定期化したのは、フィリウが亡くなった1987年からだが、ハンク・ブルは、それ以前から彼のパーソナルなネットワークのなかで準「アーツ・バースデイ」的なアート・パーティを試みていた。1979年、ウィーンの「現代アートギャラリー」（グリタ・インサム）で開かれた「オーディオ・シーン '79」（副題「音：ヴィジュアル・アートのためのメディア」）に招かれたハンクは、「ヴィエンクーヴァー」（Wiencouver）というコラージュ・インスタレイションとサウンド・パフォーマンスを発表した。

「ヴィエンクーヴァー」とは、「ヴァンクーヴァー」と「ウィーン」をかけた造語であり、実在しないヴァーチャルな場所を指示することによって、地理的、文化的、ジャンル的、言語的境界

アートの誕生日　　111

線をこえた「ネットワーク・アート」の開始を提唱していた。また、ラジオは、情報伝達の手段であるよりも、「音の彫刻」であり、新しいアートの「マテリアル」になりうるものだということをも示唆した。ハンクのこうした発想は、カナダ生まれでウィーン在住のアーティストをいたく刺激した。すでに高度の情報テクニックを駆使した作品を手がけていたロバート・エドリアン（Robert Adrian X とも名乗る——同名のアーティストがいたので、うしろに X をつけたのだという）や彼のパートナーで 1987 年に「クンストラディオ＝ラディオクンスト」（KUNSTRADIO-RADIOKUNST）というラジオアート専門の放送局をたちあげるハイディ・グルントマンらが、とりわけハンクと意気投合し、共同活動をはじめることになった。

　1980 年になってハンクらは、手紙によるアート（「メール・アート」として知られているが、いまでは「メール」が電子メールの意味になってしまったので注釈がいる）、スロースキャンのヴィデオ（静止画のテレビ電話のようなもの）、ファックス、電話、コンピュータ（といってもメインフレームのおおげさなもの）、ラジオ放送などをつかったアートの「展示会」をウィーンの「現代アートギャラリー」（グリタ・インサム）やヴァンクーヴァーのプッシュ・アート・ギャラリーなどで同時多発的におこなうようになり、のちに「ネ

ットワークアート」、「メディアアート」、「ラジオアート」などと呼ばれることになるさまざまな実験を具体化していった。

　わたしが、「アーツ・バースデイ」に関わるようになったのは、1990年の1月、ハンク・ブルから突然電話が入り、「アーツ・バースデイ」のためにFAXを入れてほしいといわれたときからだ。そのときは、準備不足で、つまらない「挨拶文」を送っただけだった。翌年、彼はテレビ電話による参加を呼びかけてきたが、彼が当時使っていたテレビ電話が日本製であったにもかかわらず、「ヴィデオフォン・アート」のうまいアイデアがわかず、電話とFAXでお茶をにごしただけだった。しかし、彼と文通をくりかえし、こちらも色々実験をこころみるなかで、「アーツ・バースデイ」の発想に魅惑され、次第に深入りするようになった。そして、1995年をさかいに、インターネットの利用が容易になるにつれて、「アーツ・バースデイ」はインターネットを主要なメディアとして使うようになり、さらに新しい実験がはじまった。

　わたしは、ものを書く場合にも、パフォーマンスを演る場合も、海外を旅行する場合も、偶然の出会いに身をまかせてきた。計画性はまったくなく、計画といえば、試写状をもらってからその日程の枠内で試写を見に行く計画をたてるとい

った程度のきわめてアドホックな計画にすぎない。「人生設計」などという言葉は気が遠くなるし、人間ドックにも行ったことがない。パフォーマンス・アートに惹かれるのも、偶然の出会いがあるからであり、フルクサスに共感するのも、そのコアに偶然の出会いがあるからだ。

　出会いはつねにパーソナルなものであるが、それに身をまかせていると、自然にインターパーソナルな関係がひろがる。ハンクとの出会いも、まさに偶然だった。1988年3月21日、福井県立美術館で開かれた「ふくい国際ビデオビエンナーレ」のシンポジウム「テレビとビデオが手を結ぶとき」に山本圭吾氏がわたしをパネリストとして呼んでくれたのだが、その席上、パンフレットには載っていなかったハンク・ブルが登場し、彼とわたしはすっかり意気投合してしまった。彼は、メインゲストのビデオアーティスト、ウッディ・ヴァスルカの話にすっかり退屈していたが、自由ラジオについてのわたしのプレゼンに目を輝かし、彼の「ヴィエンクーヴァー」プロジェクトの経験との類似性を語った。しかも、面白いことに、福井から帰って1週間後、映画の試写を見に銀座に行った帰り、わたしは、地下鉄のなかで偶然、ハンクと彼のパートナーの、いまは亡きケイト・クレイグとに遭ってしまったのだ。福井での共感の記憶がたがいにあったので、地下鉄のなかで肩を

抱き合ったりして、周囲を困惑させたが、以後、彼とのながいつきあいがはじまった。

ちなみに、わたしを福井に呼んだのは山本圭吾氏だが、わたしを山本氏に初めて出会わせたのは、共同通信の井手和子氏だ。彼女は、「福井にメディアを使った面白いアートを制作している人がいる」と言い、山本氏の個展の取材にわたしを福井に行かせたのである。まえまえからわたしに関心を持っていた山本氏は、それがきっかけでビエンナーレのパネリストのひとりにわたしを選んだ。では、井手氏とわたしはどう出会ったかというと、それは、おそらく、自由ラジオ運動と1982年に出した『メディアの牢獄』の反響が影響している。この本を読んで連絡をもらったからだ。では、『メディアの牢獄』はというと、晶文社の津野海太郎氏と島崎勉氏がその企画をしたからであり……ということになる。すべては、わたしのあずかり知らぬ、だから偶然の出会いの糸が蜘蛛の巣（ウェブ）のようにからみあっているのだ。

こういう観点から自分の知り合い関係をたどりなおしてみたい気がするときもある。というのは、たぶんそこからは、アルバート＝ラズロ・バラバシの『新ネットワーク思考』（青木薫訳、NHK出版）や、それをより批判的に深めたダンカン・ワッツの『スモールワールド・ネットワーク』（辻竜平／友知政樹訳、阪急コミュニケーションズ）のな

かで展開されている「六次の隔たり」の関係や「スモール・ワールド」が再確認できるであろうし、「小さな衝撃がどのようにして時折、システム全体を変え得るのか」が見えてくるかもしれないからである。実際に、偶然の出会いの線というものは、直線ではなく、どこかでリンクしあっており、新たな出会いが生じると、そのなかに過去の出会いがからみあっていることを発見したりする。

　アーツ・バースデイ2005は、同時に、その2年まえにはじめたネットラジオ局「ラディオ・キネソナス」(Radio Kinesonus)の「誕生日」でもあるので、このときは、「ラディオ・キネソナス」の枠をつかってアートの誕生を祝うことにした。しかし、基本はアーツ・バースデイだから、「放送」よりも「パーティ」を重視しようと、会場をいつもより少し広い場所にし、飲み物と食べ物を用意した。

　放送時間は、アントワープ、バーデン・バーデン、ベルリン、マドリッド、モスクワ、プラハ、ストックホルム、ウィーン、バルチモア、マーストリヒト、メルボルン、ヴァンクーヴァーのグループが参加するので、日本時間の午前3時ということにした。すでに、午前1時をすぎたころ、ギターと重い機材をかかえた小柳昌博が到着し、セッティングをはじめた。やがて、中国のパーカッショ

ン楽器「ユンガオ」を肩に藤村匠とその仲間の林たかし（ギター）、木村昌哉（サクソフォン、フルート）、岩崎翔真（ベース）の面々が到着。ストリーミングと音響の電子関係はみなわたしの仕事。小柳さんが音のレベルにナーバスになっているので、VUメータで基準値を設定する。アドリブと「偶然の出会い」に強い藤村さんは、すでに飲みはじめている。わたしも、キネソナスの習慣でビールを飲みながら作業。大体設定が終わったところで、料理をつまむことにする。山盛りだったミートローフがたちまち姿を消し、サフランライスのシーフードピラフにみなの手がのびる。サーバーをチェックすると、すでにアクセスする人がいるのを発見。この部屋のざわざわした音を聴いているのだろうか。

　午前３時まえにキネソナスのメンバーであるノイズアーティストの長谷川洋が到着し、大急ぎでセッティング。この日の午後に仕事があるので、時間ぎりぎりまで睡眠をとってきたという。彼は、藤村さんやわたしのような超夜型ではない。急にピアノの音が聞こえる。藤村さんが、部屋の片隅の古ピアノで遊んでいる。部屋の雰囲気がいい感じになってきた。マイクをピアノにちかづけ、ピアノの音を流す。アクセス状態を見ると、いつになくぐんぐん数が増えている。むろん、ウィーンのクンストラディオは、回線をつなぎっぱなしに

している模様。ヨーロッパのいくつかのラジオ放送にこちらの音が流れるのは、午前5時から5時半までだが、ネット上では、各地でチェックしており、サンプリングにつかうところもある。今回から参加することになったモスクワの「ラディオ・ラッシャ」はどうなのだろうと思って、アクセスしてみると、えらく「普通」の音楽番組が聞こえてきた。おそらく、予定されている時間だけ「特別番組」になる仕組みなのだろう。日本でいえば、NHKのようなところだから、それでもしかたがない。おそらく、この「普通」の放送の裏では、インフォーマルなパーティが行われているのだろう。

あとでわかったのだが、この日、ネットや放送とは無関係に「アーツ・バースデイ」をやった人々がけっこういた。ミネアポリスで知り合いになったラジオアーティストのアビナディ・メザは、水を張り、リンゴを浮かべた桶のようなインスタレイション（その底にスピーカーが仕掛けてある）でパーティをやったという。メールで知らされて、そのことがわかった。ネットで自分らの音や映像を発信したグループや個人でも、全体をリアルタイムで聴いたり、見たりすることはできないから、このお祭りには、中心がないということになる。

クンストラディオが、相互の連絡役になり、そのサイトに行くと一つの流れはつかめるわけだが、

それが「アーツ・バースデイ」のすべてではないし、主流でもない。ひょっとすると、「アーツ・バースデイ」の本来の姿は、ネットや放送で公開された部分とは別のところで生起していたのかもしれない。わたしたちの場合も、たしかに、一番楽しんだのは、準備と「リハ」の時間であり、飲み食いしながら音を出したり、しゃべったりしているときだった。そして、実際に、そのときにこちらのマイクを通じて流れていたネット放送を聴いていた者が、こちらが最も生き生きしていたときをまのあたりにできたのかもしれない。

　実は、ひとりでてんてこ舞いしていた技術担当のわたしが、大失敗をした。パーティがお開きになってから、すべてを録音していたはずのHDDレコーダーが、何と、午前3時少しまえで止まってしまっていたのを発見したのだ。4時から5時まで全員がけっこう力(リキ)をいれて音を出した。5時から5時半まではヨーロッパの放送に流れるというのでより緊張して演奏し、音を出した。しかし、その部分はこちらの記録からすっぽり抜けてしまった。やはり創造的な「いいかげんさ」と偶然の出会いを愛したロベール・フィリウは、「アーツ・バースデイ」をいまでも仕切っていた。本来いいかげんなわたしが、たまにきっちりやろうとしても、それを「正道」にもどしてくれたわけだ。が、参加したひとたちに、「記録のＣＤを焼

くよ」などと口約束をしてしまったのをどうするか？　かつてエリック・ドルフィは、「音楽を聴いていて、それが終わると、音楽は空気のなかに消え去り、それを捕まえることは二度とできないのです」（Limelight 版の『LAST DATE』の最後に彼の声が入っている）と言った。そうだ、この言葉を引いてみんなにあやまるしかないなと思い、その日は床についた。

　数日後、別の偶然が起こった。ロンドンから電話やネットでラディオ・キネソナスに参加しているメンバーのキース・ディ・メンドンサにこのことを伝えると、彼からすぐ返事が来て、ネット放送の大部分をロンドンで録音しており、MP3 のファイルを持っているというのだ。え〜!?　これも「偶然の出会い」の一つであるかもしれないが、どうも、電子テクノロジーというのは、古典的な偶然をだんだん不可能にしていくような気もする。

手で考える

　ブリュッセルで「手で考える」(Penser avec les mains) というタイトルのパフォーマンスを演ったことがある。2003年11月、レ・ブリギッティネというアート・スペースで「ラディオフォニック2003」という詩とサウンドアートのフェスティバルが開かれたときである。この種のパフォーマンスのきっかけは、ラジオと送信機の製作であった。

　「自由ラジオ」にかかわるなかで、「文科系」のわたしの生活に、送信機を作るという作業がくわわっていった。自由ラジオで使う送信機を組立たり、組立方を教えるワークショップなどをやるようになったのだ。受信機はどこにでも売っているが、既成の送信機は簡単には手に入らなかったからである。小学生のころからラジオ製作に親しんでいたとはいえ、受験や理系志望から文系志望への転向、さまざまな遍歴等で長い中断があったので、30歳すぎて再開した「無線工学」はそう簡単ではなかった。

　何とか他人に教えられるようなところまで技術

を再マスターし、かなり頻繁に送信機を作るなかで、あるハプニングが起こった。カナダのザ・バンフ・センター・ジ・アーツが、送信機を作るということを一つのパフォーマンスとして公演しないかと招待してくれたのである。1992年のことである。それは、1984年以来電子装置を使う色々なパフォーマンスを試みていたことの結果でもあったのだが、送信機を作るということは、放送で使用するための道具を得るための手続きだという意識の方が強かったので、それを「パフォーマンス」として演れというオッファーには、内心驚いた。同時に、無意識のなかで願望していたことを明確にしてくれたという点で嬉しくもあった。

　この着眼は、ヴァンクーヴァーのアート・スペース、ウェスタン・フロントのハンク・ブルとバンフのキュレイター、ダイナ・オウガイティスの見識によるものだったが、1980年代後半からアートの世界では作品制作のプロセスを見せたり指導したりする「ワークショップ」が、パフォーマンスのひとつの形式になったり、また、ヒップ・ホップのDJのターンテーブル操作が一つのアート形式になるといった変化があり、そうしたことも、一見DJのような格好で演るわたしの送信機作りがパフォーマンスとみなされる要因になったと思う。

　きっかけというものは考え方や人生を変える。

わたしがパフォーマンスに関わるようになったのは、変なことをやってみたいという生来の好奇心のほかに、電子メディアが生活のなかに急速に浸透するなかで起きる身体意識の変化、文化と社会の変化について考え、書きながら、それをメディア論的に確証してみたいという気持ちも大きく作用していた。だから、自分の身体を実験台にして、ある種の「メディア中毒」の状況を作ってみるとか、電子メディアを第二の「皮膚」や「触角」として「外界」にさらすとき、身体が無意識のなかでどんな反応をするかといったことを試すパフォーマンスをしていた。バンフが呼んでくれたことで、このパフォーマンスの領域と送信機製作とが切れ目のないものになった。別の目的と関心からはじまったことが、ここで合流したのだ。

送信機とアートということで言うと、及川廣信

MAY PROJECT
PART2
制作：及川廣信
出演：竹田賢一
　　　ヒグマ春夫
　　　大串孝二
　　　武井よしみち
　　　粉川哲夫
　　　上杉貢代
撮影：前田敏行
星稜会館ホール
１９８７年５月２６日

氏がオーガナイズしてはじまった桧枝岐パフォーマンス・フェスティバルとそれに付随したイヴェントもインパクトになった。その流れで竹田賢一や吉村弘といった「音楽家」と共演することになったのだが、1987年にわたしが演ったのは、自分の身体に電波を当て、それによって変化するわたしの身体の電界強度を音にするというものだった。このとき使ったのは、自由ラジオ用に作った送信機（出力はいまのケータイと同程度）だったが、50分ぐらいの公演中ずっと身体に電波を当てていたら、翌日だるくてたまらなかった。ある種の電磁波公害を受けたわけである。しかし、これは、「身体を張って」なにかをやったという気がして、面白かったので、その後も何度か試みた。ラジオアートの世界ではいまやひとつのスタイルにもなっている、電波を干渉させて音や映像を作るというのもいろいろ実験してみた。

　こうした実験は、わたしの場合、いつも身体論的な考察と並行して行われたのだが、この間に、身体へのわたしの関心は、手に集中するようになった。身体のなかで手が一番面白いと思ったのだ。フッサールを引き継いだメルロ＝ポンティの考えでは、身体の身体たるゆえんをあらわにしてくれるのは手である。身体は「知覚する主体」であると同時に「知覚される客体」でもあるという二重性をはらんでいる。右手で左手をつかむとき、右

手は「主体」であり、左手はつかまれる「客体」である。が、この関係は、左手で右手をつかむとき逆転する。どうして、同じ身体がそのなかでこうした位相変換を起こすのか？　身体についての思考はこの問いにつきている。

　送信機は、発振部の初段に何段かの増幅回路を加え、初段の微弱な電波を極限まで増幅する。1999年からドイツのヴァイマルにあるバウハウス大学の実験ラジオ学科で毎年、送信機ワークショップをやるようになったとき、学生のあいだから、作った送信機をラジオ放送のためではなく、インスタレイションのようなアート作品に使いたいという要求が出た。この大学には、学生が自由に番組を持てる放送局があるので、通常のラジオはいらないのである。

　そこでふと思ったのは、送信機の初段の部分を特化してみてはどうかということだった。これなら、部品も10点以内で済む。ワークショップとしても初心者にも親しみやすい。電波が超微弱だから、そのそばに身体や物を運ぶと、受信される電波は微妙に変わる。これは、インスタレイションに使っても面白い。学生たちとわたしは、このやりかたで色々なインスタレイションを作った。

　この超微弱送信機は、わたしにとってもインスパイアーに富んでいた。同じ周波数で2台の送信機を発信するとオーディオのハウリングのような

Ⅱ　手の思考

送信機と体との位置関係の変化を音にするパフォーマンス。

大き目の銅基盤上に送信機を作り、基盤をハサミでカットすると電波の出力状態が変化するのをリアルタイムで音にする。

現象が起きる。そうした試みは、以前にも何度かやったことがあるが、超微弱な送信機を3台も4台も作り、同じ周波数で発信させると、実に「妙なる」音がラジオから聴こえるだけでなく、この送信機のそばに手を持っていくと、その音が微妙に、あるいは猛烈に変化することを発見した。

　この「装置」は、あとになって、「テルミン」と同じ原理であることに気づく（つくづく自分の創造性のなさに落胆する！）のだが、楽器になってしまったテルミンよりももっと荒削りで自由な手の動き（手の舞踏・手のダンス）を触発してくれる。

　ブリュッセルで演ったのは、このときにはじまった「手の舞踏」の流れの一環で、このときは、送信機を作るところから、完成した複数の送信機を使って干渉音を出し、手で「踊る」プロセスをノンストップで演った。そのタイトル「手で考える」は、ドゥニ・ドゥ・ルージュモンの同名の本からとった。彼は、その本のなかで、「考える者と行動する者とは別だ、と言う。しかし、人間の真の条件は、手で考えることだ」と言っている。

　この言葉は、ゴダールの『映画史』のなかで知った。ぜひ原書を手に入れたいと思ったが、絶版だった。が、わたしのパフォーマンスを見に来てくれた友人ジャン゠ポール・ジャケットが、夢をかなえてくれた。「ここならたぶんある」という

すっかり黄ばんだページは、本棚の最上部で何年も買い手を待っていたかのようだった。

ブリュッセルのおすすめの本屋に行くと、その棚の上の方に、埃にまみれたままガリマールのイデー叢書版が残っていたのだった。本も、その内容以前に、「手によって握られる」という側面が重要なのである。かつてポール・ヴァレリーは言った、「一方の手が他方の手をつかむとき、自分のなかに一人の他者をつかんでいる」＊と。フッサールもメルロ＝ポンティもこの考えを共有している。ルージュモンのなかにもヴァレリーの「手の考察」の影が見える。

＊ 逐語訳では、「一方の手で他方の手をつかむことは、非・わたしをつかむということだ (prendre l'une dans l'autre, c'est prendre un objet non-moi)」(「身体についての素朴な考察」)。

Ⅱ　手の思考

地理的距離の終わり

　　ラルフ・ホーマン（Ralf Homann）からミュンヘンでラジオアートのイベントをやるので来てくれというメールが届いた。開催は5月22日の土曜。テーマは、「トランジット〜ヴェレン」(Transit~Wellen)。明らかにこのタイトルには、「トランジット」という部分で、電波や車の通行とともに人が国境を通過するという意味を、さらに、波や電波を意味する「ヴェレン」で身体的な波（人の波）から電子的な波にいたる広範な意味を含意しようとしている。ラルフは、これまで、国境や異なるメディアの交錯する場のような「境界線」に興味を持ち、コンセプチュアルなインスタレイションや、東欧の国境地帯で電波を使ったパフォーマンスをするといった政治アートを通じて「境界線の移動」の実験をやってきた。

　　ヨーロッパに行っていつも思うのは、人間関係というものが今後ますます地理的な場所の制約を受けなくなるだろうという予感である。むろん、場所は存在するのだが、その意識が希薄になる。人は、違った場所へ足を踏み入れたという意

識なしに移動し、特定の場所に執着しない。「故郷」があるとすれば、それは必ずしも「生まれ故郷」ではなく、たまたま「アット・ホーム」だと思った場所にすぎない。その意味では、「故郷喪失」や「ホームレス」があたりまえになる。

「トランジット〜ヴェレン」には、10人のゲストが招かれたが、ミュンヘン在住の者はひとりしかおらず、他は、ベルリン、アムステルダム、ウィーン、ニューヨーク、東京からこの日のためにやってきた。日本でこういう集まりをやれば、「国際……」と呼ぶことになるが、「インターナショナル」という概念はこの集まりには通用しないと思う。誰も、場所性への執着が強い概念である「ネイション」など意識していないし、どこかのネイションを代表したり、背負ったりして来てはいないからだ。

しかし、ネイションの壁は依然として存在し、ニューヨークから来た3人組「ニューロ・トランスミッター」は、空港で送信機を受け取れなかった。わたしも、（たぶん「テロ防止強化」という理由のため）ミュンヘン空港の検問でしつこく「入国目的」を訊かれた。ここには、「ネイション」が厳然と存在する。ちなみに、帰りの成田空港のパスポート検査場の壁には、「お帰りなさい WELCOME TO JAPAN」と書いてあり、荷物検査もなかった。つまり、日本は依然として日本国籍

II　手の思考

を持つ者の「故郷」なのであり、日本に住み、日本語を話す者がウエルカムなのである。

　EUの理念においては、もう「ネイション」という観念は終っているはずだが、現実には、国ごとに他の国籍者を排除する傾向が強まっている。それは、「自国民」の仕事や生活の権利を守るためであるが、変化するテクノロジーやメディアによって意識の方はそういう傾向とますます乖離を起こしている。「トランジット〜ヴェレン」の課題は、こういう乖離に対してラジオというメディア／テクノロジーには何が出来るかということを実験することであった。

　「完全に実践的に」という副題を意識して、わたしは、「最もシンプルな送信機を作る」ワークショップをやった。1石のトランジスタと7個の抵抗とコンデンサー、1本の手巻きコイルを基盤の上に半田付けして組み立てる。この回路では、飛ぶ距離はたかが知れているし、通常の意味での「通信」や「放送」には使えないが、重要なのは、その手作業であり、自分で作ったものが電波を出すということ、電波の不思議な性格を実際に体験することである。

　ワークショップには、色々なやり方があるが、今回は、予定したより参加者が多く、ふたりで1台を作るようにした。わたしがモデルを作って見せたあと、各自で相談しあいながらやってもら

ワークショップで説明する「手」。

い、最後の段階で個別の指導をすることになった。そのため、製作の過程が、和気藹々としたおしゃべりと笑いにつつまれ、みんなで料理を作っているような雰囲気が生まれた。

　ひとりで1台の送信機を作るワークショップでは、最初に仕上げた者が「やった！ おれが勝ち」みたいな歓声をあげることがある。つまり競争意識が出てしまうのだ。が、今回は、電波が出たときには、「やった！」という喜びを表すが、それが、ひとりだけの成果ではないので、その喜びが最初から他と共有されており、その共有意識がすぐに伝染し、仕上がった者同士が、それぞれの送信機を使って何か変わったことをやろうとするのだった。一台の送信機でCDを流し、それを受けたラジオの出力を別の送信機に入力し、それを別のラジオで受け、位置関係でシャーというノイズが入るのをサウンド・アートとして楽しむなどということをやる者もいた。なかには、9ボルトの電池を直列につなぎ、入力電圧を倍にして、「ああ、飛ぶ飛ぶ」と喜び、ラジオを持って庭に出て行ったグループもあった。

　ワークショップ後に開かれたシンポジウムで、ダイアナ・マッカーティ（Diana McCarty）がうまいことを言った。あの「最もシンプルな送信機」は、「メタファー」として重要だと言うのだ。彼女は、メディアアートとメディアアクティヴィズムのフ

ミュンヘンのビアホールのダイアナ

地理的距離の終わり　　131

ルツワ者で、目下ベルリンの「リブートFM」というマイクロラジオに関わっている。ここで言う「メタファー」とは、「普通でないもの／ことを示唆し、発見させてくれるもの」という意味である。たしかに、その送信機は「実用」にはあまりならない。しかし、「メタファー」としては、放送局の送信所を見学するよりも多くのことを発見させてくれる。

ダイアナは、1990年代のはじめにわたしに突然Eメールを寄越した。ハンガリーのブダペストで自由ラジオ局を仮設してみないかという誘いだった。大いに興味をそそられたが、ソロス財団から資金が出ているらしいということを知って、行くのをやめた。金は金でも同じではない。このダイアナのパートナーがピット・シュルツ（Pitz Schulz）。ふたりの共通の友人がヘアート・ロヴィンク（Geert Lovink）。ブダペストの自由ラジオ案は、どうやら彼ら3人の画策だったらしい。その後、彼らとは初期のストリーミングを使ったネット・シンポジウムをやったりもした。

ピット・シュルツ

ヘアート・ロヴィンク

SNSが普及する以前の1990年代、2000年代に行われたさまざまなメディア実験のシーンをながめても、インターネットを通じたつながりが重要になっており、そのなかで新たな交流が生まれた。そこには、地理的な場所性をこえた関係の人間たちが動いており、発端を作る者の数は決して

大人数ではない。

ルーマニアにまたがったトランシルヴァニア出身のアルバート＝ラズロ・バラバシは、「インターコネクティヴィティ」（相互接続性）、つまり「ランダムに選ばれたふたりの人物をつなぐためには何人の知り合いが必要か」という問いに関するスタンレー・ミルグラムの洞察を「六次の隔たり」(Six degrees of Separation)と呼んだが、この名称自身は、1991年のブロードウェイ・ヒット『あなたまでの六人』（邦題）の題名であり、この舞台は、映画化（邦題『私に近い六人の他人』）され、ウィル・スミスが役者としての評価をかためた。

映画を見ると、ちょっとペテン師の話のようにも思えるが、この概念によってミルグラムは、「この社会が一つにまとまっているためには、ひとりあたりわずか一つ以上の社会的リンクをもちさえすればよい。……人はただつながっているだけでなく、たった数回の握手により他の誰とでもつながるという事実に目を開かせてくれた」とバラバシは言う。

ネットワーク的な関係は、インターネットによって生まれたわけではないが、もともと狭い範囲で存在したネットワーク的な関係をインターネットが全世界化し、日常化しなければ、「六次の隔たり」など可能にはならなかっただろう。その結果、今日、かつてならば、「闇組織」という形でしか

地理的距離の終わり

機能できなかったかもしれない「六次の隔たり」的なネットワーク関係が、一層あたりまえの関係になったのである。ここでは、もはや全体を牛耳る「中心」は問題ではない。「中心」はない──あるとしてもたえず動く──から、「中心」に位置しようとしても無駄である。もし、何かそのようなものを求めるとすれば、「ＨＵＢ」（ハブ）という言い方しかないだろう。

　ＨＵＢという発想は、日本では、「どこがハブであるかに注目せよ」というような馬鹿げた意味におとしめられて使われることがある。実際、海外でイベントや会議があると、「そこがハブだ」とばかりつめかけるのは、日本人が多い。日本はなかなかＨＵＢになれない社会なのだろうか？

　ＨＵＢは、自分で創造し、あるいはもらった情報を他に流してはじめて機能するのであって、そこから情報を「盗む」だけでは、単なる「端末」の意味しか果たせない。まさにパーティシペイション（参加）が問われるのであるが、隠然たる中心力を持とうとする中心派と、一応ＨＵＢのまわりを飛び回るがパーティシペイションはしないただの「パーティ・アニマル」が目立つのはなぜだろう？

ポリモーファス・ラジオ

　9・11の直後、アメリカ合衆国に行ったときの空港の入国審査は、スピルバーグの映画『マイノリティ・リポート』を思い出させた。指紋を記録することは知っていたが、両手とは思わなかった。両手の人差し指をギロチンの機械のような穴にいれたが、検査官は、ダメだと言い、乳液のようなものをアメリカ式にポーンと投げ、それを塗れと命令した。さらに、虹彩スキャンと顔写真撮影をされた。こう書くと、わたしが相当あやしい人間のように思われるかもしれないが、未記録の入国者はみなこの手続きをとらされ、入国審査のゲートには長い列ができるのだった。

　こういう処置は、アメリカの観光にとっても相当なダメージをあたえたはずだが、観光収入よりも軍事収益のほうに重心を移してしまったG・W・ブッシュ政権は、そんなことでいらだつ「繊細な」神経の持ち主はアメリカに来る資格がないと考えているかのようだった。が、ここでマイケル・ムーアのようにブッシュを「アホでマヌケな」と愚弄することはたやすいが、歴史を動かしているの

は、アレキサンダー大王の「天才」でも、ヒトラーの「狂気」でもなく、むしろ、誕生し、普及するテクノロジーの潜勢力とそれに対する抵抗の力学である。ブッシュを生んだテクノロジーの現状も考慮に入れる必要がある。そして、それがブッシュ以後も継承され、より深化発展しているのである。

　電子テクノロジーには、すべてのものの内部に侵入し、そもそも「内部」というものが存在しないかのように「暴いて」しまうという特性がある。この技術にたよるかぎり、監視カメラやピンポイント爆撃の出現と普及は必然的だった。胃カメラもVR医療もこの特性のおかげで可能になった。この技術を使いながら、ある程度でその特性を停めるというわけにはいかない。テクノロジーにとっては、民需と軍需の区別はどうでもいい。一つのテクノロジーが潜在的にもっている力は、いずれは吹き出てしまう。

　たとえばケータイ／スマホは、個々人のコミュニケーションのスタイルを変え、ビジネスのやりかたをも激変させた。当然ここには、プライベートな領域に見知らぬ人間や組織が無断で侵入する可能性がふくまれる。オレオレ詐欺や誘拐で使われることもその可能性の一つだ。「侵入」は、「隠す」から「侵入」になるのであって、何も隠されていなければ、「侵入」は、共有世界の拡大に転

化しうる。ケータイの技術には、2組の個人が交信するだけでなく、もっと多数の人々が通信しあい、交流できる（ある種の電子広場をつくれる）能力がある。なぜこれをもっと広げないのか？

ラジオも、放送局という「密室」とリスナーの「個室」とを結ぶ孤立化の道具として使われている。それを通じてリスナー同士が共感し、間接的に結ばれることはあるが、リスナーがそこから積極的に相互関係をもつことはむずかしい。わたしが自由ラジオやミニFMに期待したのは、まさにそういう機能だけを前面に押し出すことだったが、そうしたラジオについてあらためて考えなおす機会が突然おとずれた。

2004年になってもますます抑圧的になるアメリカに、あえて再訪する気になったのは、ミネアポリスのウォーカー・アート・センター（WAC）のキュレイター、ドリュン・チョン（Doryun Chong）とサラ・ピーターズ（Sarah Peters）のふたりの名でメールの招待状がとどき、「ラジオ、アクセス、デモクラシーとフリー・スピーチ」の会議で「基調講演」をしてほしいと言われたからだった。

招待状を1、2行読んでまず頭に浮かんだのは、これは無理でしょうというものだった。テーマは面白い。関心がある。しかし、「基調講演」というのは、わたし向きではない。だいたい、わたしは、すでに「講演」という形式に全く関心を失っ

ている。教壇でやる講義も、「講演」風になるのをおそれて、通常の教室を使うのをやめ、「スタジオ」というパフォーマンス・スペースで、DJ／VJ風にやるようにしたくらいだ。「基調」はむろんのこと、「講演」も論外である。

しかし、長いメールを読みすすめていくうちに、これは行かないわけにはいかないなという気がしてきた。知らなかったのだが、アーティスト・イン・レジデンスとしてWACに招かれたジェニファー・アローラ（Jennifer Allora）とギレルモ・カルツアディア（Guillermo Calzadilla）（ふたりはいつも共同で作品をつくっている）が、Radio Re-Volt（RRV）というパブリックアートのプロジェクトをたちあげ、毎月送信機を作るワークショップをやってきたという。なんでも、「100キロワットの巨大な出力が普通の既存の放送局はもはや時代おくれで、それよりも1ワットの放送局を10万（100の1000倍）局つくり、それぞれが異なるスタイルとコンテンツをもつほうが創造的だ」というわたしが以前に戦略的にとなえた「説」に賛同し、そのサンプル実験をやってみようというのだった。

"Re-Volt"というタイトルには、「ヴォルト」（voltage「電力」とvote「票」をかけている）を再構築する、つまりラジオの様式と同時に「パワー」（出力／権力）の独占を変えようという含みがあ

ジェニファーとギレルモ

"errorist"とは、エラーばかりやっている奴という意味か？

る。さらに、6月からはじめ、全米大統領選の直前の2004年10月30日にカンフェランスをやって幕を閉じるというスケジュールには、大統領選への暗黙のはたらきかけもあったようだ。

ミネアポリスの空港からホテルに案内され、ほとんど休む間もなく、ドリュンがふたたびホテルにやってきた。6月以来毎月開かれ、すでに200人近い参加者があった「送信機ワークショップ」の最終回が、7時にはじまるという。場所は、MCADことミネアポリス・カレッジ・オブ・アート・アンド・デザインの一室。この一連のイベントは、本来ならWACの建物で行われるのだが、WACは、このとき全館を改装中で、使えない。面白いと思ったのは、このワークショップでは、わたしのワークショップのように送信機を自分で作ることはしない点だった。本当はそれが理想なのだが、それをやっていると時間がかかるし、参加者がかぎられてしまうので、完成品に近いキットをつかうことにしたという。

見ていると、完成されている基盤に電池を取り付け、あとは、それを自分流に収納するのである。送信機は、WACが300台も買い込み、単3の電池と電池ボックスも用意し、参加者に無料でくばった。これは、賢明なやりかただ。わたしもずいぶんいろいろなところで送信機のワークショップをやったが、最低2時間は必要で、それでもな

ポリモーファス・ラジオ　　139

かなか完成しない人が必ずおり、全員がちゃんと電波を出すまでは大変だった。RRVのワークショップは、送信機を作るよりも、それをどうディスプレイするか、どうデザインするかにウエイトを置くことによって、送信機というものを単なる通信の道具としてではなくまさにイリイチの「コンヴィヴィアルな道具」(解放感と喜びをあたえる共有の道具)としてつかう道を開いた。

　古い時計をもってきて、そのなかに送信機を収納し、付属しているマイクでそのコツコツいう音を送信する青年。尊敬するアクティヴィスト゠ジャーナリスト、エイミー・ゴールドマン(WBAIで「デモクラシー・ナウ」を主宰する)の本をくりぬき、そのなかに送信機を埋め込む女性。見たところ高そうな縫いぐるみの胴体を裂いて、なかに送信機を収納する老夫人。それぞれがユニークだ。

　ジェニファーとギレルモのマニフェストでは、「ラジオ局としての自転車」はもとより、「ラジオ局としてのレンガ」、「靴」、「サボテン」、「帽子」、「クッキー」、「コーモリ傘」、「犬」、「窓」、「弁当箱」、「椅子」、「枕」等々「としてのラジオ局」があり、なんにでも送信機を取り付けて「ラジオ局」にしてしまおうと呼びかけている。

　こうしてつくられた「ラジオ局」の一部は、ミネアポリスとセントポールをむすぶユニヴァーシティ・アヴェニューの商店に設置され、人々は、

Radio Re-Volt で配られたバッジ。

ラジオ受信機を持ってその「放送」を聴いて歩くことになっていた。翌 28 日、WAC の仮事務所にあつまったわたしたちは、3 台の車に「ラジオ局」を積んでユニヴァーシティ・アヴェニューにむかった。ネットや口コミの紹介を通じて、あらかじめ話がついているレストラン、カフェ、レコード店、本屋、電気店などさまざまな場所にレンガやぬいぐるみの「ラジオ局」と、むき出しのままの送信機を設置する。周波数は、97.7MHZ に設定してあるが、多少のズレはある。リスナーがその周波数を目安にラジオのダイヤルをセットすれば、その店の内部の音や、その店が独自に作る「プログラム」（店内で流している BGM をそのまま入力につないだ店もある）が聴こえるというあんばいである。

より「芸術的」なデザインの「ラジオ局」は、29 日から MCAD の建物内の廊下やロビーにインスタレイションとして展示され、すぐ近くに置かれた受信機と共鳴を起こして面白い音を出したり、MCAD の大学放送局の面々が行うライブ放送と不思議なエコーやステレオ効果（オブジェにしつらえられた送信機はステレオではなく、モノラールだったのだが）を生み出していた。このインスタレイションは、MCAD のベス・ヴァン・ダムさんが学生たちを指導して完成したもの。

さてこの夜、わたしは「基調講演」をした。イ

II 手の思考

講壇(哲学)は嫌い。

ントロでわたしを紹介したジェニファーとギレルモが、それまでは冗談ばかり言っていたのに、やけに緊張し、WACのキュレイターをはじめとする人々の名を羅列して、「……に感謝」をくりかえすので、年長者(わたしも生物学的にはそうなってしまった)として、場の転換をはかる義務があると思い、わたしの番になったとき、「インフォーマルな集まりと聴いてきたのですが、非常にフォーマルな集まりで当惑しています」と切り出し、雰囲気を和らげた。

場内の緊張が解けたので、ここで、そのままアドリブに入ろうかと思ったが、原稿を用意してきたので、それを読みはじめた。すると、たちまち、室内がしらけてきた。これはマズイと思い、「実は、学術的な講演原稿を用意してきたのですが、昨日ホテルで停電があって(これは本当)コンピュータのデータがダメージを受けてしまいましたので、以下はインプロヴィゼイションでやらせていただきます」と言い、あらかじめ用意したDVD映像の各チャプターを見せながらVJ風にコメントを入れるやりかたに入った。これは、いつも大学でやっているスタイルであり、基本的にはここでもこのスタイルでやることに決めていたのだった。これは、効果的であった。

東京に帰ってから教えられたブログサイトをのぞいたら、すでにわたしの「講演」に関するコメ

ントが出ており、『mediageek』の編集長ポール・リースマンデル（Paul Riismandel）の長文のコメント（http://www.mediageek.net/2004/11/radio-re-volt-wrap-up/）と匿名のコメントが目についた。その匿名のブログには、こんな一文があった。

> 彼のアクセントに慣れるのに20分ほどかかった。たぶんウォーミング・アップが必要なだけだったのかもしれない。いずれにせよ、後半は終わりまでずっと実に面白い話がつづいた。質問の時間を含めないで彼は3時間しゃべったのではないかと思う。かなり感動的だった。
> （http://deadling.com/blog/ 11/9/2004）

「アクセントに慣れるのに20分ほどかかった」というのが実にいい。英語をはじめてもう何十年にもなるが、いまだにLとRの発音には苦労している。それと、この「20分」（そんなに長くはなかった。「3時間しゃべった」というのもオーバーで実際は2時間ぐらいだったと思う）は、わたしがエンツェンスベルガーやイリイチやガタリなどの「難しい」引用文をちりばめた文章を読んでいた時間にあたる。だから、ひょっとすると、このひとは、わたしの英語のひどさにくわえて、哲学的な文章の「難解さ」と格闘していたのかもしれ

ない。ある時代から、大学でも、「難しい」言い回しをしゃべるときは、スクリーンに文字を出さないと学生は当惑するのを知っていたので、ここでもそうするつもりで用意してきたが、文字をインプットしたコンピュータとDVDとの切替がうまくいかなかったのでやめたのだった。

　最終日の30日には、「オールタナティヴなメディアを作る」、「アートのメディアとしてのラジオ」をはじめとして、バザールや「トランスミッション・アート」を標榜するグループ「free 103point9」によるパフォーマンスなど、12時間におよぶイベントがあった。その席でわたしは、RRVのラジオプロジェクトが、「ラジオ局」のサービスエリアを極小化（店の周囲）し、各「局」が、すべて異なるコンテンツをもつようにした、まさに「ポリモーファス」（多形質的）な点がユニークだとコメントした。

　かつて自由ラジオにかかわり、電波法で「微弱電波」と定義された出力の送信機を使うミニマルなラジオ（のちにマスメディアは「ミニFM」と名づけた）を構想したとき、そのサービスエリアは、半径500メートルぐらいを想定していた。それは、歩いて「局」まで来ることができる「ウォーキング・ディスタンス」であり、送信者とリスナーとが歩いて相互関係をもてるということがかなめになっていた。半径500メートルなら、コミュニ

ティの単位としても最適に思われた。しかし、各家庭にインターネット回線が入り、個々人がケータイを所持するようになった時代には、半径500メートルというのは「大きすぎる」単位である。500メートルと言わず、そのなかにもっと小さなユニットがほしい。それは、たかだか10メートルもあればよいのではないか？

　ポータブルラジオをもってさまざまな「オブジェ」のあいだを歩いて行くと、10メートル単位でさまざまな音が聴こえてくる。ときには、それがたがいに混じりあってノイズミュージックのようなサウンドを出している。歩き方や身のこなし方を変えれば、ラジオから聴こえる音も変わり、ラジオ受信機が「楽器」のようなものに変容することもある。もし、こうした小単位の「ラジオ局」を「世界」に知らせたければ、インターネットで中継すればよい。

　1980年代末に「ミニFMブーム」がほとんど完全に終息したときに思いついたのが、ミニFMをより「極小化」した「ポリモーファス・ラジオ」(polymorphous radio) という発想だったが、ヴァンクーヴァーのウエスタン・フロントのようなアートスペースでわたしが一時的に行った実験的イベントをのぞけば、「ポリモーファス・ラジオ」を積極的に展開する試みは、わたしの知るかぎり、まだどこでも行われたことがなかったと思う。ポ

リモーファスというのは、コンピュータサイエンスとも、また形態論（morphology）とも関係のある言葉であるが、当面は、「多様・多形な」といった意味に解しておけばよい。

　Radio Re-Volt は、それを数百台のミニマルな「ラジオ局」でやろうとした。事実上、ユニヴァーシティ・アヴェニューにそれだけの数の「電波スポット」（これは、Wi-Fi に大変よく似ている）がしっかりと出来上がったとは言えないが、これが、「ポリモーファス・ラジオ」を意識的に推進しようとする最初の試みだったと言うことができるだろう。

ワイヤレス・イマジネイション

　電子の時代にはひとはみな「忍者」になる。いまここにいたかと思うと、つぎの瞬間にはべつのところにいる。別に神や鬼でなくても「神出鬼没」があたりまえになる。

　アダム・ハイド（Adam Hyde）は、その名の「ハイド」と関係があるのか、まさにそういう意味での「忍者」だ。彼から届くメールは、ときには1週間ごとにちがう場所から発信される。昨日シドニーにいたかと思うと、今日はラトヴィアのリガにおり、そこでちゃんとネットの接続先を見つけ、自分の家にいるかのような平常心でキーボードをたたいている。

　といって彼は、秘密諜報員をしているわけではない。ネットオルガナイザー、ネットアーティストというのでは、彼のやっていることは広すぎる。1998年に彼がオナー・ハージャー（Honor Harger）と開設したネットとラジオとテレビをリンクした「ｒａｄｉｏｑｕａｌｉａ」（なぜか文字のあいだが半角ずつ空く）でも有名だが、アメリカのABCも使ったという「The Frequency Clock」というアップル

アダム・ハイド

オナー・ハージャー

の iTunes の前身のようなアプリケーションを開発したプログラマーとしても知られている。なおふたりは、2004 年の UNESCO DigitalArts Award を受賞している。

そんな彼からメールが来た。彼からメールが来るときは、たいてい、彼のネットイベントへの誘いだ。案の定、今回も、2005 年 3 月にニュージーランドのオークランドで「re:mote」(コロンが入っているところが今様) という「電子テクノロジーの時代の距離性 (リモートネス)」についてのコンフェランスをやるので、それにネットで参加してほしいというのだった。いま彼は、オークランドにいるという。そういえば、彼の故郷はニュージーランドだった。オークランド大学で哲学を学び、そこでオナーと知り合い、オーストラリアに渡ってラジオに関わるようになった。わたしが彼らと直接会ったのは、1999 年のアムステルダムであったが、彼は、ピット・シュルツ (Pit Schultz) が 1998 年にベルリンで開いた「net.radiodays」で、ストリーミング・メディアを通じて参加したわたしの顔を見ていたという。実は、このとき、ヘアート・ロヴィンク (Geert Lovink) がわたしにネットでインタヴューすることになっていたのだが、話がはじまったとたんにネットが凍りつき、インタヴューは頓挫した。それに触発されたのかどうかわからないが、2001 年にア

ダムらがはじめたネットのフェスティバルの名は、「net.congestion」（ネットが凍りつくという意味がある）となった。

わたしはいつもひらめきや衝動で行動しがちなのだが、彼のメールを読んで、「リモート」と「ニュージーランド」が何かをひらめかせた。そして次の瞬間、「距離を縮めようという距離性のイベントに、電子テクノロジーでではなく、身体テクノロジーでつきあうのもたまにはいいから、そっちへ行くよ」という意味のメールをたたきはじめていた。

彼とは、2003年のロンドン以来、ずっと会っていないので、会いたい気になっていた。当時、彼は、パートナーのオナーとともに、テイト・モダン（Tate Modern）で働いており、ふたりで「ワイヤレス・カルチャー」というシンポジウムをたちあげ、わたしを呼んでくれた。今回、彼が「re:mote」を「予算ゼロ」で開催するというのなら、今度は、わたしが自費で行く番ではないかと思った。いや、そんな律儀なことよりも、わたしは、このイベントとニュージーランドをこの目で見てみたいという衝動にかられたのだった。最近、ニュージーランドに関しては、ラジオブームだとか、売春が合法化されたとか、わたしの見るところ、ある種の「ポストモダン化」現象が起きていると思った。ニュージーランド出身のピーター・

ジャクソンの『ロード・オブ・ザ・リング』シリーズの成功で、現地のポストプロダクション会社が活気づいたという話も興味深い。

アダムはしばしば梨のつぶてになるが、一旦メールが来ると、チャット状態になる。わたしが行くという返事に、彼は「great」に「！」マークが７つ付いた返事をすぐによこした。どうせ来るならば基調講演をやってくれ……送信機ワークショップもやろう……ということになり、話がもりあがった。

インターネットが普及した以後（Facebook や Twitter の滲透以前）のイベントの立あげかたを見ると、その規模やテーマを問わず、まず専用のウェブサイトを作ることからはじまることが多い。「re:mote」も、http://www.remote.org.nz/ というサイトをまず立ちあげた。その「ワークショップ」の項には、こんな文章が載った。

> これは、ラジオの送信がいかなるものであるかを経験するためのワークショップです。それは、ラジオ送信のミニマムな経験ですが、ここから、ラジオアートやマイクロ・ラジオへと発展する可能性があります。参加者が作る送信機は、たかだか 30 メートルぐらいしか飛びません。が、参加者が、これによって、コンヴィヴィアルなワイヤレス・イマジネイ

ションを持てればさいわいです。

　どこかで読んだことのある文章だと思ったら、これは、わたしが、ワークショップ担当のズィタ・ジョイス (Zita Joyce) の質問に答えて送ったメールの文章を彼女がそのまま流用したのだった。が、ワークショップの意図としては、誤りではない。

　ある時期までわたしは、送信機のワークショップをやる場合、コミュニティ・ラジオを立ちあげるのに有効なパワーと音質を持った送信機を作ることにしていた。それは、最低でも20個ほどの部品が要る。しかし、これを半田付けもおぼつかない初心者が作りあげるのは、けっこう大変だ。仕上がった喜び、実用になるという期待は非常に大きいが、成功する者と失敗する者との落差が大きいので、チューターとしてのわたしの苦労はいやましに高まる。作ったが、電波が出ないまま帰すわけにはいかないので、わたしが作りなおすなどして、なんとかまとめあげるのだが、参加者の数が増えれば、パニックになる。

半田付けは5、6カ所だけで済む。

　実際、1998年にブリュッセルでやったワークショップでは、30人近くの男女が参加し、「本格」ヴァージョンを作ったので、最後のひとりのめんどうを見終るまでに6時間あまりが経過した。立ちっぱなしで、途中から頭がもうろうとしてきたわたしは、参加者のひとりがテーブルのうえに置

ワイヤレス・イマジネイション　　151

いていた半田鏝に手をついてしまい、火傷を負う始末だった。この種のワークショップでは必ずといってよいほど、半田鏝で火傷する者が出る。だから、わたしは、タイガーバウムを用意し、怪我人の看護もやる。が、チューターが火傷をしては様にならない。むろん、そのときは、何食わぬ顔で最後までもちこたえた。

　そんなわけで、あるときから、ワークショップで製作させる送信機の規模を小さくし、誰でもが確実に成功し、かつ電波を出したという実感を持てる回路をデザインした。トランジスタは1石、部品数は、10個以内。これなら、半田付けの経験のない初心者が参加しても、15人ほどのワークショップを2時間ぐらいで終えられる。このタイプのワークショップを初めて行ったのは、2001年のバウハウス大学（ヴァイマル）でだったが、意外に好評だったので、以後、この方式一本にした。「本格」ヴァージョンの場合は、せっかく作っても、使いこなせないことが多い。アンテナも立てなければならないし、電力計や周波数計などの測定機も必要になるが、そこまで用意する者はまれだ。ちなみにアダムは、そういうまれな人物のひとりだった。

　「極小」ヴァージョンの送信機がいいもう一つの理由がある。いま、日本をのぞき世界のどこへ行っても、FMラジオの周波数帯には無数のラ

ジオ局がひしめきあい、かつてのミニFMのような、微弱な出力の送信機でコミュニティ・ラジオ局を作れる環境はほとんどない。日本では、いまだに大都市でも2、3局のFM放送しか聴こえない。これは、半世紀以上にわたって政府と既存放送局が利権を独占しているからだ。が、それに対して、アメリカやヨーロッパでは、特定の周波数内でアメリカの「マイクロラジオ」やドイツの「イベントラジオ」のように、誰でもがラジオ放送を行う実質的な条件がととのっている。ちなみにニュージーランドでは、0・5ワット以下なら免許なしで自由ラジオができるし、日本の東京FMなみの局でも、国籍を問わずオークション的に売り買いすることができ、免許の取得も楽だ。そのため、どんどんラジオ局が生まれ、ダイヤルをまわすと、100以上の放送がほとんど切れめなく聞こえるようになった。イベントのあと、ワークショップに参加したアンドリュー・クリフォードの案内で訪ねたRadio Fleetという局は、まさに70〜80年代のイタリアの自由ラジオ局の雰囲気だった。

ラジオ・フリート

　こういう状況で電波を出すとすれば、一定距離をカバーできる放送をやるか、あるいは、超実験的なことをやるかのいずれかになる。その場合、大きな出力の送信は、すでに既存の放送局がやっているわけだから、実験の領域に残されているのは、かぎりなく小さい方向を目指さざるをえな

い。ワークショップで作る1石トランジスタの送信機でも、既存の放送がびっしりつまっている放送波帯にぶっつけて電波を出した場合、10メートルや20メートルは、既存の放送波を抑えて「自己主張」できる。そして、そのエリア内に既存の放送を聴いている人がいなければ、その電波は妨害にはならない。まして、地下室のような既存のラジオが聴こえない空間では、妨害の問題は全く起こらない。これは、まさにアートスペースに向いたラジオなのだ。

アートとして電波を出すということは、情報やメッセージを電波に乗せて運搬することではない。電波を出すというと、歩いては行けないような遠距離にメッセージを伝達するという観念が定着しているが、ラジオ送信の本質は、送信する人間の身体が「転移」することであり、空を浮遊する経験に似た「ワイヤレス・イマジネイション」を喚起することだ。これは、既存の放送ではわからないが、歩いて行ける距離のエリアでひとりが電波を出し、他の人が受信してみるとよくわかる。むろんこれをグループにわかれてやってもよい。このような実験をしてみると、テクノロジーには、イリイチが言ったように、「産業目的」とは別の「コンヴィヴィアル」な使い方があるのだということを実感する。

3月後半のオークランドは、まだ夏だった。空

港に迎えにきてくれたアダムは、ふと見ると、裸足だった。オーストラリアの街でも裸足で歩いている人をよく見たが、ニュージーランドも同じ「裸足文化圏」なのだろうか？ 彼は、コンフェランスの最中もずっと裸足だった。

　わたしは、オークランドへ行くのに際して、「自然に恵まれた環境」に浸るのを極度に恐れた。だから、ホテルの手配をしてくれたズィタ・ジョイスさんには、オークランドで「非自然的で、最もボヘミアン的」なエリアのホテルにしてほしいと頼んだ。「ボヘミアン」的というのは、要するにエスニック・ミックスで、アーティストや学生、自由人がたむろしているようなイメージを想定している。そういう場所は、オークランド市内では、Karangahape Road、通称「ケイロード (K' Road)」しかない。で、いざ滞在してみると、そこは、わたしのような「うさんくさい」街路ばかり好んで歩いてきた者にはものたりなかったとはいえ、真夜中にホテルからふらりと飛び出し、トルコ人の店の歩道のテーブルで、客を引く男娼や、たむろする若者たちをながめながらおいしいワインを飲んでいると、オークランドの街路もまんざらではないと思った。

　都市との関係で一番面白かったのは、オークランドには、電子工作の習慣がまだ健在なのか、ラジオの電子部品を売る店やジャンク屋があること

だった。何と、わたしの泊まったホテルのすぐまえにも、「SUPLUSTRONICS」という電子部品の専門店があり、そこが、オークランドでは、最も品揃えのいい店なのだった。入って見ると、アキバでは稀少品になりつつある部品がところ狭しと並んでいる。「本格的」な送信機ワークショップでは絶対に必要なコイルまであるではないか。近年、ワークショップを前述のような「極小」ヴァージョンにしたもう一つの理由は、以前はアキバですぐ買えたコイルが入手出来なくなったということもあったので、わたしはさっそく買うことにした。面白いことに、そのとき店で部品を納れてくれた袋がむかしアキバで使われていたのと同じぺなぺなの白い紙袋なのだった。

　re:mote は、ケイロードからそう遠くないオークランド大学の Elam School of Fine Arts Lecture Theatre で開かれた。感心したのは、「予算なし」の条件を逆手に取り、ネットを利用してアムステルダム、ヘルシンキ、ロンドン、シドニーなどのアーティストやメディアアクティヴィストを多数ライブで参加させ、そうしたイベントを時間内で円滑に進行させたことだった。わたしも、大分まえからこうしたネットでのリンクイベントをやってきたが、トラブルなしにプログラムをこなすのは、なかなかむずかしい。わたしは、アダムに、「君には、NJ、ネットジョッキーという言葉をさ

さげたい」と言ったのだが、このイベントがスムーズに進んだのは、もっぱらアダムの経験と努力のたまものだ。

　会場には、大きなスクリーンにストリーミングの画面、ライブチャットの「Skype」や「iChat」や「Java chat」の複数の画面が映され、さらに、その横の小スクリーンには、「IRC」チャットの文字が見える。会場の状況は、ライブでインターネットに流されたが、多くのアクセスが可能なように音声だけにしたので、会場の大スクリーンに映された映像に関して「IRC」で随時、文字による実況をおこなった。

　たとえば、ロンドンからベン・エドワードとダグ・ベンフォードからなるサウンドユニットTENNISがライブ演奏を送ってきたときには、彼らの演奏がスクリーンに映ると、小スクリーンには、「2人の男がラップトップに向かっているのがみえる……かなり真剣そう……」といった文字がリアルタイムで流れる。会場には、無線LANが開通しているので、観客がアクセスして、この書き込みにくわわることもできる。インタラクティヴということを、報告者・出演者と主催者とのあいだだけにとどめず、観客にまでひろげている点がよかった。

　テクノロジーには距離を無限に拡大したいという欲望があり、その具体型が軍事や宇宙開発とし

てあるわけだが、テクノロジーには、引き離された身体を引きもどす作用もある。前者のロジックが日常生活にまで広がるのが21世紀の動向だが、それは、後者の方向が、個々人のレベルで試みられ、深められないかぎり、とどまるところがないだろう。それには、テクノロジーと身体を対立項として考えるのではなく、両者の境界が一瞬消滅する「ワイヤレス・イマジネイション」の経験のなかで身体を使って考えてみるのがよいかもしれない。

ディーディー・ハレック

　2005年12月、大阪でディーディー・ハレック（DeeDee Halleck）に再会した。大阪にオールタナティヴな映像やパフォーマンスや講演を主催するremoという不思議なスペースがあり、大阪府立現代美術センターでディーディーとわたしを呼ぶ「アーティスト・トーク」＋例の送信機ワークショップを開いてくれたのだ。

　ディーディーは、パブリック・アクセスのテレビの草分けのひとつのペイパー・タイガー・テレビジョンの創立者であるが、わたしが彼女を知ったのは、1978年ごろだったと思う。ハンター・カレッジでジョン・ダウニング（John Downing）が開いたオールタナティヴ・メディアの集まりがあり、ハーブ・シラー（Herb Schiller）らの講演を聴いたあと、パーティがあるというので、誰かの車で行った先がディーディーのアパートメントだった。そして、驚いたことに、そこで「パートナーです」と彼女から紹介されたのが、ジョエル・コヴェル（Joel Kovel）だった。彼のことは、ポール・ピッコーネ（『資本のパラドックス』、せりか書房）

Ⅱ 手の思考

撮られるときも撮っているディーディー・ハレック

サイズはグラビア雑誌なみの大判。

ダグ・カーン

が主宰していた批判理論の雑誌『Telos』との関係で以前から知っており、彼の論文を翻訳したこともあった。

　1979年だったと思うが、ニューヨークで、のちに形をなす「ミニFM」（当時は微弱電波を使った「自由ラジオ」と呼んでいた）のアイデアをディーディーに話すと、翌日の早朝、電話をしてきて、明日（！）ダウンタウンでメディアについての集まりがあるので、そこでその話をしないかと言ってきた。まだ思いつきの段階で、とても話などできないので遠慮したが、面白いと思ったら、パワフルにアクセスする創造的な好奇心。彼女の活動の根底にあるのが、これだ。

　その後、「ミニFM」運動がブームになってから、彼女は、『Cultures in Contention』（1985）という本のために自由ラジオ論を書くように言ってきた。これが、「Free Radio in Japan」であり、わたしが英文で書いた最初の自由ラジオ論であり、また世界に「ミニFM」のことを知らしめることになる最初の文章になった。その出版社は、シアトルで女性がやっていたThe Real Comet Pressというマイナーな出版社だったが、編集を担当したのが、『Noise, Water, Meat』（MIT Press）などで、いまではラジオ・カルチャーの専門的な学者になっている若き日のダグラス・カーン（Douglas Kahn）であった。彼は、わたしの引用文の是非にも注文

をつけ、数ヶ月にわたって（この時代だからすべて手紙で）わたしたちは、編集者対執筆者の理想に近いコラボレイションをした。

ニューヨークにいたとき、わたしは、ディーディーからさまざまなオールタナティヴ・メディアを教えられた。活動をはじめたばかりのペイパー・タイガー・テレビジョンのスタジオと制作風景を見る貴重な経験もした。バークレーの「コミュニティ・メモリー」を紹介されたのも彼女からだった。コミュニティ・メモリーは、それまで会員同士だけで使われていたパソコン通信の電子掲示板（BBS）の端末を喫茶店や店舗の一角に置くことによって一般に解放し、インターネットの前身的な役割をした。

シューリー・チェン

活動を開始したばかりのシューリー・チェンを知ったのもディーディーを通じてだ。ディーディーに会うと、これもこれもとビデオカセットやパンフレットを渡してくれ、おみやげだらけになってしまうのが常だった。

湾岸戦争がはじまりそうになったとき、彼女とその仲間たちが制作した「ガルフ・クライシス・プロジェクト」（Gulf Crisis Project）は、わたしが日本に持ち帰り、コピーしてあちこちに配ったら、「自分でメディアを作って自分たちの意見を発表しよう」というこのシリーズの心意気が、大きなインパクトになり、これがきっかけになって

いまはなきVHSカセットテープ。

ディーディー・ハレック　161

Ⅱ　手の思考

「民衆のメディア連絡会」という日本で初のオールタナティヴ・メディアのネットワークが出来た。まだインターネットが普及していない時代だったが、口コミの力のネットワークが生きていた。このニュースは、NHKでも報じられたが、それは、大分あとのことだった。

　ディーディーの来日は今回2度目だが、前回は、パチンコ屋に大いに興味を示し、みずから試すかたわら、パチンコ屋のなかでもビデオを回した。今回も、100円ショップで大量の買い物をし、堺市博物館にも足を運び、当然、ビデオを撮りまくった。ヨーロッパはもとより、南米からインド、オセアニアから東欧まで、文字通り世界を行脚している彼女は、バックパックを背負い、腰にいろいろなものをぶらさげてエネルギッシュに歩き回る。

　わたしとは1歳ちがいなのだが、わたしにはあのエネルギーはない。しかし、その彼女が「まいった」という人物がいる話はおかしかった。2004年だったか、彼女は、メディアの公開運動では伝説的な存在であるジョージ・ストーニーとパブリック・アクセスをラテンアメリカで広めるための「行脚」をいっしょにしたという。そのとき、1916年生まれのストーニーがあまりにタフなので、彼女は疲れきってしまったのだという。「とにかく、フロリダでわかれることになって、わたしがニューヨークへ帰って、ほっとしようと思っ

ジョージ・ストーニー

ていたら、彼ときたら、これからついでにブラジルのアマゾンに行くことにしたと言うんですよ」。

remo でのプレゼンで、ディーディーは、1965 年に発表した最初期の 2 本のフィルム作品を見せ、画家として出発した彼女がいかにして映像や電子メディアに関心をひろげていったかを語った。1958 年、彼女が 20 代のときに、オハイオのアンティオッキ・カレッジをやめてニューヨークへ出て来たのだったが、やがてアヴェニュー D の福祉センター、リリアン・ウォード・セトルメントで働き、子どもたちと(いまで言う)ワークショップをはじめた。この記録の一つが、『子どもたちが映画を作る』(Children Make Movies) であるが、ここで彼女は、子どもたちに感光した 16 ミリフィルムをあたえ、そこに自由に落書をさせるというやりかたで「映画」をつくっているのだった。

フィルムにスクラッチやペインティングをほどこす技法は、わたしは、1960 年代の前半に東京で開催された実験映画の小さな集まりで見たスタン・ブラッケージの作品で初めて知ったが、のちになって、こういうやりかたは、すでにノーマン・マクラーレンが 1950 年代にやっていたことを知った(なお、これに関しては、モーリス・ルメトールがもっとまえにやっていたという説もある)。ディーディーが影響を受けたのは、マクラーレンの作品からで、このドキュメンタリーは、マクラ

II 手の思考

"hand-held" は「手で持てる」、「携帯の」という意味だが、「手にこだわる」という含みもある。

ーレンへのオマージュとしてつくられたという。

面白いことに、ディーディーにとって、あのマーシャル・マクルーハンが大きな存在であった。このことは、彼女の自伝『ハンド・ヘルド・ヴィジョンズ　コミュニティ・メディアの不可能な可能性』(HAND-HELD VISONS The impossible possibilities of community media) のなかでもふれられているが、1961年に彼女はマクルーハンに会っており、彼は、彼女のドキュメンタリーを見て、興味を持ち、以後、色々な集まりに呼んでくれるようになり、彼女の方も、みずからを「マクルーハン主義者」(McLuhanite) と称していたという。

マクルーハンが『子どもたちが映画を作る』をなぜ評価したかは、この映画を見ると、納得できる。というのも、ディーディーは、ここで、フィルムを単なる「伝達」の手段としてではなく、同時に、交流の道具として使っているからだ。子どもたちは、フィルムのコマのなかに、自由奔放に落書をする。それは、組織された作業ではない。しかし、子どもたちが「作業」をしたあとでそのフィルムを通しで見ると、そこに偶然とは思えないつながりが発見できるのである。

実は、これと同じようなことをわたしもやっていた。しかし、それは、ディーディーに遅れること15年、1970年代のことである。わたしは、ディーディーのこの実験をまだ知らなかったが、テ

ープレコーダーや8ミリフィルムを「伝達」の手段としてではなく使う試みをあれこれ試していた。それは、大学のゼミで、次第に学生の孤立化が進み、学生がなかなか自分から発言しなくなり、本やテキストをいっしょに読みあうというような「古典的」なゼミが遂行できなくなったときに思いついた苦肉の策だった。要するに30分テープ（片面15分）を入れたポータブルカセットレコーダーを順番に回し、そこに何でもいいから声を吹き込んでもらい、あとで再生してみんなで通しで聴くのである。それぞれに勝手なことを吹き込むのだが、通して聴いてみると、そこに不思議なコンテキストが見いだせるのだった。

　これに気をよくして、8ミリフィルムを使うコラボレイションもやってみた。1本で撮影できるのは3分なので、これを参加者の人数で割る。10人ならひとりが使えるのは18秒だ。ストップウォッチを持って、「アクション」と「カット」を指示し、それぞれがミニショットを撮影する。これは、なかなか面白い「連帯」効果を発揮し、何度か続けた。現像まで1週間はかかるというのもよかった。撮影したときは、それがどうなるかはわからないので、「制作」というゆるい集団作業の翌週の集団「鑑賞」が楽しみになり、ゆるい集団性をもっと相互性のつよい集団性におしあげるという面もあるのだった。

ディーディー・ハレックにとって、もう一つの大きな出会いは、前述のジョージ・ストーニーとの邂逅である。ストーニーは、テレビのプロデューサーをつとめるとともに、コロンビア大学やニューヨーク大学で教えていた。誰でもが、道路や公園や公共ホールのように電波や回線ケーブルを使用できるための運動を起こし、「パブリック・アクセスの父」とも呼ばれる。ペーパー・タイガーがのちに制作したデイヴィッド・シュルマンの『Everyone's Channel』には、70年代にストーニーが仲間たちとケーブル回線に送信機を取り付け、ケーブルのパブリック・アクセス実験をやっている姿が映っている。

　アメリカの場合も、ケーブルテレビは、最初難視聴対策で設置された。ストーニーらは、その回線に別の信号を流せば、インディペンデントのケーブル放送が出来ると考えた。このアイデアは、80年代にわたしも試みたことがあったが、10年遅れたとはいえ、これは、彼らの真似をしたわけではなかった。こういうアイデアというものは、一つのテクノロジーがあり、それに対する、一般に流通しているのとは違うことを考える人間がいると、必ず出て来るアイデアなのだ。これは、科学の発明などにおいても同様だろう。しかし、自分が発見した「新しい」アイデアだと思っても、あとになると、それが何年もまえにどこかでやら

れていたということに気づくのは、勢いをそがれる。とはいえ、問題は、「手柄」をたてたり、特許を取ったりすることではないとすれば、早い遅いはどうでもいいのであって、要は、そういうアイデアをどのように共有し、より新たなものを生み出すかだ。

　その点で、日本は、新しいアイデアを見つけるという点において遅れをとるだけでなく、発見した、あるいは再発見したアイデアを多くの人にシェアーさせ、有効に使うという点においても、迫力にかける。ちなみに、パブリック・アクセスのアイデアは、80年代には、日本でも知られていたはずであり、それを推進しようとするいくつかの団体も生まれたが、いまだに、本格的なパブリック・アクセス局は実現していない。

　こういうことはどう考えたらよいのだろうか？ たしかに、商業的なケーブル局の収益の10パーセントを視聴者に還元するという形でパブリック・アクセスが制度的に保証されているアメリカでも、またある種のパブリック・アクセスの制度があり、市民が既存のメディアを活用して「発信者」になることができるヨーロッパでも、イラク戦争を阻止することはできなかった。戦争や大文字の政治の動向は、こういうこととは無縁のところで進行しているかのようである。日本には、オールタナティヴなことなどやっても、何も変わり

ディーディー・ハレック　167

はしないという諦念のようなカルチャーがしっかりと根づいているのだろうか？

たしかに、パブリック・アクセスは貧しくても、インターネットのブログや掲示板的なサイト、そして2000年代に入り、SNSがさかんになると、ネット上で現状への批判や議論が飛び交うようになった。別に大きなテレビ局のコメンテイターの諸「先生」のご宣託がなくても、日本の市民意識は確実に高まっているのだということはできる。しかし、パブリック・アクセスは、もっとあけっぴろげなのだ。

櫻田 和也

remoのイベントを企画した主要メンバーのひとり、櫻田和也さんは、Indy Media Center (http://www.indymedia.org/) の日本サイト (http://japan.indymedia.org/) の創始者のひとりであるが、一番の苦労は、日本発の発信が少ないことだと言っていた。さまざまな運動は起きており、面白いオールタナティヴな運動もあるのに、それがシェアされにくいのだ。

Indy Media Center (IMC) は、1999年のシアトルのWTO会議へのデモ弾圧をインターネットで独自に発信した活動に端を発し、その後、全米の各都市から世界中にその「ノード」がひろがった。名前は「センター」だが、どこかに「中央」があって、他をコントロールしているわけではなく、どの「ノード」もセンターなのであり、いま

や、世界中のオールタナティヴな活動のデータベースになったのだった。

　ディーディーは、アメリカのオールタナティヴ・メディアの歴史書ともいうべき前述の本のなかで、「メディアを作ることへのわたしの関心は、他の人たちがメディアを作ることを助けるということへの関心とつねにむすびついていた」と書いていたが、彼女がこれまでやってきたのは、ボランティアであり、それも、電子のボランティアである。アートと政治とのコネクションがあり、かつ電子メディアに強いボランティアや活動家は、実際に増えていった。市民運動とインターネットとの結びつきは深まっているが、ネットだけでなく、ラジオやテレビも使い、しかも「情報」は「データ」を伝達するだけでなく、それらで「遊んで」しまう遊び心のある活動。そういうものの増殖と蓄積のなかで、世界は少しずつ変わっていくのだろう。

II　手の思考

スローライフ

　今回も発端はメールだった。2005年8月のある日、ブリュッセルのジャック・フォシア (Jacques Foschia) からメールが届き、2005年12月17日にフランスのマルセイユで「伝動装置 (ENGRENAGES)」というイベントがあるのだが、なにか一緒にできないかというのだった。それは、マルセイユの「ラジオ・グルヌイユ」(蛙ラジオ) が主催し、「ラジオ・サウンドと音響の創造をめぐる出会い」というテーマで、アーティストたちが集まるのだという。基本的に「ラジオアート」ないしは「ワイヤレスアート」(無線アート——こういう言葉とジャンルが生まれた) の関係者が中心で、わたしにもその線で声がかかった。

　面白いイベントというのは、たいていそのテーマや場所でピンとくるものがある。テーマは申し分ないし、場所はマルセイユときている。パリではないところがいい。最近、ヨーロッパを放浪するアーティスト(「ノマド・アーティスト」) が、マルセイユをひんぱんに訪れたり、仮の「定住地」にしたりする動きがあるという話を聞いてい

ジャック・フォシア

た。ベルリンはもう終わったのだという。それと、わたしなどは、『フレンチコネクション２』の影響もあって、ニューヨークに似た「都市のうさんくささ」（それこそ都市の活気を基礎づける）のある街という勝手な先入観をもっている。ブイヤベースをはじめとする魚料理がうまいというのも魅力だ。

　そんなわけで、わたしは、ジャックにネットを通じてのコラボレイション（彼は当初そう考えていた）ではなく、ライブのコラボレイションはどうかと打診した。すると、「そんな暇があるとは思わなかった。グレイト！」という返事が来て、それからすぐさま、フェスティバルのコーディネイターのエティエンヌ・ノワゾウ（Etienne Noiseau）に連絡をしたらしい。１日たらずのあいだに彼からメールがとどき、あっというまに、招待が決まってしまった。

　メールを通じてのこういう迅速な動きというのは、昔は考えられないことだった。そもそも、迅速な決定にはどこかいんちきなところがあり、あとで問題が起こったりしたものだが、インターネットの普及とともに、スピーディなノリのコミュニケーションと決定があたりまえになってきた。しかし、このスピードがこのまま進むと、われわれの身体は、コンピュータと同化しなければならなくなる。その擬似形はケータイの普及のなかで

スローライフ　　171

はっきりとあらわれている。

　情報にキャッチアップするスピードへの脅迫観念が、いま、「スローライフ」のようなものへ関心を向けさせる。しかし、日本の場合、それは、スピード生活の一時中止のような意味にとらえられているような気がする。全然ちがうのだと思う。

　かつてわたしは、オーストラリアの「リラックス文化」に関心をいだき、リサーチをして『遊歩都市──もうひとつのオーストラリア』（冬樹社）という本をまとめた。自動車からコンピュータまで、ことをスピーディに運ぶテクノロジーが蔓延し、忙しさが「イキ」であるかのような風潮が支配的になる高度経済成長期の日本の外には、まだ、テクノロジーや都市文化を否定せずに、かつ同時に、リラックスした文化を維持している国や社会がたくさんあるように見え、そのなかでもときとして「怠惰」と批判されることもあるオーストラリアに関心を持ったのである。

　いまのオーストラリアがどうなっているかはよく知らないが、1980年代のオーストラリアは、バリー・ジョーンズが『眠れる者よ、起きなさい！テクノロジーと労働の未来』（小倉利丸訳『ポスト・サービス社会』時事通信社）のなかで活写したように、産業のウエイトがサービスや情報へ移り、テクノロジーが、動力機械のテクノロジーからコンピュータをはじめとする電子情報テクノロ

ジーへ過激に移行する過渡期だった。

　世界のどこでも過渡期には斬新的で創造的なことが見えやすい形で起こる。オーストラリアには、もともと休日は思いきりリラックスするというような「くつろぎ」の文化があったが、それが、ポストサービス化や電子情報化の加速のなかで、仕事に極度のスピードが要求されるようになったとき、ある種の対抗文化として、逆にそうした仕事に余裕をあたえ、活気づける条件を提供した。

　日本で「スローフード」や「スローライフ」が話題になるとき、これらは、かぎりなくスピード志向が強くなる電子情報化の環境に対応するために、外から「スロー」なものを導入してバランスを取ろうとしているにすぎないように見える。昼間は慌ただしく働き、夜はリラックスして「スロー」にというわけだ。

　しかし、そういう使い分けならむかしから誰もがやってきたことであって、いま「スロー」に関心が向かうことの本質とは関係がない。というのも、電子テクノロジーがもたらしたスピードは、労働や仕事の時間配分を完全に崩してしまい、どこまでが仕事時間でどこからが休養時間であるかをあいまいにしてしまうからである。つまり、いま求められている「スロー」さは、スピードを加速させたジェット機が「失速」するときの「スロー」さであり、スピード自体を落とすことではないの

だ。だから、「スロー・ライフ」を本当に実行できるのは、生活文化のレベルで「怠惰文化」をもっている社会であり、また、そういう社会こそが、スピーディな仕事にもついていけるのではないかと思う。

　マルセイユへはまだ直行便がないので、パリのシャルル・ドゴール空港で国内便に乗り継がなければならない。出発前、いろいろな人から「フランスは暴動状態だから、気をつけたほうがいい」と言われた。わたしは、暴動などときくと、逆に行きたくなってしまうほうなのだが、その話をエティエンヌに伝えると、「あれはCNNの策謀です。暴動は起きていますが、報道ほどではありません。念のため、マルセイユでは皆無です」というメールが来て、そこに面白い写真が添付されていた。それは、おそらくパロディ写真だと思うが、フランス全土の暴動状態を天気予報風に解説しているテレビの一画面だった。

　空港には、ジャック、エティエンヌ、事務局長のマリアンヌが出迎えてくれて、車でホテルへ直行。13時間ほどの飛行機旅だったが、ほとんど寝ていたので、疲れはない。彼らにはホテルのロビーで待ってもらい、服を着替えて街に出かけることにする。エティエンヌは、まず、フェスティバルの会場となる「Friche La Belle Mai」（美しき5月の荒地）へ連れて行った。少し町外れにある

エティエンヌ・ノワゾー

その会場の巨大なスペースは、かつてタバコの工場だったという。そこを市が買い取って、アートスペースにし、アーティストたちに貸し出している。

　こういうケースは、マルセイユだけでなく、ヨーロッパ全土にあり、産業構造の変化で旧時代の「遺物」となったスペースがポストモダンの先端部で活用されている。これは、日本ではまだ起こっていない。日本は、「遺物」を、その外形を残したまま転用する習慣はあまりなく、「遺物」は一旦チャラにして、そこに新しいものを建立する。だから、都市の記憶は残らない。

　これからの時代は、記憶を身体に刻みつけるよりも、記憶はメモリーチップにまかせ、必要なときだけ取り出すというような方向になりそうだが、このことは、「記憶喪失」が全般化するということでもある。この傾向は、おそらく、都市がどんどん相貌を変え、また電子機器への依存度が高い日本で最も過激に進むような気がする。が、メモリーチップにインプットできるのは、記憶のすべてではない。電子情報化できない記憶もある。そんなことがはっきりとするとき、せめて建物や都市に身体的記憶の痕跡を残しておかなかったことが悔やまれるのではないだろうか？

　Friche La Belle Mai の広大な敷地内には、「Cabaret Aléatoire」（危険なキャバレー）というパフォーマ

スローライフ　175

巨大なグラフィティ

クヌートとサラ

ンス・スペースや今回のフェスティバルを主催する「ラジオ・グルヌイユ」の施設などがある。敷地を取り囲む塀には、壮麗なグラフィティが描かれ、オールタナティヴなスペースであることをいやがうえにも顕示している。この日は、ロックコンサートがあり、ひしめくお客にまじりながら会場の下見をし、軽くビールを飲んで外に出た。

明日各地から到着するゲストが多いので、明日の夜パーティがあるから、今夜は簡単にと言って、エティエンヌは、港に近いエリアの小さなワインバーにわたしたちを連れていった。キャバレ・アレアトワールで、ロンドンから着いたばかりのゲスト、サラ・ワシントン（Sarah Washington）とクヌート・アウファーマン（Knut Aufermann）が合流し、魚料理をつまみながらワインを飲む。本場だからあたりまえだが、安くて旨いワインがいくらでもあるのはうれしい。しかも、同時に十分に満腹できるまで食べられるのもいい。いま日本の「お料理」文化は相当なレベルに達していると思うが、ある程度満腹するには相当な金がいるというのはあいかわらずである。食が生活から遊離し、「芸」になっている。先述のスペースの問題もそうだが、安い費用で「美食」し、満腹感を味わえないところからは、線の細い表現しか生まれないように思う。

マルセイユでも、シティワイズの人たちがよく

茶を注ぐ手業の由来を知りたい。

利用するのは、魚料理のレストランではなく、モロッコやトルコの料理であり、またレバノンのような中近東の料理である。それらは、値段が安くて十分な量があり、若い人たちにはもってこいである。昼飯をゆっくり食べる習慣は、次第に衰えつつあると言われているが、アーティストのような自由業の人たちのあいだではどうしてどうして、昼にワインを飲みながら、モロッコ料理を食べ、デザートも楽しむのは、あたりまえのようだ。

　パフォーマンスの公演があり、セッティングは終わっているので、食事に行こうということになり、トルコ料理のレストランに行った。話に花が咲き、時計を見ると、現場に行く約束の時間を過ぎている。わたしは、気になり、「行かなければ」と切り出すと、「テツオ、フランスでは急ぐ必要はないんだ」と言われてしまった。ただし、これは、フェスティバルの翌日のDATAという小さなスペースでの公演のまえの話で、キャバレ・アレアトワールでのフェスティバルの本番の日には、同時にラジオで放送されるということもあって、みな時間で動いていた。そのときは、キャバレ・アレアトワールの隣の建物にレストラン・スペースが設けられ、出演者にはフリーチケットが配られた。それを持って行くと、「ビュッフェ」式の昼食が食べられるのである。当然、このときも、ワインの入ったピッチャーが用意され、ワイ

スローライフ　177

ンを飲みながらの昼食となった。別にワインに意地汚くこだわっているのではない。生活のなかの食事の位置が自然であるような気がするのだ。

マルセイユでは、ジャック・フォシュアとのコラボレイションのほかに、招待アーティスト全員が出席する公開座談会があった。司会のエティエンヌが質問をして行くというスタイルで、意見をたたかわすということはなかった。とにかく10人以上が参加したので、ひとりが5分しゃべっても、半分以上の時間がたってしまう。わたしは、ミニFMのことを訊かれ、イタリアの自由ラジオとガタリの影響に焦点をあてて話した。フランスという場所を意識しもした。

終わってステージを降りると、アラン・マーク・スタマティの『フー・ニーズ・ドーナッツ』に出てくる「おじさん」のような風貌の人物が近づいてきて、「面白かったよ」と言い、自分はミラノのラディオ・ポポラーレの者だと名のった。えー！とわたしは驚き、パオロ・ウッター (Paolo Hutter) やシルヴィー・コヨー (Silvie Coyaud)……といった名前を挙げた。1984年にわたしは、当時、政治的にもラジオ放送の手法においても革新的だったこの自由ラジオ局を訪ね、関係者にインタヴューをしたことがあった（「イタリア『自由ラジオ』の源」、『HALLO』No. 97~99、1984、欧日協会、参照）。すると、このマルチェロ・ロライ氏は、わたしを

マルチェロ・ロライ

シルヴィー・コヨー

CDブックに付けられた5枚のCD

抱き締めそうな身ぶりと大きな表情で相好をくずし、「知ってるんだね！」と叫んだ。

ヨーロッパは狭いので、こういう出会いがよくある。いまではラディオ・ポポラーレは、もとの場所（かつては「空家占拠」の「廃墟」にあった）から移転し、規模が大きな局になっているが、そういう局の職員でも、「ラジオアート」や「ワイヤレス・アート」のようなマイナーな集まりに顔を出す。つまり、「メイジャー」（「メジャー」というと物差しのこと）とマイナーの関係が日本とはかなりちがうのだ。日本では、会社でも規模が大きくなれば、「マイナー」路線を守ることはむずかしい。が、ラディオ・ポポラーレは、視聴者が増えても、依然「マイナー」路線を守っている。帰国後、マルチェロからCDブックが届いたが、それは、ジェノヴァ・サミット反対の「反グローバリゼイション」の声をまとめたものだった。これは、いまの日本では、完全に「周辺」に追いやられてしまうような表現をまだ声高に叫ぶメディアがイタリアにはちゃんとあることを示すものだった。

マイナーなものが複数に多数わきおこっていて、それをメイジャーなものが「餌」にして活力を得るが、その分、マイナーなものは、また新たな増殖をつづける——というパターンは、サービス産業化や情報資本主義化といった傾向が昂進する

なかでよく知られるものとなった。それを肯定するわけではないが、日本の場合は、「餌」を海外に求めるため、マイナーなものは周辺に追いやられるか、使い捨てにされてしまうという傾向がある。そのため、マイナーなものは、周辺で細々と忘れられたかのようにやっていくか、生き残るためにメイジャーなものにはい上がるしかなくなる。アートに関しても、バブル期には、実験的なアートを支援する企業がかなりあったが、バブルが終わると、そんなものは切り捨ててしまった。しかし、それは、産業にとっても損なことだったと思う。わたしのようにマイナーなものにしか関心のない者にはどうでもよいことではあるが。

コピーライト・フリー

　いまだに海外からの郵便物や配達物がとどくと胸が高鳴る。「舶来」つまり「距離のあるもの」に弱いのだ。メールが来ると、仕事中でもすぐに開き、返事を書きはじめるのも、そんな心理とつながっているのかもしれない。メールは、どこから送られてもある種の「距離」を含んでいる。

　2005年のその日、仕事場のテーブルのうえに、紫色と橙色で「FedEx Box」と印刷されたピザボックス状の紙箱を発見した。午前中に届いたらしい。最近わたしは、FedExをあまり使わない。先日も、マルコ・ペリハンが、カリフォルニア大学サンタ・バーバラ校の自分の学生のために送信機ワークショップをやるのだが、トランジスタが手に入らないので送ってくれないかというメールをよこし、FedExで送ろうとしたら、えらく手続きがやっかいなのでやめた。

　9・11以来、アメリカ政府は、電子部品の輸入に関してはものすごく神経をとがらせており、そのあおりで、アキバで1個10円程度で売っているトランジスタでも、詳細なデータシートを添

II 手の思考

付し、書類に細かな記載をしなければ FedEx は、受けつけないというのだった。FedEx のように大きな組織は、アメリカのように民意の強いはずの国でも、政府の方針に従わないわけにはいかないのがいまの状況らしい。そんなわけでわたしは、自然と FedEx を使わなくなり、もっぱら郵便を使っている。不思議なのは、アメリカから外に送るものに関しては、それほどうるさくなく、自国に入ってくるものにだけ神経をとがらすところ。いかにもアメリカ的な大国主義である。

そのボックスのインヴォイスも、簡単で、「neuroTransmitter」という文字しか見えなかった。むろん、その名はわたしにとってなじみの名前だ。これは、エンジェル・ネヴァレス (Angel Nevarez)、ヴァレリー・テヴェア (Valerie Tevere)、ウエイン・ホッジ (Wayne Hodge) の3人からなるラジオアートのグループ名だが、その語には、「神経伝達物質」(neurotransmitter) と「神経の送信機」という意味がかけあわされている。通常は、「nT」という略称をつかう。

エンジェル・ネヴァレス

ヴァレリー・テヴェア

わたしは、2004年の1月にヴァレリーからミニFMについて共鳴するメールをもらったことがある。そして、最終的にミュンヘンで3人に会った。「トランジット〜ヴェレン」のイベント (p.128 以下参照) でである。彼らは、ニューヨークからこのイベントに招待され、その活動につい

て発表し、また、わたしの送信機ワークショップにも参加した。わたしは知らなかったのだが、彼らは、ディーディー・ハレックの教え子で、その影響か、創立時の2001年当初から、ミニFMの影響を受け、公園で臨時の「ラジオパーティ」を開いたり、期間限定のコミュニティラジオ局をアメリカのいくつかの都市に設置したり、小出力の送信機を使ってさまざまな実験を試みているのだった。

　ミュンヘンでわかれてから数カ月して、エンジェルからメールがあって、ニューヨークで彼らが主宰して同じような送信機ワークショップをやって好評だったというのだった。彼らは、これまで既成のキットや既製品を使ってラジオアートをやってきたので、自分たちでつくった送信機で表現するというのがえらく新鮮でなっとくがいったという。それは、わたしとしてはうれしい感想であった。

　80年代に「勃興」した「メディアアート」を横目で見ながら、わたしは、その大半が「発注芸術」（おおまかなアイデアをエンジニアに依頼し、「メカ」部分をつくってもらうので、そう名づけた）なのに反発をいだいていた。「偉大」な作品は、ひとりの作家によってつくられたものばかりではなく、「集団創造」という発想もあるが、装置をエンジニア頼りにする「メディアアート」の「発

案者」→「実作者」という「分業体制」は、あまりにモダニスト的で、ポストモダンの時代の「メディアアート」がやることではないのではないか、と思ったのだ。だから、わたしは、ラジオアートではかたくなに自分の手ですべてを作成するということにした。そして、その過程をふくめて「アート」なのだと確信した。

　送信機ワークショップも、そういうわたしの主張の一つのデモンストレイションのつもりだった。だから、エンジェルらの態度変更は、大いに賞賛すべきものだった。

　エンジェルのメールでは、目下彼らが「アーティスト・イン・レジデンス」になっているニューヨークのチェルシー地区にあるアートスペースEYBEAMのキュレイターがわたしの「送信機キット」に非常に興味を持ち、EYBEAMのワークショップで使いたいと言っているがいいかという。「キット」という言葉をきいて、なんのことかと思ったが、考えてみると、わたしがミュンヘンでワークショップをやったとき、時間がかぎられていたので、部品と製作マニュアルを小さなビニール袋にパッケージして配ったのをそう言っているのだった。

　そこで、わたしは、マニュアルは、ネットで公開しているので自由に使ってよいし、「キット」は、わたしがデザインした配線図にしたがって集

めた部品をパックしただけのものだから、「自由にやってくれ」と伝えた。そもそも、わたしのサイトにあるものは、すべて「アンチ・コピーライト」（コピーライト・フリー）であって、それを誰が自分の名で利用しようが、売ろうがかまわないのである。だから、先日、映画批評を載せている「シネマノート」の文章を本にしたいという出版社のひとからメールをもらったとき、「ご自身で勝手に編集・出版してくださってけっこうです」と返事した。その返事が冗談だと思ったのか、あるいは、どこかで「勝手に」出版されたのか、それっきり、連絡はなくなった。が、わたしは冗談を言ったわけではない。ハキム・ベイの名著『T.A.Z.』（箕輪裕訳『T.A.Z. 一時的自律ゾーン』、インパクト出版会）のように、「Anti-copyright」であるがゆえに10数か国語に訳され、ひろまっている本もある。「アンチ・コピーライト」は、一つの運動として続いており、電子時代の著作権や「知的所有権」に対する一つの代案を提起している。

　アート表現でコピーライトや「知的所有権」を主張するのはばかげている。他からなにかを「くすねて」こない表現はないし、「所有」という概念は、知や情報のロジックに反するからだ。それらは、「所有」されたとたん、死んでしまう。もっとも、その「所有」は、生鮮食品を「冷凍保存」

にするようなもので、移動したり、一時的に保存したりするための便宜的手段なのだと思えば、なっとくがいかなくもない。しかし、生ものは冷凍しないにこしたことがないように、あくまでも便宜的な手段としてしか、「冷凍」的「所有」は意味がないわけだ。

さて、問題の FedEx ボックスだが、それを開いたわたしは、ちょっと唖然とした。「ここまでやるか」という驚きと、ミュンヘンで渡した「キット」をここまで見映え的に発展させたセンスへの驚きである。そのなかには、数枚のパンフレットと、9 枚の A5 サイズのビニール袋が入っているのだった。A4 の厚紙のパンフレットには、「DIY Kit Series: Spring 2005 Experimental Radio Kit Instructions」と記され、部品表と製作方法が記されている。四つ折になった A2 サイズの上質紙のパンフレットには、わたしの「もっともシンプルな FM 送信機のつくり方」の配線図がそのまま印刷され、その周囲に、わたしのマイクロ・ラジオ論「ポリモーファス・ラジオへ」の文章がびっしりとレイアウトされている。ビニール袋には、ミュンヘンのワークショップのときにはわたしが 1 袋にいれた部品が、個別に入れられ、しかも 1 枚のビニール袋には、小型の半田鏝まで入っているのだった。各ビニール袋には、部品名をプリントしたラベルが貼られ、一目瞭然である。これは、

完璧なワークショップ・キットであり、これを使えば誰でもが送信機体験をすることができるだろう。

　EYBEAMのサイトによると、この「キット」は、「限定」だが、1セット30〜50ドルで同ギャラリーの「書店」で買うことができるという。それにしても、これを売るのはどうなのかなという気もした。論文の著者名はわたしになっている。配線図にもわたしの名がある。これだと、わたしはこの販売の「共犯者」にされてしまう。わたしが、作品を「アンチ・コピーライト」にしているのは、勝手に流用し、変更し、利用してしまう「盗用」を全面的に許すためだ。それには、ただ (free) でなければならない。

　しかし、この「DIY Kit」には、どこにも「コピーライト」は表示されていないから、このキットをだれかがさらに「剽窃」することはかまわないと考えていいのだろう。むろん、わたしのサイトの情報から直接とったと主張すれば、nTらがやったのと同じことをほかの誰かがやることも可能であるし、それに対して、誰も文句は言えないだろう。このへんは面白い。また、このキットを使って誰かが新たに創造的なことをやるならば、このキットは、アート作品の触媒としての役目を果たすだろう。それに、30〜50ドルならば、実費であって、儲けよりも「無償」の労働のほうがは

るかに大きいだろう。

 そんなことよりも、わたしが興味をおぼえたのは、アメリカのように、なんでも権利だ特許だとうるさい国で、ひとたびコピーライトフリーという条件があたえられると、とんでもなく解放的な出来事が起こるということである。その差があまりに対照的なのだ。逆にいえば、いまのアメリカは、「知的財産権」でがんじがらめになり、創造性を損なわれる場合も少なくないが、一旦それがつかのまであれ解除されると、とてつもなく創造的なことが生まれる可能性があるのではないかということだ。アメリカの社会・経済システムは、ポテンシャルとしては、利潤と効率をはてしなく追求するこれまでの「資本主義」とはすでに別のものになっており、それが全面的に露出するのをあの手この手で「抑止」しているのが現状なのではないかということだ。

 情報資本主義の時代には「無償」行為がより重要になるというのが、『メディアの牢獄』(晶文社、1982年)以来の自説だが、すでに大分まえから、目先の利益ばかり追っていては企業も存続できない時代に入った。それを大企業が十分意識しているとは思えないが、1980〜90年代の「メディアアート」のつかのまの「勃興」は、企業の「無償」の援助に負うところが大きかったし、企業の方も、得たものは大きかった。日本の場合は、そうした

援助は、バブル経済の税金対策的側面が強かったので、バブルがはじけると、あっさりやめてしまった。が、MOSAICからはじまったインターネットのブラウザの無料配布がインターネットとインターネット・ビジネスを飛躍させたように、無償性はいまのシステムの基本要素になっており、いま生き延びている企業は、大なり小なり無償の貢献を社会にあたえざるをえない。

マルコ・ペリハンのSPECTRAL-SYSTEM MEMBXON-2005展は、米軍の無人偵察機のシステムやNASAの情報技術を「無償」で提供されることによってなりたったそうだが、軍のようなハードな組織も、いまでは、こうした「あそび」（空隙）を導入せざるをえないのだ。むろん、それは、誰にでも提供されるわけではないし、マルコがいくら「アートと科学の戦術的利用」といっても、軍事技術や軍事政治とのアブナイ関係を回避することはむずかしい。それによって「軍事テクノロジー」のアートへの脱構築が可能になるかもしれないが、軍事のほうに利をあたえる側面は当然ある。

しかし、インターネットの歴史が示すように、このからみあいは微妙である。インターネットは、たしかに、軍（ARPA）の投資からはじまった。核の攻撃に弱い中央集権的な情報システムに対して、分散型のシステムを作ること、全米に散らばった大学の研究所に委託した研究のデータを相互

に交換し、研究の効率をあげること、などが最初の目的だった。しかし、歴史のディテールを見てみると、いまのインターネットは、たしかにそのインフラの基礎は軍から出てきたかもしれないが、双方向性、ハイパーテキスト、オープンアクセスを具体的に可能にする実験と装置の発明——つまりは「軍」と「民間」というような区分をこえた個々の現場でのさまざまな実験によって可能になったのである。

　その際、HTML言語とそれを動かすブラウザを完成させたティム・バーナーズ＝リーの「無償の作業」の功績は大きいが、彼とて、勤務先のCERN（欧州合同素粒子原子核研究機構）がNeXTコンピュータを買ってくれなかったら、彼のWWW（ワールド・ワイド・ウェブ）は生まれなかったかもしれない。そして、NeXTを商品化したスティーヴ・ジョブズにしても、自分が創立したアップル・コンピュータを追われなければ、「コンピュータのアルファロメオ」（NeXTのこと）を生み出すことはなかったし、また、米ゼロックスのパロアルト研究所（PARC）でWYSIWYGが開発されなければ、マッキントッシュもNeXTも誕生がちがったものになっていたはずだ。

　軍の「計画→実行」的発想とは異なり、現実は、「にもかかわらず」の発想で動く。「確固」とした計画「にもかかわらず」生じるアクシデンツの連

鎖が現実を作る。ケイティ・ハフナーとマシュー・ライアンの『インターネットの起源』（加治永都子・道田豪訳、アスキー）によると、「ARPANETの創立者たちは、世界を飛び交うメッセージを処理するためのシステムを開発しようと最初から考えていたわけではない」という。

　だが、最初の数十のノードが設立されるや否や、ユーザーたちは相互に接続されたコンピュータ・システムを、あっという間に仕事にも使える個人的なコミュニケーション・ツールに変貌させていた。ARPANETをよくできたメールシステムまで高めたのは、まさに優れたハッキングのおかげだった。

ちなみに、ここで言う「ハッキング」とは、「創造的で意欲的なプログラミング」をすることであり、それが、クラッキングの意味に使われるようになるのは、それから10年以上もたってから、すなわち、1980年代後半以後のことである。

ハッキングがクラッキングになり、一方でネットワークをおびやかすと同時に、他方でセキュリティ・ビジネスをうるおしているといういまの矛盾は、今日の社会・経済システムが、従来とはいかに異なるものになっているかを示唆する。プロテクトしなければ、クラッキングはできない。

「所有」しなければ、「簒奪」は起きない。しかし、防御や所有がつかのまはずれたところでは、「簒奪」や「盗用」とは異なる、創造的なことが生まれる。それは、いま、「シェアリング」や「シェアー」という言い方で制度化されつつあるが、創造的なことは、そういう制度「にもかかわらず」その先をめざすだろう。シェアリングに安住してはいないのだ。

破綻万象

わたしは、2005年ぐらいまで、1990年製のNeXTというコンピュータを使っていた。あのスティーヴ・ジョブズが、自分を追い出したアップルを見返すために作った画期的なマシーンである。デフォルトでバンドルされているメーラーはすぐれもので、動きの遅さを我慢すれば、いまでも使えないことはないだろう。

このメーラーは、1990年の時点で、新着メールが来ると、たとえば原稿を書いているテキスト画面のうえにポーンとメーラーが飛び出してきて、新着メールを映し出した。このコンピュータで仕事をしていると、しばしば文章の途中でこのメーラーがいきなり「でしゃばって」来るのに遭遇する。わたしは、その「でしゃばり」を愛していて、メーラーが原稿を書いているエディター（わたしは原稿を書くのにも、ウェブページを書くのにも、バンドルされているエディターを使っていた）のうえに飛び出してくると、原稿を打つのをやめてメールを読む。そして、たいていの場合、すぐに返事を書く。だから、ときには、そのメール次第

NeXTを初めて起動させ、メーラーを立ち上げると、スティーブ・ジョブズの挨拶メールが1通だけ見え、画面を下にスクロールすると唇のマークがあり、それをクリックすると、"Hi, this is Steve Jobs..."という彼の歓迎の声が聴こえるのだった。

II　手の思考

では、書きはじめた原稿が予定の時間に書きあがらないことがよくある。メール優先の人生だ。ちなみにこの習慣は、もっと高速で多機能のメーラーを使うようになったいまでも変わらない。

これは、自由ラジオにかかわっていたときに身についた習慣でもある。たしかミラノのラディオ・ポポラーレのパウロ・ウッターが提唱したのだったと思うが、1970年代後半、イタリアで自由ラジオがさかんだったころ、そのスター的存在の一つだった「ラディオ・ポポラーレ」では、「フォーン・イン」つまり電話での聴取者参加を重視し、番組の途中にリスナーから電話がかかってくると、なるべくその声をそのまま放送に出してしまうというようなことをやっていた。「ラディオ・ポポラーレ」＝民衆のラジオだから、リスナー主導で行こうというわけである。むろん、全部の番組がそういうことをやっていたわけではないのだが、そういう姿勢がいかにも「ラディオ・ポポラーレ」らしかったのである。

1984年3月にミラノのこの局を訪ね、ウッター氏に会い、話を聞いたわたしはそのアイデアにすっかり惚れ込み、日本に帰ってから自分の番組(「サタデー・ナイト・ヴァイルス」や「マンスリー・エンド」)で早速取り入れることにした。聴いている人によっては、発作的で散漫になるのではないかという意見もあったが、続けているうち

ラディオ・ポポラーレが効果的に使うフォーン・イン用電話機（1984年撮影）

に、それが一つのスタイルになった。へ理屈を言えば、これは、ブレヒトの「中断」による「異化効果」の技法の応用でもあった。ブレヒトは、演劇の台詞のひとつひとつのなかにも「中断」を置くべきだと言っているが、ベンヤミンはそれをさらに推し進める。

> ここでぐっと手を拡げて、中断があらゆる造形作業の基本的な手続きのひとつであることを思いだしてみてもいい。このことは、芸術の領域だけにかぎることではない。ほんの一例をとりあげてみれば、引用の基礎は中断である。あるテキストを引用することは、テキストの脈絡を中断しなければできないからである。(石黒英男訳「叙事詩的演劇とはなにか」、『ベンヤミン著作集9 ブレヒト』晶文社)

考えるまでもなく、人生とはたえざる「中断」である。あまり中断が激しいと、「波瀾万丈の人生」などと言うが、わたしなどは、むしろ「中断」によって「破綻万象」におちいり、それを楽しんでいる。すくなくとも、NeXTメーラーによる「中断」は「破綻万象」にわたしを追い込むが、ときには、世界を広くしてくれもした。

そんなわけで、わたしは、コンピュータのモニ

ターをまえに仕事をするときは、メールの到来にすべてをまかせることにした。学生が質問をしてくれば、それまでの仕事を中断して、その返事を書く。万が一、遠方からの招待で、打ち合わせの必要があるメールだったりしたら、仕事は当分そっちのけになる。だから、わたしの場合、なんらかの計画を貫徹するためには、コンピュータのまえを離れるか、メーラーを止めなければならない。が、そんなことはできない。

　その日、午前4時、わたしにとって標準的な仕事時間に、原稿を書いていた。エディターのうえに飛び出してきたメールは、カナダのトムという人物からで、わたしが1995年以来たちあげているサイト（http://anarchy.translocal.jp/）にある「送信機作成マニュアル」にしたがって送信機を作ってみたが、作動しないというのであった。10数分のあいだにまるでチャットのようにメールをやりとりするなかで、どうやら、このひとは、指定通りの部品を使っていないらしいことがわかった。まず、コイルがちがう。この回路では推奨していないのだが、別ページに載せている「コイルの自作仕方」を見て、コイルを自作したらしい。

　そこで、部品を総点検してほしい旨をメールする。しかし、数分後に届いた返事は、同じ主旨のことをもっと詳しく書いている。英語の人はとかくそうなのだが、自分のやっていることの「非」

をなかなかあらためない。日本語で言う「くどい」とか「まあいいや」という感覚はない。日本の外交交渉が英語圏の国にいつも押し切られる傾向にあるのも、こういう文化的背景と関係があるのではないかと思う。とにかく、論理が重要で、事を進めるには相手を「諄々」と説かなければならない。

トム君はねばる。そのうち、やけに重いメールが届いたと思ったら、画像ファイルを添付してきた。部品の配置にまちがいはないはずだというのだ。が、見ると、何と！ 彼は、「ユニバーサル・ブレッド・ボード」を使っている。「ユニバーサル・ブレッド・ボード」というのは、まだ確定しない電子回路を実験するときに使う穴空きのボードで、部品を差し込み、仮止めして回路のテストをするためのものだ。汎用性があるということで「ユニバーサル」という形容詞がついている。しかし、それは、決して「万能」ではなく、高周波回路では使えない。というのは、高周波回路では１ミリの単位が勝負で、線を１ミリ延ばしたために全然条件がちがってしまうことがあるからだ。

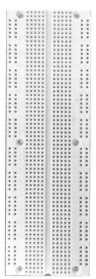

とてもスマートで便利そうだが、高周波回路には向かない。

普通の電気器具でも、電気のコードを延ばしすぎれば、コードが熱くなったり、効率が落ちたりするが、その度合いがもっと激しくなるのだ。しかしながら、このボードを使うかぎりうまくいかないということをメールで知らせても、このトム君はなかなか応じない。なぜダメなのだというこ

破綻万象

とを訊いてくる。それには高周波の基本を説明しなければならないが、基本がわからない人に説明するのは難しい。

　電波は光の一種ですよね。といって悪ければ、光の仲間ですね。電波の周波数が上がっていけば、波長が短くなります。だから、部品のリード線が2ミリでなければならないところを10ミリで配線すれば、その5倍の通路を電子が走る時間が変わってきますね。等々。そんな文章をへたな英語で書いているうちに、時間は3時間ぐらいたってしまった。だが、トム君は、部品のリード線を短くしてみたがうまくいかないというメールをよこす。「ブレッド・ボード」はダメだと言っているのになぜ君は使い続けるんだ！ ついにわたしは、堪忍袋の緒を切る。すると、相手は、わたしの語調が頭に来たのか、「（君がウェブに載せていることは）すべて残酷なジョークかある種のはったりだ」(the whole thing is a cruel joke or a hoax of some kind) と思うなどと書いてきた。

　ここでわたしが本当にキレて、メール交換を中止してしまえば、それまでである。わたしは、遠隔コミュニケーションを信じている。リモートのコミュニケーションがうまくいかないとすれば、それは方法が悪いからだ。そして、ふと、わたしは自分の説明の不十分さに気づいた。「ブレッド・ボード」を使う場合、単に部品のリード線を短く

しただけではだめなのかをちゃんと説明していなかったのだ。電気にはプラスとマイナスがある。部品のリード線を極力短くしなければならないとすれば、そのプラス面とマイナス面の両方とも短くしなければならない。

「ブレッド・ボード」を使う場合、見た目は最短で接続したように見えても、盤の裏側に線がはりめぐらされているためにその分だけ線を延長した形になる。それから、この道具は、部品を嚙んで圧着した形になるが、たとえ金属同士でも、半田をした場合に比べると電気抵抗が生じる。そういう事情があるため、わたしがデザインした回路では、ベークライトやガラス樹脂の表面に銅の薄い皮膜をメッキした「銅基盤」を使うように指定したのだった。これは、わたしの発明ではなく、何十年もまえ、まだプリント基板が一般化するまえに先達たちが考えた方法で、わたしはそれを古い技術書で発見し、応用したのだった。

電子工作では、穴あきボードをよく使う。しかし、これだと、「ブレッド・ボード」と同じで、盤の背後で線をひっぱりまわさなければならない。出来上りの見栄えはいいが、後面はアグリーになることが多い。これが、銅基盤だと、アースすべきところは、基盤に直接半田すればよいので、簡単なうえに、回路が一目瞭然で、まちがいを見つけるのも容易だ。うまく作ると、ある種の「工芸品」

破綻万象

II　手の思考

の品格すらあるとわたしは勝手に思っているくらいだ。実際、海外でワークショップをやったときにわたしが作った送信機を「作品」として保存している人もいる。文化的係数がつくと何でも「アート」になってしまうというわけだ。

　とにかく、わたしのマニュアルを見て作るのなら、銅基盤を使い、指定の部品を使ってくれなければならない。あれこれ手数をかけたメールのやりとりをしたあげく、数日後、トム君は、ついに、「これならいいのか！」とばかりに銅基盤に配線した写真を添付してきた。見ると──わたしは、銅基盤の上の小さな「島」をボンドではりつける方法をとるが、このひとは──銅基盤の皮膜を削り取ることによって「島」を作っている。これは、以前にわたしも試みたが、銅の皮膜が意外と固く、作業に手間取り、誰にでも簡単にやれるわけではないので、やめた方法だった。トム君

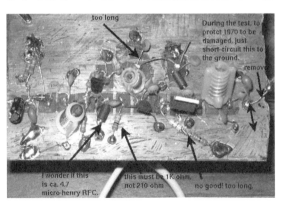

メールで送られてきた写真にメモ書きして返送した。

は、人が指定した通りにやるのが嫌いなタイプらしい。それは、悪いことではない。人の真似ばかりしていては、ユニークなことはできない。

　しかし、使っている部品に問題があった。彼の話では、カナダではわたしが指示しているのと同じ部品を手に入れることはできないという。しかし、わたしは、ヴァンクーヴァーとモントリオールとトロントでワークショップをやり、現地で部品を調達したことがある。そこで、いくつかの店の名とネットのサイトアドレスを知らせる。しかし、「敵」もさるもの。それらの店はすでにチェック済で、在庫はなく、あっても１個20ドルぐらいするという。日本ではアキバで20円ぐらいで手に入るものがだ。となれば、義侠心のあるわたしとしては、こちらから送ってやるしかないではないか。その旨をメールで伝え、住所を訊く。こうして数日間のあいだに、トムくんとわたしは、見知らぬ人間同士ではなくなった。たがいに住所を知り、彼が、アマチュア無線の免許を持つ通信マニアであることもわかったが、この点ではつきあうことはできなかった。わたしがアマチュア無線の免許を持っていないからである。そもそもわたしは「免許」というものとは縁がない。インターネットは免許がいらないから、これだけ深入りできた。

　メールやインターネットというリモートメディ

アは、人を引き離し、孤立させるという説がある。しかし、それは、使い方次第だろう。マスメディアは、あいかわらず、ネットが好きな少年少女の犯罪をネットに結びつけて報じ、自殺サイトや殺人請負サイトの存在をあたかもネットの先端現象であるかのように暗示する。しかし、探せば、暗い事件の数十倍、数百倍、いやもっとかぎりない数の「美談」がネットにはあるはずだし、ネットがコミュニケーションを活気づけている面は誰も否定できない。

　インターネットやコンピュータが、個人を越えた巨大な組織に依存し、また、それらを使える人とそうでない人とのあいだの大きな格差を不問に付していることも事実である。また、インターネットやコンピュータによって近づいた分だけ疎遠になっていることもある。とにかく、コンピュータにかかわり、その機能を十二分に発揮させようとすると、えらく時間がかかる。コンピュータは機械としては非常に能率が悪い。こういうものとつきあえるのは、よほどの暇人か「有閑階級」か、わたしのように健康を犠牲にした「機械耽溺者」だけである。ある意味で、能率というのは、近代のマシーン・テクノロジーとセットになった概念だから、ポスト・マシーン・テクノロジーであるコンピュータは、そもそも「能率」とはそりが合わないのかもしれない。いずれにしても、コンピ

ュータは、それを使う者に集中と「孤立」を要求する。

 2000年をすぎたころの記憶だが、就職が内定した学生がSEの仕事をするというので、「ぼくも何人かSEの人を知っているけれど、会社ではほとんどつきあいをしないんだってね？」とわたしが言うと、「ええ、それもSEを選んだ理由の一つなんです」と彼が言った。なるほど、会社へは勤めるが、他人づきあいはしたくないということなのか、と思った。こういうひとは、会社に行くのはシステムにつながったコンピュータがあるからで、自分の家の個室で出来るのならそれにこしたことがないという考えなのだろう。すでに、在宅勤務という形態があるわけだが、それが加速することは目に見えていると思った。

 しかし、ここから、未来の社会は、孤立の社会、人嫌いの社会だと即断するのはまちがいだ。古い発想からすれば「孤立」しているように見える彼や彼女らは、たがいに距離を置きながら、ときには電撃的に接近を果たすのではないか、とわたしは思った。

 それから10年以上経ついま、かつての近代主義的「集団主義」——効率上、十把一からげにそれぞれ趣味嗜好の異なる個々人を同じ場所に閉じ込め、同じ仕事をさせる——の反動は目に見えてきた。なるほど、同じ場所を使っても、そのなか

は心理的・物理的「パーティション」で仕切られ、それぞれが距離を置きながら仕事をするようになった。これは、会社だけのことではなく、学校も家庭も同じである。混んだ電車にいやいや乗っているように、いま、誰も一つの大きな「同じ」器に入れられることを望んではいない。たくさんの「別々」の器があれば、そちらを選ぶだろう。しかし、ながらく慣らされてしまった「集団」志向の感性は、他方で、別々の器に入るのに不安をおぼえさせもする。別々にいたいが、「みんな」ともいたい——こういうディレンマが日本のポスト近代の屈折した感性なのだと思う。

　ケータイは、個々人が持つ「小さな」コンピュータである。その機能は日々高度化し、コストも下がっていく。わたしが、「巨大」コンピュータでやったことは、いまでは、ケータイでほとんどできる。ケータイは、「巨大」コンピュータのように固定した場所を必要としないから、人々は、場所に従属する必要はなくなる。人々は、文字通り「ノマド」（遊牧民）になる。彼や彼女らは、なんらかの場所——身体的であれ、ヴァーチャルなサイバースペースであれ——をシェアするであろうが、そのシェアリングは、単なる「共同使用」ではない。その「共有」は破綻と波乱にみちみちている。そこが面白い。

Ⅲ　日付のある手の旅

Ⅲ　日付のある手の旅

2005年12月29日　　超簡単ＴＶ送信機

　アムステルダムにいるアダム・ハイドから、わたしがデザインした超簡単ミニ送信機の映像ヴァージョンを作れないかという話があり、それにインスパイアーされて、すこしまえ、「マイクロ・サイレントＴＶプロジェクト」というのをたちあげ、マニフェストを書いた。テレビ送信機で難しいのは、映像と音の分離の部分なので、音をあきらめれば、回路はいたって簡単になるのである。しっかりした音と映像が組み合わさったテレビやコンピュータの映像が氾濫するいまの時代、サイレント映像が、かえって、新鮮なのではないかとも思った。

　で、早速、実験にとりかかり、他事に邪魔されて遅れに遅れたが、ようやく、その製作マニュアルをウェブに公開するところまでこぎつけた。

　ラジオとくらべて、映像は、まだわれわれの身体が、音ほどは体になじみ、飽きるほどのところまでいっていない。映像はまだ実用のレベルを抜けきっていないのだ。ちなみに、アートは、そのテクノロジーが、終末に達したころになってようやく活気づく。映像は、まだ早すぎて、実用負けしかねない。

　その意味では、超簡単テレビ送信機は、実用的な道具としては「欠陥」だらけだから、その分、

かえってアートに近づけるかもしれない。

2005年12月30日　　ストロー内の送信機

太目のストローに入る送信機。

アメリカのどこかに住むテッド・ニッケルという人物からメールが届いた。わたしがウェブに載せている超簡単ラジオ送信機を直径4分の1インチ、長さ18インチのストローのなかに収納することはできないかという。一体何に使うんだ、スパイ行為に加担するのはごめんだぜぃと思ったが、わたしのウェブの「読者」ということなので、責任を感じ、早速、実験を試みる。

トランジスタの脚を延ばして配線したら、なんとかそのサイズに収まりそうなものができた。電池は、時計用のボタン電池を直列にしてやればいいだろう。変更した配線図と試作品の写真をPDFにして送る。変なことに使わないでね。

2006年2月2日　　ニュープリマス到着

オークランド空港で国内便に乗り換え（国際便から1キロメートルも離れている）、双発のDe Havilland Dash機でニュープリマスへ。こういう飛行機に乗ると、一応人間を人間として認める乗り物に乗ったという感じがする。飛行機は、プロペラ機で乗り物としての段階を終え、以後、人間を物品として運送する輸送機になった。

タラップを降りて、小さな空港建物を出たら、ス

III 日付のある手の旅

メルセデス・ヴィセンテ

抜けるような青空に浮き立つ美術館

パニッシュ系の雰囲気の女性が笑顔で近づいてきた。メルセデス・ヴィセンテ (Mercedes Vicente)。この街で唯一の現代アート美術館、ゴヴェット‐ブリュースター・アート・ギャラリーのキュレイターである。メールでわたしがさんざんゴネたのに、へこたれなかった超楽天家だ。

同僚のクレアの運転で宿泊先のホテルへ。海岸から数分のところ。ギャラリーともほとんど庭つづき。インターネットへのLANコネクションがあるのも気にいった。早速テストしてみたら、東京のわたしのサーバーへストリーミングも可能だった。

夏姿に着替えて、ギャラリーへ。すぐにスペースと機材の打ち合わせ。イベント「ミニFMからハクティヴィスツ——アートとアクティヴィズムへの一つのガイド」は昨年12月から開催され、わたしは、その「ハイライト」として呼ばれた。展示をちらりと見たが、なんかわたしの知り合いのパーティといった感じ。が、多くは、ビデオ展示が多く、少しまえの「メディア・アート」展示のスタイル。

夜は、海岸に面したレストランで、このギャラリーの常設展であるレン・ライをキュレートしているタイラーらといっしょに会食。やはりレン・ライのようなビッグ・ネームをキュレートするようなキュレイターは、どうしてもプリテンシャス

な（気取った）印象を受ける。

2006年2月3日　　子どものためのワークショップ

出来上がった送信機を見せる少年

朝からギャラリーに行き、ワークショップのためのセッティング。あわせてあさって行なうテレビ送信機のための準備をエンジニアのブライアンとやる。

昼まえ、地元の新聞のインタヴューが入る。今日のワークショップについてなので、ワークショップを見てからにしてくれないかと言ったが、今日中に原稿を書き、明日の号に載せなければならないとのことで、押し切られた。話ははずみ、ガタリの「分子革命」まで及んだが、そんなことが記事化されるはずもない。

13歳以下の子どもたちにＦＭ送信機を作らせるなどというワークショップはやったことがなかったが、どんな感じになるのかという期待もあって引き受けた。来たのは、13歳は1人で、あとはすべて小学生9人。大変なのを予想して10人限定にした。疲れきってしまって、残りの3分の1ぐらいをこちらが作ってやらなければならない子もいたが、大半が自力で作り上げ、電波を発信した。そして、わたしの言う「ワイヤレス・イマジネイション（wireless imagination）」を体験した。

習慣上、わたしのことを「テツオ」と呼ぶので、「さん」とか「先生」とか、呼び方で気をつかわ

させられ、いつも相手と自分の年令を意識せざるをえない日本とはちがって、年令差を感じなくてよかった。終わってから一人ひとりが「ありがとう」を言いにくるのも、いい感じだった。

2006年2月4日　　おとなのためのワークショップ

　昨日は子どもということで、若干手心をくわえた。コイルや基盤は、あらかじめわたしが加工しておいた。今日は、おとなの参加者なので、コイルも自分で作ってもらおうと思ったが、ひょっとするとおとなのほうが子どもより融通がきかないかもしれないと思い、コイルを加工することにした。

　参加者のなかには、わざわざオークランドから来た大学教師や、昨年オークランドでやったワークショップに参加したアーティスト、クライストチャーチやウエリントンから来たアーティストなどがおり、土地の者よりも外来者が多いのだった。彼や彼女らは、知識的には昨日の子どもたちより優れていることはたしかなのだが、手作業の器用さでは必ずしも子どもらに勝っているわけではない。

　おとなは大体、送信機を組上げると、必ずといってよいほど、出力を上げる方法を訊いてくる。ミクロなエリアで送信することに意味があるわたしの現在のメディア・ポリシーからすると、到達距離を延ばすのは意味がないので、こういう質問には失望してしまう。そこで今回は、そういう質

問と要望をあらかじめシャッタウトするために、DVDを使って「レクチャー」をした。

　でも、送信機を作るということは、おとなも子どもも、区別なくある種「コンヴィヴィアル」(イヴァン・イリイチ) な状況を生み出し、みんながハッピーになるのはなぜだろう？

2006年2月5日　　ビジイ・デイ
　今日は大変な日なので、しっかりと朝食・昼食を摂った。3時半から「上級者向けのワークショップ」。ここでは、「マイクロ・サイレント・テレビ・プロジェクト」で提起している、ラジオ送信機とテレビ送信機とのボーダーを撤廃する実験をやることにした。最初、ラジオ送信機を作ってもらい、成功した段階で、次の指令をし、たった2個の部品を追加するだけでテレビ送信をも可能にする。さらに、アンテナの重要性を説き、その作り方を指導する。これは、なかなかインパクトがあった。

　たちまち6時ちかくになり、ラジオアート・パフォーマンスの実演の準備。ギャラリーがもっているPA設備はあまりよくないのだが、引き受けてしまったのでしかたがない。オークランドからわざわざワークショップのために来たラジオ・アーティストが参加し、コラボをする。面白かった。

　さて、それが終わってからは、公開の電話イン

III 日付のある手の旅

タヴュー。しつこく言い、テストもした電話マイク（会場に聞こえるようにする装置）の調子があまりよくはなかったが、1970年にボローニャのラディオ・アリチェでガタリに刺激をあたえたビフォ（Bifo）、ヴァンクーヴァーのウエスタン・フロントのハンク・ブル、ウィーンのクンストラディオのエリザベート・ツィマーマンの3人にインタヴューし、ノマド・アーティスト・カップルのトニック・トレイン（サラ・ワシントンとクヌート・アウファーマン）に実演をしてもらった。

南インドにいるはずのディーディー・ハレックにも電話したが、ケニアに撮影に行き、ケータイを置いていってしまったとかで、出たのは夫君のジョエル・コヴェル。久しぶりなので、ついでにアメリカ批判を話してもらう。急なテーマの変更に観客はとまどったようだが、アメリカのグリーン・パーティの重鎮で戦略的に大統領選にも立候補したことのあるジョエルの話に聞き入っていた。

ジョエル・コヴェル

あとで感想を訊くと、やはりビフォへの興味がダントツだったが、それは、彼の独特の英語のせいもあっただろう。

クンストラディオがなぜ実験的なサウンドアートに関するすぐれた番組を維持できるのかというわたしの質問に対し、エリザベートが、それは、「アーティストといつも協同的に仕事をしているからでしょう」と答えたのは印象的だった。彼女

の「キョレイション」で仕事をしたことがあるが、たしかに彼女は、ただの「キュレイター」ではなかった。

　すべて終わり、関係者たちで打ち上げ。ピノ・ノワールをしたたか飲む。

2006年2月7日　　レクチャーと美術館

　メルセデスと朝食をとり、部屋にもどったら、オークランドの「海賊」ラジオ局から電話インタヴュー。

　今日は、オークランド・シティ・アート・ギャラリーの教室風のコンフェランス・ルームでレクチャーをすることになっているので、昨夜から準備していたが、中断。むろん、このレクチャーは、メルセデスが仕掛けたもの。レクチャーも美術館も嫌いだと言っておいたのだが、そんなことを気にしないのがメルセデス。すでに彼女の美術館の招待を受けてしまったのだから、わたしの美術館嫌いは気まぐれなものだと解釈されても仕方がない。

　レクチャーには、オークランド大学の学生が来るのかと思ったら、来たのは、20数人のほとんどプロばかりで、終わってからの質問は的を得ていた。それから、マイクロ・ラジオ局 FLEET FM のインタヴュー。オーストラリアから来たという「美しい」女性がインタヴューしたいといっ

てきたが、「スケジュールがいっぱいだから」とメルセデスはやんわりと拒否。あとはメールでということになった。

　3時すぎ、メルセデスは、スケジュール表どうりに、タクシーでわたしを Art Space へ連れて行く。ここも現代アートの美術館。ねぇねぇ、おれは美術館は嫌いだって言っただろう。ここのキュレイターのブライアン・バトラーに紹介するというのだが、わたしはキュレイターには関心がないんだよ。案の定、顔を合わせたこのキュレイターは、どこの国の美術館にもよくいるスノビッシュでプリテンシャスな感じの奴で、わたしは、顔を見たとたんに話をするのがいやになってしまった。だから、いっしょに来たアンドリュー（Andrew Clifford）が自分の企画の売り込みをし、「こういう場合 AM の電波を使うのはどうでしょうね？」とわたしを巻き込もうとしたので、「まずコンセプトがあって、それを満たす技術があるという発想は古いんじゃないの。テクノロジーは製作のマテリーであって、テクノロジーが違えば、表現も変わってくるでしょう。まず AM の送信機があって、それで何ができるかという方向に行くのがラジオ・アートじゃないの」と八つ当たりのような冷たい反応をしてしまう。

　丁度よいことに、このとき、美術館のなかの火災警報のベルがけたたましい音をたて、みんなが

外に出るはめになった。ギャラリーで準備をしていたベルギーのアーティストが強い光を使うとかで、火災センサーをいじったところ、誤報を出してしまったらしいが、そのため消防車が3台も飛んで来た。これもそうだけど、コンセプトがあってそれに環境を合わせるのじゃなくて、ギャラリーという環境と物理的条件があって、そこで新たに製作・展示されるのが、テクノロジーとアートとのこれからの関係なんだよ。どこへ持ってきても同じ「作品」というのは、もう古い。

　先日のワークショップに来たデイヴィッド・パリー（David Parry）は、オークランドの病院のMRIやCTスキャンのプロ、レディオロジスト（radiologist）で、オークランドに来たら、是非現場を見せたいと言った。それをそばで聴いていたメルセデスは、彼の病院訪問もスケジュール表に書き込んだ。「すぐそばだから」と言われて、歩くこと15分。コンピュータの入ったわたしのバッグはけっこう重く、カツカツとハイヒールの音を立てて早足で歩く彼女についていくのがつらい。おいおい、おれは、そんなに若くはないんだぜ。

　MRIの話になったのは、デイヴィッドが、MRIは、60MHzぐらいのFM波を出す送信機でもあると言ったことからだった。彼は、まず、コンピュータモニターが3台ならんだテーブルで、次々に患者のCT記録を画面に呼び出し、その3D画

像を見せてくれた。ネットに載っているのは見たが、実在の患者の患部をスキャンした映像を自分で操作しながら見るのははじめて。膨大な数のデータをカテゴライズし、統合しているので、モニター上に1人の患者の身体が映像として実存する。

　X線を使うCTと違うMRIは、X線の後遺症はないが、スキャン中の音が猛烈だ。デイヴィッドは、実際の患者がスキャンされているのをコントロール・ルームから見せてくれた。猛烈な音を緩和するために、患者はヘッドフォンをし、音楽を聴かされている。

　メルセデスは、ニュープリマスへの飛行機の時間があるので、CTだけ見て帰った。一応、熱いハグで見送る。デイヴィッドは、「あと超音波エコーも……」と言い、その部屋に案内しようとしたが、人体の内部をさんざん見て、うんざりしてきたわたしは、辞退し、病院を去ることにする。

　病院にジタが迎えにきて、一旦彼女とパートナーのアダム (Adam Willets) のアパートメントに行く。途中で買った地ビールを飲み、ひと休み。メルセデスの話が出て、「あの人はメディアのことはうといけど、バイタリティがあり、そのくせキュレイターにありがちな気取り（プリテンション）がない」と彼女が言う。わたしも同感だ。彼女は、キュレイションよりも活動（アクティヴィズム）に関心があるのだ。硬い役所がバックにな

っている美術館に今回のような企画を突っ込むのは、かなり大変だったのだろう。

　歩いてKロードの南インドレストランへ。去年会ったノヴァもまじえてヴェジタリアン料理を楽しむ。ここでようやく、わたしは、気のおけない知り合いたちと自分の時間を過ごすことが出来たという気になった。インド料理に合うかどうか懸念しながら買ったピノ・ノワールがなかなかの味だったのも、わたしをハッピーにした。

2006年5月26日　　トロントへ、そしてトロントで

　午後の便でトロントへ向かう。機内の隣の席の男が、「この席はいいねぇ」と話しかけてきた。「この席」というのは、非常口のそばの脚を伸ばせる席のことだ。この席を取れるかどうかは、チェックイン・カウンターでのちょっとしたコミュニケーションで決まる。この日は幸い、すんなりと取れた。その男も、旅慣れており、今回は、2日東京に滞在しただけで、モントリオールに帰るという。

　せっかくリラックスできる席なので、ジン・トニックをもらって、すぐに眠りにつく。が、しばらくして、「異状」な明るさに目を覚ますと、隣の男がMac Bookで仕事をしているのだった。ちらりと見えた画面は、MRIのシミュレイションソフト。ということは、この人はレディオロジス

トなのか？　そういえば、飛行機が離陸するとき、耳に装着したのは、MRIのチェンバーで患者が着けるノイズキャンセラーのように見える。

　で、食事の時間になって、世間話がはじまり、「ひょっとしていまのは、MRI？」と訊くと、やはりそうで、彼は、MRIのソフトウェアーを作っている会社のプレジデントなのだった。面白かったのは、脳の部位のマッピングの話で、マイクロな送信機をいくつも並べて、そこに手を近づけ、リアクタンスを変えるわたしのパフォーマンスが、MRIの原理と一脈通じるところがあるということがわかったことだった。

　彼のノイズキャンセラーは、患者用のものだったが、掛けさせてもらうと、飛行機の振動が全く消え、しかも、いきなり呼びかけたときは、ちゃんと聞こえるのだった。センサーが音の選別をするらしい。

　日本からトロントに来ると、時差の関係で、1日得をする。カナダは、まだアメリカのような狂った検問はなく、すんなりと外へ。約束どおり、ジャミー (Jamie Todd) が迎えに来てくれ、ホテルに直行。30分待ってもらい、着替えをして、また彼の車で King Street West の Drake Hotel へ。車中から見える風景が、だんだんボヘミアン風になった。このホテルの周辺は、いまアーティストたちが好んで住む場所になっているらしい。ご多

分にもれず、このホテルも、いまのオーナーが2001年に改造するまでは、売春婦やドラッグの売人だらけのスラムだったという。

　すでにオープニングがはじまっており、主催者のナディーン（Nadene Thériault-Copeland）やダレン（Darren Copeland）に会い、あとはビールを飲みながら、Deep Wireless 2006フェスティバルの面々と話す。

　日本に何度も来たことがあるというTrever Wishartの5.1サラウンド・システムを使ったボイスパフォーマンスは、浪花節、文楽、謡曲等々が入り混じった「唸り」で構成されていた。そういうパフォーマンスがいくつかあったのち、インターミッションで交流が行なわれるという形式。わたしは、明日、いっしょにセッションを組むキャシー・ケネディ（Kathy Kennedy）のパフォーマンスを見て、そこを辞すことにした。

2006年5月27日　　放送のためのフェスティバル

　Deep Wirelessは、パフォーマンス公演、コンフェランス風の会議、ワークショップから成っている。毎年開かれ、今年が4回目である。

　テーマは、サウンドアートやラジオアートなのだが、ヨーロッパでわたしが経験したこの種のフェスティバルにくらべると、エレクトロニクスへの依存度が低い。ラジオアートといっても、送信

機を使ったものは、ほとんどない。

　が、その代わり、昨日もそうだったが、フェスティバルのすべての過程を全部ブッ通しでネット放送するところがユニークだ。放送は、「トランスミッション・アート」をテーマにしているので有名な free103point9 が行なった。会議もパフォーマンスも、放送するということを優先して行なわれ、すべてが「トランスミッション・アート」化される。

　午前中は、ロンドンから来たマーグ・ホール (Maagz Hall) が「ラジオアート」とは何かを、free103point9 の Matt Mikas らがミニ FM からはじまった彼等の活動を編年的に紹介した。

　昼は、例によって、別室の大きなテーブルにサンドウィッチや飲みものが盛大に並び、みなが歓談しながら、すごす。

　午後から、Andora McCarteny のサウンドスケープ・ワークショップがあり、録音機を持って、参加者たちが道の向かい側の公園に行った。こちらは、若干「カルト宗教」がかった要素があり、わたしはパスした。

　早めにホテルに帰って、明日の準備をする。明日は、わたし自身のプレゼンのあと、トークにも参加しなければならない。

　今回、プレゼンでは、HTML 形式を使い、そのなかで、marquee タグを使って文字を表示しよう

と計画した。これは、かつては Internet Explore でしか動かなかったが、最近はそうでもないことを知った。試してみたら、Firefox でも大丈夫だった（しかし、これがあとで裏目に出る）。

　このごろ、プレゼンに関しては、現地に着いてから準備することが多い。ネット環境が充実してきたので、必要なデータを取る場合でも、簡単だし、常用しているコンピュータのデータを全部 HDD にコピーしてくるので、それが可能なのだ。

　しかし、問題は、手持ちのコンピュータだ。軽いので手放さない VAIO-U1 は、パワー不足でいらいらする。が、軽さには勝てないので、いまだにこれを使って行なう。この遅いマシーンを生かすために、色々な工夫をした。プレイヤーや内蔵の HDD に入れた DVD データはぷつぷつ途切れるが、このデータを外部 HDD に入れ、それを iLink でつないでやると、まあまあ使える。

2006 年 5 月 28 日　　未来のラジオ

　土地勘がついたので、午前 8 時すぎ、ホテルから歩いて Ryerson 大学の会場へ。昨夜はホテルの地下にあるクラブスペースだったが、今日は、大スクリーンと照明装置のあるイベントホール。

　9 時から Joe Multis の「Radio, networks, ether art」というセッションがはじまる。これは、本人がネットで登場し、延々としゃべるネット「講演」。

ときどきスクリーンに顔が映る。ストリーミングで送っているのだ。が、そのうち、会場にラジオが配られ、ノイズ音が流れはじめた。わたしが受け取ったラジオは、ヘッドフォン端子から2個のスピーカーがついており、そのスピーカーにプラスチックの円筒がホーンのようについている。

　そこで、わたしは、その2つのスピーカーを持って、方向を変えたり、両方を近づけたりしてみる。流れてくる音の具合で、なかなか面白い音になる。会場のいくつかにそういう音場ができるのが面白い。

　午後のセッションでは、キャシーが、「あなたのあとだと精彩を欠くおそれがあるから」といい、先にやらせてくれと言い、それに従う。わたしとしては、インターミッションでセッティングし、機材を安定させてプレゼンに臨みたかったが、そう言われてはしかたがない。そういう言い方ってあるのかと思ったが、それだけでは済まない予感もした。が、案の定、彼女のプレゼンのあと、コンピュータをモニターと接続するとき、トラぶった。

　放送だから、もたもたで音が途切れるのはまずいらしく、ダレンが「機材のセッティングをしているのでしばらくお待ちください」というようなことをマイクに向かって言っている。なら、わたしも「自由ラジオ」っぽくやってやろうと、なぜ

もたついているかを近くのマイクに向かってしゃべりながら、セッティングを急ぐ。「このコンピュータ（SONY VAIO-U1）は、小さくて軽いのが取り柄ですが、パワーがなく、プロジェクターによって、ファイルの出方がえらく遅れたりするのです……」。

リブートしたら、何とか動きだしたので、アクセントをつけようと、最初に、以前、カールステン・ニコライとカイ・グレーンの要請で作った「2099年へのメッセージ」のファイルを再生する。2099年の「いま」わたしは「108歳」で、身体にさまざまな装置をつけてサイボーグ状態で生きていて、「いま」を回想するという皮肉な構成になっている。

まあ、これが受けて、すんなりと本題の「自由ラジオからミニFMをへてラジオアートへ」というプレゼンに進んだ。それは、すべて新鮮に受けとめられたが、ヨーロッパとくらべると、観客の反応がイマイチ鈍いという印象を受けた。

終わって、バタバタとテーブルがセットされ、さあそこに座って、ということになったので、目を白黒させていると、少し時間が押したので、インターミッションなしで、次の「未来のラジオ」のセッションへ行くという。これは、パネルディスカッションで、出演は、わたしのほかには、CBSのプロデューサーのNeil Sandell、Ryerson大学の学生でさまざまなメディア活動をしていると

いう Charlotte Scott で、司会は、ロンドンのレゾナンス FM の創立に関わったサウンドアーティストのマーグ・ホール。

しかし、デジタルラジオや 5.1 サラウンドなどの最近流行のラジオテクノロジーを使って何をするかという彼や彼女らの話を聞いているうちに、腹が立ってきて、「今日のテーマは、〈ラジオの未来〉じゃなくて、〈未来のラジオ〉でしょう？」と混ぜ返してしまう。

それならば、新しいテクノロジーが出ても、依然つづいている「テクニシャンとアーティストとの分業体制」、「〈送り手〉と〈受け手〉の分割」、「どのみち〈キャスト〉でしかないラジオ」等々をどう超えるか、ネットラジオに見られるような「地理性をこえたコミュニティ」の出現などを問題にしなければどうしようもない。だんだん話がエスカレートし、未来の「ラジオ」は、radio という概念を radiation にまで拡大して考え、宇宙から IC タグや脳の電磁波まで含めて考えないとダメなのではないか……と主張する。

おそらく、パネルの人たちには顰蹙ものだったろうが、観客には受けた。終わってからナディーンとダレンがかけよってきて、「よかった、来年も必ず来てください」と言ったから、そう悪くはなかったと思う。これが、日本だと、こういうもの言いには含みが多いのだが、カナダやアメリカ

の人は、日本にくらべるともっと素直な感じがする。

2006年5月29日　　送信機ワークショップ

　ワークショップの道具と部品をつめたバッグを持って地下鉄の駅に行ったら、シャッターが閉まっていた。タクシーに乗ろうと思ったが、まだ8時すぎで、ワークショップ開始の9時には大分時間があるので、歩いて行く。Ryerson 大学についてわかったのは、地下鉄のストがあり、地下鉄は動いていないということだった。

　教室のような場所で準備をはじめたら、ダレンが、小さなテレビと DVD プレイヤーを持ってきた。え、これ?! わたしは、送信機を作るワークショップに、なぜそんなことをするのかという話とこれまでのマイクロラジオ活動の経緯を DVD で見せるレクチャー的な時間を加えたいとあらかじめ知らせておいた。しかし、彼は、10人限定の少人数なのだから、これで十分と思ったらしい。とたんに、わたしのなかでやる気が失せていく。この感じ、わかる人にはわかると思うが、こういうのって、本当に気力を減衰させられるのだ。

　でも、しかたがないかと思い、とにかく、映るかどうかだけは確かめないとと、作ってきた DVD をプレイヤーに装填した。ちゃんとチャプターが映り、まあ、これでやるかと思い、チャプ

III　日付のある手の旅

ターを選ぼうとしたら、リモコンがない。「リモコンは？」と彼に訊くと、「家に忘れてきてしまった」という。え〜?! そんなレベルの準備なの?! と急に腹が立ってきた。「これは、この日のために用意したドキュメントなんですよ」というわたしの強い口調に、彼は、あわてて、どこかへ消えた。

結局、大学と話がついたとのことで、会場を昨日の大ホールに移すことになる。そこなら、大きなスクリーンとAV装置が完備しているからだ。最初からそこにすればよかったのだが、正式には、昨日までしか借りていなかったらしい。

昼食をはさんで午前と午後との2回行なった送信機ワークショップは、何度もやってきたことで、わたしには新鮮味がなかったが、参加者は、それぞれ異なるので、それなりの面白さは味わえる。アンナ・フリズ (Anna Friz) が、「こういうのを作ったの」と送信機を見せた。彼女は、金曜の晩にはヨーゼフ・ボイス風のパフォーマンスをやり、その後のセッションでも必ず質問に立つというアクティヴな女性。

何度目かのワークショップに参加したアンナ・フリズ

見ると、それは、わたしが10年まえにトロントのInter/Accessでやったワークショップのときのモデルとそっくりだ。が、彼女が持っているのは、ロブ・コズィヌーク (Rob Kozinuk) のワークショップで作ったもの。すでにわたしも聞い

女装以前のロブ

ていたし、ロブ自身からも知らされていたが、彼は、1992年にわたしがWestern Frontでやった送信機ワークショップに参加して以来、すっかりそれにはまってしまい、以後、身なりを女装に変え（これはわたしの影響ではない）、送信機ワークショップをやったり、いろいろなアートプロジェクトのために同じ送信機を提供したりしているという。　わたしの方は、10数年まえとはずいぶん回路を変え、コンセプトも替えているのだが、プロトタイプを守り続けている人物がいるというのは、驚きだ。しかしですねぇ、インターネットの時代、マイクロテクノロジーの時代には、1マイル四方飛ぶ送信機（ロブが習得したヴァージョン）でも「大きすぎる」というわたしのいまのコンセプトも理解してほしいなあ。

2006年8月28日　　スペアナ

　スペアナとは、ここでは、高周波を映像化するスペクトル・アナライザーのことだが、わたしは久しくスペアナを持つことが夢だった。が、10数年まえの製品を中古で買っても数10万円はし、しかも図体が大きくて重いというと、二の足を踏んでしまう。無線の電子回路を組んでいる人はたいてい同じ思いをしていると思う。スペアナは高嶺の花なのだ。

　ところが、数年前、この難問を愛知在住の青山

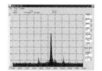
シンプルなテレビ送信機の電波を GIGAST で見てみた。基準周波数の左右に音声と映像の信号が並ぶ。

秀治氏が解決した。映像を表示する部分をパソコンにまかせ、そのインターフェース「GIGAST」を 3 万円ちょっとのキットで売り出したのだ。それは、世界的に見ても画期的なことだった。以後、改定をくりかえし、いまでは V.4 になり、サイズもコンパクトになった。

　無線の実験や研究をやる者にとって、スペアナがあるかないかでは大違いである。送信機を作っても、どんな電波が出ているかは、受信機で聞いたり見たりしただけでは、十分には判別できない。わたしの場合、電波によるパフォーマンスの装置を作るのにも、大いに役立つ。そんなわけで、ようやく手にしたスペアナの具合をあれこれテストし、この数日、試写もなかったこともあり、スペアナにはまりきりの日々が続いた。

2007 年 2 月 10 日　　Messages for 2099

　今日、ちょうどいまごろ、フランクフルト・アンマインのジャーマン・ナショナル・ライブラリーでわたしの声が 3 分間流れたはずだ。これは、カイ・グレーン（Kai Grehn）とカールステン・ニコライ（Carsten Nicolai）が発案した「2099 年のためのメッセージ」という 77 分のラジオドラマのプレミアだ。

　この音源は、限定 7 枚のヴィニール盤に焼かれ、世界の美術館や博物館に配られ、2099 年まで密

封されるという。とはいえ、そうなると、いま生きている人間の半数はそれを聴く機会がないだろうから、おそらくは CD などで公開されると思われる。そんなことをしたら、元のアイデアが意味をなさなくなるので一切公開しないとグレーンは言っているが。

　参加者用に送られたデータ CD で聴くと、錚々たる人物から、街頭で採取した声、さらにはわたしのような「半端者」まで 50 人以上が参加していて、壮観である。カールステン・ニコライの音は、これまで彼がやってきたスタイルをこえていないが、生声のメッセージを立てようということなのだろう。

　カイから依頼が来たのは 2005 年の 11 月で、わたしが音源を渡したのが 2006 年の 1 月だったが、その後何の音沙汰もなかったので、立ち消えになったのかと思っていた。

　大半の参加者（坂本龍一、フィル・ニブロック、アナ・メイリアン、アルヴォ・ペールトらは音楽を「メッセージ」として提供した）が、アイデアを真面目に受け取り、2099 年の人々に向けて語っている。わたしは、「ドラマ」なのだから、少し演出したいと思い、前述のように、2099 年に息もたえだえに生きている超老人ないしはサイボーグがいまを回想するという形式のストーリーをしゃべった。会場で笑いが起こればさいわいだ。

この「メッセージ」を作ったとき、なにか一つの決算（とりわけ表現上の）が出来た気がし、以後、英語でナレイションをすることに興味を持った。ブリュッセルのアートスペースOKNOに頼まれて作った三部構成のMini FMについての映像付きナレイションも、その流れのなかで作った。聴いてもらえばすぐわかるが、わたしの英語はもともと流暢ではない。が、もうちょっとすると、その未熟さが出来の悪い自動翻訳機か発話ロボットのようなノスタルジックなディスクールに達するのではないかという期待をいだいている。

2007年7月23日　　FLUXUSラジオ？

　とうとうバーバラ・ヘルト（Barbara Held）からメールが来てしまった。バルセロナの現代美術館MACBAでラジオプロジェクトをやるので刀根康尚といっしょに関わらないかというのだ。

　この話は、すでに刀根から知らされていたが、「刀根さんとじゃ、畏れ多いなあ」と敬遠していた。だって、ラジオアートの根元の部分に影響をあたえてきたようなアーティストと「いっしょ」というのは、少なくともわたしが日本語を使って生きているかぎりは、とても遠慮なのである。

　しかし、不思議なことに、バーバラの英語のメールを読むと、そういう遠慮が馬鹿げたものに思えてきた。このへんが、言語の持つ不思議な力だ。

英語を使っていると、実際には色々なしきたりがあるのに、人間みな「対等」みたいな気分に一時なれる。反対に日本語を使っていると、なんらかの意味で「上下関係」を意識する。敬語があるし、男女、おとなこども……のあいだの言い回しの違いもあるわけだから、あたりまえである。英語だってないわけではないのだが、「外人」のわたしにはそう思える気楽さがある。

刀根康尚は、わたしが尊敬する偉大な「日本人」アーティストにして思索者である。その名は1950年代末からよく知っていたが、あくまでも観客・読者としてだった。1975年にニューヨークのヴィレッジの本屋で刀根を見かけ、声をかけたことがあるが、それもあくまで観客・読者としてだった。

１９８６年の刀根康尚。ブルックリンでの送信実験のあと、深夜の路上で。

たしか1978年だったと思うが、『日本読書新聞』の編集者時代から知っている服部滋さん（当時は田村正和とうり二つだった）が、創刊された『月刊イメージフォーラム』の編集者としてニューヨークにやってきて、わたしのアパートに泊まり、ある日、刀根さんのところへ行くが、いっしょに来ないかと言った。それが、刀根康尚とサシで会う最初となった。

刀根さんには、その後、ソーホーやブルックリンで電波を出す手伝い（文字通り）をしてもらったりもしたが、ナムジュン・パイクやジョン・ケ

ージを紹介してもらったり、世界と視野を広くしてもらった。バーバラ・ヘルトも、刀根さんと共演するのに招待され、初めてそのフルート演奏を聴いた。

　まあそんなわけで、「いっしょに」というわけにはいかないのだが、まえまえからわたしのネットラジオ Radio Kinesonus で刀根さんに何かやってほしいと言い続けてきたこともあり、何かできれば光栄だ。

　でも、刀根さん、わたしが「アート」でやっていることなんざ、すべてお見通しだよね？ radioart の「アート」はアートでも con-artist のアートだと思ってくれれば、何かできるかもしれない。

2007 年 10 月 7 日　　グラーツの洞窟のなかで

　　１日にワークショップとパフォーマンスをこなさなければならない日。

　午前 9 時半からセッティングを開始するのでいつでもどうぞというので、午前 11 時に万端とのえて Kunsthaus に行ったら、机や映像スクリーンのセッティングが終わって、スタッフたちが待機していた。早速、注文を出し、多少の模様替え。昼までには準備完了。

　２時すぎ、ワークショップ開始。Musikprotokoll のディレクターのクリスチャン・シェイプ（Christian

Scheib) や事実上の実行委員長のロザリンデ・ヴィディック（Rosalinde Vidic）も来て見ている。15人限定ではじめたが、遅れて来たものがいて、結局 20 人をこえてしまった。作る部品はたくさん持ってきたので問題ない。最初に「マイクロラジオ」についてレクチャーをやり、そのあと 10 数分で送信機を組み立てて、そのあと参加者自身が作るといういつものパターン。

今回、この方式に飽きてきたので、最後に完成した 20 台の送信機を使って同じ周波数で送信し、部屋のかたわらにすえた大型ラジオで信号を受けるという、ある種の電波ジャムを提案した。しかし、今回は、ラジオアーティストが半数以下だったので、あまり面白いことにはならなかった。グラーツは、ちょっとノリがちがう。

しかし、夜、11 時からの「コンサート」（と招聘者は言うが、わたしはミュージシャンではなく、「電波との戯れ」を可視化・可聴化するパフォーマーであり、「音楽」とは無縁の者である）では、かなりの手ごたえがあった。「ドーム・イン・ベルク（Dom im Berg）」という中世の洞窟のなかに作られたスペースは、外の電波を遮断した空間なので、超微弱な送信機を使うわたしのパフォーマンスには最適。

長い坑道の途中にコンサートホールへの入口がある。

わたしが気を入れて演れたのは、ウィーンからわたしのパフォーマンスだけを放送するために乗

III 日付のある手の旅

エリザベート・ツィマーマン

ドーム・イム・ベルクのパフォーマンス

り込んできた Kunstradio のディレクター、エリザベート・ツィマーマン（Elisabeth Zimmermann）の存在もあった。会場の外には放送車を3台並べ、彼女自身が、わたしの目の前でキューを出すわけだから、手は抜けない。結果は、わたしとしては80％ぐらいの満足度のパフォーマンスが出来た。ORF（オーストリア放送協会）の放送なので、時間厳守ということだったが、そろそろ時間かなと思ったとき、照明の落差で手元以外ほとんど真っ暗なわたしの横に彼女の姿が突然あらわれ、終演の合図をくれた。これなら、ずっとわたしの横にでも座ってくれていたらよかったのにとあとで言って笑った。そのあとすぐに彼女が運んできてくれた水とビールを一気にあおり、この世の至福を味わった。

2007年10月8日　ハイディとボブ

　午前中にエリザベートがホテルに迎えにきてくれて、列車でいっしょにウィーンに向かう。窓外の景色は殺風景で、もっぱら話ばかりしていた。少なくとも、実験サウンドのレベルではテーブルにラップトップコンピュータをならべてしこしこやるのはもう終わりだという点で意見が一致した。

　ORFのそばのホテルに送ってもらって、それからORFのオフィスへ。ハンス・グロイス（Johann Groiss）がいて、いきなり4年前に話したウィーン

の下町の話をあたかも先週の話を続けるかのようにはじめ、これから娘をピックアップに行くのだが、その途中が面白くなっているからいっしょに行かないかという。4年前、彼の案内で「中国人」街（ウィーンには明確なチャイナタウンはない）に行ったのだが、彼はわたしとちょっと似た方向音痴で、えらく無駄な場所を歩かされた。それを思い出して躊躇したが、結局、行くことになった。しかし、この日も、とうとう彼の言う、中国の海賊DVDなどを並べている店は見つからなかった。

　彼によると、いまウィーンでは、ある種のポスト・ヤッピー現象がはじまっており、そういう階級を「ボヘミアン・ブルジョワ」、略して「BB」と言うのだという。これは、面白い。

　夜、Kunstradioの創始者でもあるハイディ・グルントマンとロベルト・エドリアン夫妻に招かれ、イタリアン・レストランで食事をした。時間に行くと、すでにハイディは来ていて、しばらくしてボブ（ロベルトの愛称）が来た。席につくなりいきなりタバコをプカプカ吸い出した。昔、東京の喫茶店で人に会うときは、こんな感じだったなと思い、面白かった。

　ボブと初めて会ったのは、1992年にカナダのThe Banff Centre for the Artsに呼ばれてワークショップをやったときで、彼はそのとき、バンフのアーティスト・イン・レジデンスなのだった。こ

Ⅲ　日付のある手の旅

2015年9月7日、ボブは肺癌のため80年の生涯を終えた。サチールとウィットの混じった彼のメディアテクノロジー批判が聴けないのは寂しい。

のときは、アントニオ・ムンタダスもいて、山のうえのアートスペースに熱気がみなぎっていた。当時ラジオアートの分野では先端を走っていたクリストフ・ミニョーン (Christof Migone) もいて、わたしの送信機ワークショップにも参加した。

　ハイディに初めて会ったのは、1996 年に北イギリスのサンダーランドで開かれた「Hearing is Believing」というラジオアートの集まりがあったときだった。ダグ・カーンとわたしが「理論」を話し、ハイディが Kunstradio の経験を話し、スキャナー (Scanner) ことロビン・ランボー (Robin Rimbaud) が彼の「作品」を披露し、そのあと Negativland のドン・ジョイスが簡易なテルミンでロビンとデュオをしたりした。ほかにもいろいろ発表があったが、もう憶えていない。わたしは、このときすでに「学術報告」風の発表にあきており、15 分ぐらいしゃべったあと、ミニ FM をどうたちあげ

るかをその場で見せるために送信機を作って見せた。電波が出たら、会場から口笛と歓声があがった。翌日、30人ぐらいが参加して、送信機ワークショップをやった。それから7年後の2003年にテイト・モダンで（このときとは少し違うのだが）プレゼンの一環で送信機を作ったら、終わってから、サンダーランドのワークショップに出たという人が挨拶に来て、なつかしがった。が、わたしは、あいかわらず同じようなことをやっているのを見られて、ちょっと恥ずかしかった。

　サンダーランドで会ったハイディは、ウィーンの「貴婦人」といった感じだったが、メールと電話だけのつきあいになってしまったこの10年間のあいだに、温和な老人の面影が強まった。が、3人の話は、次第にデジタル化以後のラジオの話になり、あっという間に3時間ぐらいが過ぎた。

　2001年にKunstradioで「Natural Radia」（複数のRadioとradiationとをかけている）というパフォーマンスのようなワークショップのようなトークショウをやったとき、ボブにも参加してもらった。そのとき、将来、通信機能をもった小さなチップを身体に埋め込むような慣習が生まれるかもしれないという話をした。

　彼はその続きを話すかのように、ケータイのことに触れた。彼はケータイにはなじめないという。明らかに、身体とプライバシーに関する観念が変

わってきているのではないかと言う。監視装置の「発達」も考えに入れると、近代ヨーロッパ的な意味での「プライバシー」はなくなるのではないかと言う。

それは、「プライバシー」と対概念である「パブリック」の変容とともに起こっていることだとわたしは思うが、テクノロジーの侵入が進めば進むほど、わたしは、「内にひめる」という身体技術（習慣）は強まるのではないかと思うと言った。つまり、近代ヨーロッパ的な意味での「私生活」は露出され、わたしが言う「デジタル・ヌーディズム」が必要になってくるのだが、その反面で、自分でも知らずに内にこもってしまうような姿勢が強まり、そこから別の社会関係が生まれてくるのではないか、とわたしは思う、と。

ボブことロベルト・エドリアンは、「コミュニケーションアート」などと呼ばれるようになった分野のアーティストの草分けである。彼とヴァンクーヴァーのハンク・ブルは、1980 年代に、ウィーンとヴァンクーヴァーの名をもじって「ヴィエンクーヴァー」というリモートメディア・プロジェクトを立ち上げた。Kunstradio の初期のプログラムの一部である。こういう人と話をしていると、想像力がどんどん解放され、創造的な愉悦感をおぼえる。

インターネット以前の時代に電話回線を使って、ビデオ映像を送受するハンクとボブ。

2007年11月2日　　ベルリンでのパフォーマンス

　今度のベルリン滞在でメインに考えていたのは、今日のパフォーマンスだった。グラーツのときとは異なる音を出すシステムを作るのにも成功し、自信をもってこの日をむかえた。が、こういうときが危ない。先に結果を言っておくと、非常にうまく行き、ハッピーな気持ちで会場の「M12」を出た。

　昨日に懲りた（わたしのプレゼンのとき、用意した映像が現場の装置の故障で見せられなかった）ダイアナは、9時開始の3時間もまえにわたしをタクシーでFernsehturm（送信タワー）近くのM12に連れて行った。ここは、外がよく見えるガラス張りのクラブスペース。小型の40個のスピーカーがPAだというので、低音を心配したが、エンジニアが繊細で、準備は難なく終わり、時間があまってしまったので、サラ・ワシントン、クヌート・アウファーマン、スコットランドからわざわざ来てくれたプロデューサーのバリー・イッソン（Barry Esson）と食事に出かけた。

　3人がホテルで休むというので、わたしは、あたりを散歩する。ベルリンは4年ぶりだが、実にいい感じになってきた。若ければ、絶対に移り住むだろう。

　今回も、ダイアナの主張で、ソロパフォーマンスのまえに「レクチャー」をしてくれと言われた。招待主に抵抗しないわたしは、やや抽象的に作っ

た映像を流しながら、送信機を作るパフォーマンスとトークをした。「レクチャー・パフォーマンス」である。それから、15分のブレイクを取り、「de-radia transversal」(複数の横断的脱ラジオ)と題した手と電波との戯れのパフォーマンスを披露した。終わったときの拍手は、口笛もまじり、いまのベルリンの感度のよさを感じさせた。

　面白い街では面白い出会いがあるものだが、今日も、それがあった。1994年にヴァンクーヴァーのウエスタン・フロントで、ハンク・ブルの企画で「NTVプロジェクト」(http://anarchy.translocal.jp/streaming/index.html)という臨時にコミュニティ・テレビを立ち上げる実験をやったとき、いっしょに呼ばれたのが、コンピュータハッキングや送信ではよく知られたジェフ・マン(Jeff Man)だったが、その彼が来てくれたのだった。はじまるまえ、こちらをじっと見ている小柄の男がいて、どこかに見覚えがあると思ったら、「覚えていないかもしれないが……」と切り出した。髪に少し白いものがまじったが、面影ですぐ思い出した。彼もいまベルリンに住んでいるという。

　わたしと同じように送信機を使って音を出すサラとクヌートとの共演は、何度もやっているので、すんなりと進んだ。彼女と彼はミュージシャンだが、わたしは、ミュージシャンではなく、ただ電波と戯れ、その結果として音が出て、彼と彼女の

音とからむにすぎないのだが、次第にインタープレイのようになっていくのが不思議だった。

　ダイアナにホテルに送られたら深夜になっていたが、部屋に入って、まだ夕食を食べていないことに気づいた。荷物を置いて、夜の街へ。レストランは閉まっていたが、屋台風の店はいくつも開いていて、ひんやりとした路上のテーブルで食事をした。ふと、70年代後半のニューヨークを思い出した。

2007年11月3日　　ベルリンの「ミニＦＭ」

　先月、ウィーンから東京にもどる日に、インタヴューをしたいとダルムシュタット大学のメディア科の Minh Nguyen という学生が連絡をしてきて、ウィーンでは無理なので、ベルリンで是非ということになった。1時にはるばるホテルにやってきた彼は、名前から想像したとおりヴェトナム人だった。わたしのことは、メディアアーティストでブロードキャスターでもある Sabine Breitsameter からきいたという。科の教授をしている彼女のもとで卒論を書くのに、テーマを「ミニ FM」にすることに決めたという。いまどき日本の学生には、こんなパワーのある（フランクフルトの家からわざわざ来たのだから）のはいないので、新鮮だった。

　近所の喫茶店で話をする。ドイツでは、いま、

iPodトランスミッターのような「微弱電波」を使った「ミニFM」への関心が高く、その「源流」である日本のミニFMについて調べているという。わたしのウェブページは全部見たというが、質問は、わたしがすでに書いたり、動画を提示したりして説明していることとダブる。が、熱意と好奇心は旺盛で、こちらの言ったことを全部ノートに取る。

ドイツの規定では、免許なしに使える「微弱電波」は、0.0005ワットで、これだと通常は10メートルぐらいしか届かないが、規定が日本のように「電界強度」ではないので、アンテナの性能次第では、100メートルぐらいは飛ばせるだろう。しかし、ミニFMの重要性は、もはや、どこまでメッセージを飛ばすかではない。飛ばせることを目的にするのなら、ケータイでいいではないか。

わたしはいま、ミニFMという概念で、脳神経との「交信」のレベルを考えている。ニューロ・トランスミッター(「神経伝達物質」と訳されるが、これではあまりにスタティックな意味になってしまう)としてのミニFMだ。

夕方、Backyard Radioへ行き、みんなでPlaz der Vereinten Nationen(英訳するとUnited Nations Plazaとなる)のマイクロラジオ局WUNPに行く。ここで、nTのエンジェルとヴァレリーがやっている番組に参加するのである。テーマは、「ウェブ2.0」にならった「ラジオ2.0」つまりデジタ

ル化以後のラジオについてである。

　放送のスタイルが、かつての日本のミニ FM 的でなつかしい気がした。この局は、正式の認可を受けているが、誰が聴いているかを全く気にせずに放送している。あとから来た者もそのまま放送に参加してしまうのもそっくりだ。

　放送のデジタル化は、データベースとシミュレイションと AI の機能をエスカレートさせるだろうとわたしは思う。番組を見たり、聴いたりしながら、早送りや巻き戻しも可能になる。ある種の YouTube 化であり、飛行機内のモニターではすでにはじまっていることである。ならばなぜインターネットに合流しないのかと思うが、インターネットを真似ながら、別の技術でその部分機能（情報の送受信）を向上させようというわけだ。が、モデルはインターネットだから、放送のデジタル化のあかつきには、放送自体も変わらざるをえない。わたしには、それは、アナログラジオ／テレビをいまとは別の新しいメディアとして使うかっこうのチャンスだと思うが、なかなかそうはなりそうがない

2008 年 2 月 29 日　　ニューカッスルの AV Festival

　　9 時すぎブライアン (Brian Degger) が来て、今日はタクシーでニューカッスル大学の会場に行く。荷物がなければ歩いてでも行けなくはない距離だ

Ⅲ　日付のある手の旅

ったが、昨夜歩いた場所よりももっとファッショナブルな通りがあるのは新鮮だった。

　AV Festival というのは、10 日間続く街をあげてのフェスティバルで、大学、美術館、さまざまな文化機関が共催しているのだが、わたしが呼ばれたのは、その催しの一つである「音楽とマシーン」というタイトルのコンフェランスと、ISIS Arts が主催するワークショップとに関わるためだ。このフェスティバルの全体を仕切っているのが、わたしの古い友人のオナー・ハージャー。そして、この日の会議に場所を提供し、コーディネートをしているのが、これまたヴァンクーヴァーのウェスタンフロント以来の知り合い、サリー・ジェーン・ノーマン（Sally Jane Norman）だ。この 2 人がやるのでは、「コンフェランス」嫌いのわたしでも、引き受けざるをえない。

ラジオピクニックに参加したサリー

　しかも、発表をする人のなかには、ダグ・カーンやハイディ・グルントマンもいる。ダグは、わたしが 80 年代に書いた英語のラジオ論が載っている本（Cultures in Contention）の編集をした人（いまではラジオアートの研究者として有名）であり、ハイディは、ハンク・ブルを通じて、わたしのことを知り、彼女が作ったクンストラディオに関わる道をつけた。つまりみな因縁のある人たちで、会議嫌いでも、今回は逃げ様がなかったわけである。

どうせ出席するのなら、パワーポイントをぐりぐりやるようなプレゼンだけは避けたいと思い、「レクチャー・パフォーマンス」をすることにした。案の定、他の発表者は、自分の「研究」について話しただけで、デジタル放送の時代における「broadcasting」という会議のテーマにインパクトをあたえるような発表はなかった。

　午前の部のあと、昼飯を抜きにしてセッティングをし、万全の体制でのぞんだわたしの「Deconstruct "Broadcasting"」は、まあ好評だったのではないだろうか。他の発表のときには聞かれなかった歓声と口笛が聞こえたので、勝手にそう解釈している。わたしが昔からやっていることを知っているサリーもオナーも、喜んでくれたからまあいいとしたい。要するに、もう「広くキャストする」（ブロードキャスト）のは意味がないということを理論と実践とで示そうとしたのだ。

　わたしのあと、マルコ・ペリハンが話したが、すでに聞いた話で新鮮味がなかった。オーストラリアのジョイス・ヒンターディング（Joyce Hinterding）とわたしのワークショップコーディネイターでもあるスニハ・ソランキ（Sneha Solanki）のVLF(Very Low Frequency)に関する発表は、なかなか面白かった。彼女らは、軍事目的の電波を受信し、それを音にするという「Radio Landscape」をやっているのだが、これは、マリー・シェーフ

ァーの「サウンドスケープ」にならってわたしが造語した「Airwave-scape」の一つであり、ラジオアートの一つの方向として面白いと思う。

夕方、会議が終わって、夕食を食べる間もなく、発表者の大半が用意されたタクシーに乗って、タイン川そいのアートセンター BALTIC でアトゥ・タナカ（Atau Tanaka）らがジョン・ケージの「Variations VII」を「再演」するのを見に行くことになった。これは、おびただしい無線機や電子機器を使った意欲的な試みだったが、「不可聴の環境から音を取り出そうとした」とケージが言っているのとは、逆の、巨大な「ラップトップ・ミュージック」の感じだった。

明日もまだあるが、わたしの主要な「義務」は終わり、解放された気持ちでみんなと別れた。タクシーに乗り、駅の近くで降り、目に入ったインド料理の店で遅い夕食をした。ビールがうまかった。

2008 年 3 月 3 日　　ニューカッスルの送信機ワークショップ

ＦＭ送信機を作るワークショップは、もう何 10 回となくやっているが、いつも準備には気を使う。

誰にでも作れるといっても、それなりの下準備をしておかないとそうはいかない。作っても動作しなかったら、参加者は失望する。そんなわけで、昨夜は寝るのが遅くなってしまった。開始が午前 10 時なので、目覚ましで起きた。ワークショッ

プの場所は、さいわい、歩いてすぐのISIS Artsのラボ。

コーディネイターのスニハ・ソランキとは、メールで何度も打ち合わせをしたが、彼女は、しっかりとわたしのサイトを調べていて、現場に着いたら、工具類はむろんのこと、配線図から部品表まで人数分のコピーを作ってあった。プロジェクターやコンピュータの用意も万全で、すんなりと開始できた。はじめる寸前、オナー・ハージャーが姿を現したので、「どうしたの？」と訊いたら、様子を見に来たのだという。忙しいのに律儀な人だ。

みずからもワークショップに参加し、送信機を組み立てるスニハ・ソランキ

参加者の大半は29日のわたしのレクチャー・パフォーマンスを聴いているのだが、そのときは、あえてミニFMや自由ラジオのことは話さなかったので、少し映像を見せながら、「レクチャー」をする。

部品を配って、1人だけ完成しかかったところで、階下に昼食が用意してあるというので、全員で部屋を出る。いつも思うが、こういう場所には必ずといってよいくらい、建物のどこかに調理場や食の行為のための場所が設けてあり、「食べる」ことが行事や仕事の一環に入っている。この日は、短時間に食べなければならないということもあり、チーズ、パン、寿司類（いまヨーロッパのどこに行ってもある）、果物、飲み物などが用意されていた。

III 日付のある手の旅

　はじまるまえ参加者が自己紹介をしたら、みんなドクターであったり、アーティストとしてかなりの仕事をしていたりで、すでに自分の領域を持っている人たちがあえてこういうワークショップに興味を示すのに若さを感じたが、そのなかの1人に、でっぷり太り、頭のはげたおっさんがいて、あとでそれが、あの「ヴァン・ゴッホ・TV」（Van Gogh TV）の創始者の1人である Karel Dudesek だと知って、驚く。彼は、いまロンドンに住み、「Do It Yourself Media」というのをやっている。

製作中のカレル

　送信機のワークショップをやると、必ず、「どうすればもっと遠くまで電波を飛ばせるか」、「ステレオにするには？」という質問を受ける。以前は、そういうことをしたければ、既成の製品を使えばいいし、既成の送信機ではやらない／やれないことをするために作るんだとはね返したが、最近は、別の答えをする。

　ステレオにしたければ、2つの送信機を作って、別々の周波数で2つのチャンネルの音を出せばいいという答えと、遠くまで飛ばしたければ、たくさん送信機を作ってつなぎあえばいいでしょうという答えである。

　こういうことは、日本では、ミニ FM の時代にさんざん試したことだが、ヨーロッパやアメリカでは、ラジオ局が一杯で周波数に空きがなく、出来ない相談だった。それがここに来て、状況が変

わって来た。デジタル化に向けて、FM帯が空いて来たのだ。AMに関しては、もう「砂漠」状態になりつつある。この特典をアーティストは利用すべきだ。80年代の日本のミニFMは、規制が強くてがら空きだった周波数を逆用して可能になったのだが、ヨーロッパではいま、アナログ用の電波帯そのものが用済みにされようとしているのだから、それを勝手に利用する好機なのである。

2008年5月30日　　トロントにて

　昔は空港に近づくとわくわくし、機内で胸が希望でいっぱいになるといった気分を味わったこともあったが、最近は、空港に近づくと、いよいよこれから拘置所にでも入らなければならないなというような気分になる。強制的な規則づくめのシスティマティクな建物と運搬装置に15時間以上も拘束されるのだから、わたしの好き勝手な日常とは対極である。

　そんなストレスから、いつも機内ではしたたかアルコールを摂り、ひたすら眠ってしまうのだが、今回は、逆に飲みすぎて、6時間ぐらいで目がギンギンに覚めてしまった。

　そこで、そなえつけのモニタースクリーンで映画を見ることにしたが、タッチパネルをちゃかちゃかタッチしているうちに、画面がフリーズしてしまった。通りかかったフライト・アテンダント

に尋ねると、「画面が変わらないときに何度もタッチするとそうなります。リセットは２度までです」とのこと。わたしは、画面の反応がトロいので、何度かプレイの矢印をタッチしたり、もどしたりしていた。で、彼女が壁のところでどこかへ電話したら、画面がリセットされた。「リセットは２度まで」とは、こういう状態をもたらした場合、２度以上はリセットのサービスをしませんよということらしい。

　ちょっとムカっときて、使うのをやめようと思ったが、用意されている選択画面に「Hollywood Movies」のほかに「Avant-garde」というのがあり、興味を惹かれた。実験映画でも用意しているのかと思ったら、要するに一般受けしない作品や「R指定」の作品をそういうカテゴリーに突っ込んでいるのだった。最近のものでは、「Bernard and Doris」(2007) や「The Savages」(2007) が入っている。

　機内で見せる映画は、都合よく編集されていることが多いので信用しないことにしているが、このモニターで見られる作品は通常の DVD のものと同じヴァージョンらしい。画面は小さいが、早送りや巻き戻しも出来るので、「鑑賞」には耐える。

　レイフ・ファインズは、割合好きな俳優なので、「Bernard and Doris」を見る。ちょっと屈折した愛を描いていて、面白かった。実話にもとづく話

だが、実話臭くない作りがよかった。高慢な女を演じるスーザン・サランドンもいい。

　トロントと東京との時差は13時間なので、東京から来るとほぼ同時刻にトロントに到着する。タイムトラベルだ。イミグレイション、荷物の受け取り、カスタムは手間取らず、すぐにロビーに出る。正面に「Deep Wireless」と書いた紙をもった男性が目にとまった。2年前にも迎えに来てくれたジェイミーだ。すっかり髭が白くなっている。ホテルまでの道中、いろいろな話。この2年間に様変わりしたものの一つはパブリックな場所での禁煙で、その度合いはニューヨーク並だという。それと、路上の監視カメラ。殺人事件をきっかけに、いたるところに監視カメラがつくようになったという。「いよいよデジタル・ヌーディズムが必要な時代だね」とわたしは笑う。

　「Deep Wireless 2008/Without Boundaries」のイベントは5月の初旬からはじまっており、今夜もパフォーマンス・セッションがあるが、わたしは、行くのをやめることにした。いや、ホテルに着いて身づくろいをして外に出たときは、半分そのつもりでいたが、会場とは反対の方向に歩き出してしまい、そのうち、パブやレストランの灯りが目につくと、誘惑されるようにとあるパブに入ってワインを注文してしまった。トロントの夜は長く、9時をすぎたころからようやくあたりが暗くなる。

明日は午前9時から会議だというので、睡眠薬を飲んで早めに寝ることにした。

2008年5月31日　　Deep Wireless Festival

　昨夜早寝をするつもりで10時すぎにはホテルに帰ったが、メールをチェックしようとWiFiを接続したら、えらく電波が弱い。ソフトの問題か、PDAの方だと何とか受信できるが、ノートPCではなかなかつながらない。東京のanarchyサーバーにSSHでアクセスしてサーバー管理もしなければならないが、ままならない。ネット環境はいいというのでこのホテルを選んだが、8階なので、電波が弱いのだろうか？　そんなこんなで、今日のワークショップの準備をしたりしたら、午前2時ちかくになってしまった。

　8時に開くという1階のレストランで朝食を食べ、重い機材を持って、ホテルを出たところに姿が見えたタクシーを呼んで、飛び乗る。何か東京にいるときと変わらない。歩いても行ける距離なので、すぐに会場のReyrson Student Centreに着いた。ホール会場に行くと、知った顔に次々と出会い、熱いハグ。主催者のナディーンとダレンは、あいかわらず忙しく立ち働いている。このイベントは、すでに8年目を迎えるが、2人が実際に体を張って動くことによってこのイベントは成り立っている。サブで働いている人もいるが、オーデ

ディープ・ワイヤレスの創立者のナディーンとダレン

ィオのセッティングでも、ダレンがみずからやり、アーティストとの細かなメール交渉はナディーンがやる。

このイベントの模様は、カナダのFM局CKLNとニューヨークのネットラジオ局free103point9が放送するので、9時からはじまったクリス・ブックスのキーノート・スピーチは、それを意識したものだった。つまりスタジオで次々に音素材を紹介するスタイルだ。彼は、もともと「アート・ラジオ」の人だから、そうなっても仕方がないが、生で見ていると新鮮味がない。でも、これまで色々なラジオ実験をプロデュースしてきた年輪の感じられる顔が魅力的で、わたしには異例の早朝という時間がそう長くは感じられなかった。

天井にたくさんポータブルラジオが吊るしてあるので、誰のインスタレイションかとナディーンに尋ねたら、昨夜のアンナのパフォーマンスの「残骸」だという。そうか、アンナ・フリズが演ったのか、それなら見に来ればよかったと思う。彼女とは、昨年もベルリンでいっしょだったが、最近、ラジオアートの世界では最も注目を集めている人だ。

ラジオアートパフォーマンスをするアンナ・フリズ

終わって、すぐ「ラジオからマルチチャンネル・パフォーマンスまで」というパネルセッション。5人ほどのパネリストが、最近はやりのマルチチャンネルのプラス面とマイナス面を話す。会場

にも、12チャンネルぐらいのシステムがしつらえられており、キーノート・スピーチのクリスも、何度かこのマルチチャンネルを使った音を聴かせた。しかし、このパネルでも、わたしが考える「ラジオアート」に深く抵触する話は聞けなかった。

　<u>昼食</u>はロビーに用意されており、歓談しながら食べることになっているが、わたしは、午後からワークショップがあるので、その準備に追われる。テーブルをセットし、部品をそろえる。このへんは、いつもと同じ。今回若干ちがうのは、これまで送信機の製作に不可欠だったボンドを使わず、工業用の両面テープを使うようにしたこと。これは、日本だと手に入れやすい金属接着用のボンドが、手に入りにくい場合が多いのと、空港でのチェックが厳しくなったことを考慮した結果だ。

　ワークショップには、10年以上もまえヴァンクーヴァーのWestern Frontで会ったザイヌーブ・ヴェルジー (Zainub Verjee) も参加するというので、わくわくしていると、三々五々参加者が集まりだしたころ、ドアの向こうに小柄な彼女の姿が見えた。彼女は、いまトロント近郊のミササガ市に移り、市の要職についている。知らなかったが、今年1月のArt's Birhtdayのとき、トロントに向けて送ってくれと頼まれたストリーミングのライブが、ミササガ市のシティホールの会場のスクリーンに映されたのだという。

10人限定のワークショップは順調に進んだが、途中でこういうことには不慣れな「インドの貴婦人」ザイヌーヴが半田鏝で手に火傷をしてしまう。わたしはすばやくバッグから用意した塗り薬とバンドエイドで手当てをする。半田鏝を使うワークショップでは、しばしば火傷を負う人がおり、わたし自身、指導の最中にうっかり人の半田鏝にさわり、火傷したことがあるので、いつも薬を用意している。

　今回は、まったく半田鏝を持ったことがない人がかなりいたので、予定した時間を食い込み、同じスペースで3時15分からのパネル・ディスカッションがはじまった。声をひそめながら指導し、4時には全員終了。そのままわたしは、ディスカッションを聞く。モントリオールのアーティストのシャンター・デュマ（Chantal Dumas）がフランス語なまりの英語で話すのが、なかなかチャーミングだったが、内容はこれまた「アート・ラジオ」の話だった。パネルだから、どこも同じで、何人もいると、話は断片的になり、つまらない。

　7時から今夜もパフォーマンスがあるが、わたしは、一旦ホテルに帰ることにする。明日も同じワークショップをやらなければならないが、片付ける時間がなかったので、道具や機材を大きなバッグに投げ込んだまま。ちゃんと整理しないと、明日のワークショップがおぼつかなくなる。これも、料理教室と同じで、受講する方には簡単に見

えても、それなりの仕込みがあるのです。

　夜、教えられたイタリア料理店でくつろぐ。場所はチャーチ・ストリートの北端のあたりだが、いつのまにかこのあたりはゲイの街になっており、そのイタリア料理店の客も男同士のカップルとレズっぽいカップルが多かった。ウエイターたちは映像的にどきっとするほど美しい子が多い。ゲイ・カルチャーは、都市の成熟度の指標になるが、歩き回ってみた感じでは、もうちょっと先に行っていいのではないかという感じ。

2008年6月1日　　radio は radiation

　早く目が覚めたが、ホテルでは8時からしか朝食が食べられないので、近くのホテルに行く。ビュッフェ式の朝食を食べ、ふとPDAのスウィッチを入れたら、いきなりネットにつながってしまった。ネットではこういう感じが本来だと思う。おかげでメールをチェックできた。

　海外のホテルで朝食を食べていていつも思うのは、なぜ日本ではこういうスタイルを「バイキング」というのか、なぜ日本のホテルではトレイに乗せたまま給食みたいなスタイルで食事をしている人が大半なのだろうか、ということだ。「バイキング」は、帝国ホテルかどこかで考案した名前らしい。給食スタイルも、そのときから定着したのだろうか？

キーノート・スピーチのあとパフォーマンスも演ることになっているので、普通なら開演の２時間ぐらいまえに会場に「入る」のが普通だが、今回、キーノート・スピーチの「付録」としてパフォーマンスも演ることになってしまったので、セッティング時間がスピーチのノリなのだ。これは、演る方にとってはプレッシャーになる。普通ならやらないところだが、「理論」と「実践」との関係が単なる外挿関係ではないことをマニフェストするいいチャンスでもあるので、受けた。

　スピーチでは、３月のニューカッスルでの脱ブロードキャスティングと先日のKHMのためのリモート・レクチャーでのradio=radiationに関する話をさらに広げた。ただのスピーチをしてもつまらないので、電波（airwaves）というマテリアル／マテリーを変形するための一つの方法として、ジル・ドゥルーズが『襞』のなかで言っている「モナド」解釈を引用しながら、紙を取り出し、そこにプリントしても字を書いても、所詮は、紙というマテリアル／マテリーを「媒介／メディア」（medium）として使っているにすぎないが、一枚の白紙をぐちゃぐちゃに揉むと、それが「屑」になり、「媒介／メディア」としては通用しなくなり、その結果、ベンヤミン／アドルノ的な「廃品・屑」の層が生まれ、そこから、その一つひとつの「襞」がマテリアル／マテリー的な「多孔性」につながってい

くのではないか……という方向に持っていった。

　パフォーマンス自体は、グラーツ／ベルリン／ニューカッスルで演ったものと同じスタイルのものだったが、電波の「襞」をさぐるという意識は今回、キーノート・スピーチを書くなかで発見できたもので、そのおかげで、パフォーマンスのスタイルが少し変わったと思う。反応は、パフォーマンス後に次々に出された観客からのコメントで、手ごたえありという印象を受けた。

【追記】早速ブログでこう書いている人がいるのを教えられた：
attended tetsuo kogawa's lecture and performance at 9am this morning. i am completely blown away. it is rare that such a level of theoretical grounding and articulation accompanies such masterful artistic execution. or at least its rare that we get a glimpse of both sides. kudos to naisa (see link above) for a) programming kogawa san and b) creating a context for both of these sides of this amazing artist.
(http://oldmonkey.wordpress.com/2008/05/31/deep-wireless/)

　海外で何かを演るのは、元気をもらうためだから、お世辞でも反応がよい方がいい。でも、いっぺん、会場から非難轟々のパフォーマンスというのを

演ってみたいという願望もある。本物はそうなるはずだ。だから、わたしのはニセモノなのである。

　次のセッションでは、アンナがテルミンについて話した。話のなかでわたしの名前が何度も出たが、発端はわたしが「Micro Radio Manifesto」で書いていることのようだ。テルミンの発想自体は radiation としての radio art なのだが、それが「楽器」の方に遊離していった。

　続いてあのチャーミングなシャンターがパブリックアートとしてのラジオの話をしたが、彼女がポインターを当てた Mac のアイコンから予定した音も映像も出ず、彼女はしきりに笑って場を作ろうとする。西洋人がこういうシーンで笑うのは、取り乱しているときで、笑えば笑うほど、会場は白けてくる。コンピュータによるプレゼンの恐ろしさ。飛び出していって、抱きしめてあげたい感じでしたね。

　昼になり、ビュッフェの出ているロビーに出たら、みんながわたしを見る表情がちがっているのに気づいた。ただほほえむだけでなく、軽く目礼する感じなのだ。「さっきのはよかった」と話しかけてくるのもいる。このへんは、フランスや日本よりも素直なのだと思う。いや、いま世界で一番素直でないカルチャーを発達させているのは日本かもしれない。それは、それで面白いものを生んでいるのだが、そのコストも大きい。

サンドウィッチを食べる間もなく、午後のワークショップのセッティング。今日は、もう1台送信機を作り、アンテナの作り方を教える。この種のワークショップで、近年わたしは、遠距離に電波を飛ばすことを軽視するような教え方をしてきたが、このささやかな送信機でもちゃんとしたアンテナを付ければかなりのところまで飛ばすことができるのだということを示しておきたいと思ったのだ。

　このあともう1セッションあったが、それは失礼し、ホテルに帰る。いささか消耗したが、一仕事したという充実感はある。

2008年8月4日　　Sound Effects Seoul Radio 2008（SFX）

　ソウルのインチョン国際空港に着き、通関を済ませてロビーに出ると、「Cogawa Tetsuo」という紙を持った学生風の女性がいた。「Kogawa」を書きまちがえたらしい。SFX (Sound Effects Seoul Radio) 2008のボランティアのミンソ・キム (Minso Kim) さんで、以後、正味4日間、キメの細かいアシスタント役をしてくれた。

　エアポートバスに案内され、1時間ほどでインチョンの繁華街に着いた。荷物が重いので、バスだとヤバイなと思ったが、ホテルまではすぐだった。陽射の暑い路上の屋台車で何やら真っ赤なものをぐつぐつ煮ながら売っているおばさん。それ

は、どうやらイタリア料理のニョッキのようなものらしい。ホテルでチェックインの作業を済ませ（パスポートは、さっとスキャナーにかけてコピーを取るところがテクノ先進国の韓国らしい）、Minsoさんが現場の下見に連れて行ってくれるというので、部屋（簡易なキッチンのついた広い部屋）まで来てもらう。部屋に入って二人だけになったら彼女が緊張したのはおかしかった。

　現場の電波状況を調べるための用具だけをバッグに入れて、ホンデ（Hondae）のハット・ギャラリー（Hut Gallery）へ向かう。街を見たいので、歩くことにした。なぜか、結婚衣装の店が多い。看板はほとんどハングルだけだが、街の雰囲気はわたしには「ヨーロッパ」を感じさせた。路地には、外見が日本のそれに似たところもたくさんあるが、日本の都市とは基本がちがうような気がした。ソウルに「文字化けした東京」を見る人もいるそうだが、バカじゃないかと思った。

　ホンギク大学駅が近づくと、急にあたりが「ロンドン」風になってきた。これも、池袋や渋谷とはちがう。う〜ん、これは、予想以上にわたしの体質に合っているなぁと思いながら、（高い建物を省略した）ニューヨークのイーストヴィレッジのような一角を抜けて、路地に入ると、ボヘミアン・カルチャー的な雰囲気をただよわせたスペースが見えた。

Ⅲ　日付のある手の旅

　わたしを呼んだバルーシュ・ゴットリープ(Baruch Gottlieb)が出てきて、「ついに会えましたね」と固い握手をする。彼は、20年まえにわたしがモントリオール・ツアーをしたときから、わたしに関心を持っていたという。2階の全フロアーをあてがわれたが、オーディオシステムはなく、ギターアンプを用意してもらうことにした。すでに別のビルに10ワットのFM送信機がセットされ、この部屋の一角にしつらえられたマイクから、このスペースの音が放送されるようになっていた。免許は取っていないので、「海賊放送」ということになるが、2004年以後、韓国の放送は日本とは大違いに「自由化」の道を進みはじめた。まだ、商業的な「自由化」が主流だが、ポテンシャルとしては、「自由ラジオ」の可能性がある。

　打ち合わせを済ませ、ギャラリーを去る。路地は、日本とも似たところがある。ホンギク大学駅まで歩き、地下鉄に乗る。駅の表示に必ずアルファベットが併記されており、車中からそれがはっきりと読めるので、迷うことがない。市内の中心部ならたったの900ウォン（このときは約100円ほど）で行けるというのもすばらしい。Minsoさんが用意してくれた英語表記だけの地下鉄地図もありがたい。日本では、韓国の町名や人名を漢字表記する悪習がまだ続いているので、まわりくどい。たとえば、「シンチョン」とか「Sinchon」

ミンソさん手製のソウル部品街地図

と表記すれば済むのに、「新村」などと書くので、どう発音してよいかわからない。漢字は、韓国では、中国と日本の支配のいまわしき記憶を思い出させる記号であるわけだから、日本でも、もうそろそろ漢字表記をするのをやめた方がいい。地下鉄は、「弱冷房車」や「優先席」があり、日本と似ているが、「優先席」に若者や中年は座らないのが違う。

　ホンデは、学生街でもあるからか、日本ではよく出会う「アクの強い」感じというか、存在感があるというか、そういう感じの韓国人に出会わない（その後、ジョングロサムガのジョンミョ公園の近くに行ったら、そういうタイプの人だらけだった）。みな、モダンであり、しかも、肥満している人がほとんどいない。地下鉄のなかで人々はためらうことなくケータイを使っている。これも、ヨーロッパと同じである。野菜を売るおばさんとか、子どもに手を引かれた盲目の物乞いなども欧米的。

　シティ・ホールで降りて、体感にまかせて歩いて行ったら、ナムデムン・マーケットに出てしまった。ここは、アメ横と昔の下北沢を合わせて、思い切りスケールを大きくしたような場所だった。さらに歩いて行くと、ブランドものの店が立ち並ぶ通りに入った。ミョンドンである。ここは、原宿・青山的でもあるが、むしろ、ロンドンのソーホーやニューヨークのヴィレッジの方に近さを感じさせる。

腹がすいたので、たまたま目についたイタリアン・レストランに入る。わたしは、海外に行くと、必ず一度はイタリアンを食べてみる。好きであるのが最大の理由だが、いつもいろいろな国でイタリアンを食べているので、異郷に来てイタリアンを食べると、その土地の食感覚がわかるのだ。せっかくソウルに来たのだから、コリアン・フードを食べた方がいいのだろうが、そのチャンスは明日以後、いやおうなく訪れるはずだ。

　そのイタリア料理店のなかは、ズキンとするほど冷房が強く、汗ばんだ身体には少しきつかった。地下鉄の冷房も、かなりきつく、ひと昔まえのアメリカの感じ。で、料理：パスタは（麺の文化のせいか）なかなかうまい茹で加減だったが、アラビアータの唐辛子の味は、キムチと同じにおいがした。クリーム系のものが「特殊」だとはきいていたが、モツァレラ・チーズも、甘みの強いクリームのような味がした。値段は、同等のものとしては、日本より安い。

　シンチョン駅にもどり、コンビニ（実に多い）でビールを買って帰る。暑いので、昼間から何度もビールを飲んだが、なぜか「バドワイザー」がうまいのだ。韓国製の Cass もうまいが、こんなのビールじゃないと思っていたバドワイザーがうまいのは、なぜかと考えた。こちらの味覚の変化のためか、それ自体の違いか？

2008年8月5日　　ソウルでのパフォーマンス

　昨夜、今日のパフォーマンスの準備などをしていて、起きるのが9時をすぎた。日本では、こんな時間に起きることはないが、ホテル暮らしのときは、「正常」の時間帯の生活になる。

　遅い朝食あるいは早めの昼食をしようと、ホテルの周囲を少し歩く。路地裏の小さな店で見るからにうまそうなものを食べさせているのだが、注文の仕方がわからない。肉を食べないので、外見で頼んで出てきたものが肉系ではいやなので、結局、伝統料理を食べるのは、今夜にのばすことにし、近くのヒュンダイ・デパートの10階のレストラン街でインド料理を食べる。まずCassビールを一杯。早いので、客はほとんどいない。習慣でウェイトレスがいちいち頭を下げるので、恐縮してしまう。昨日、ナンデエモンの街頭でペコリと頭を下げる人がいるので、知っている人かと思ったら、食べ物屋のビラを配っているおばさんだった。で、インド料理だが、少し気取っている店らしく、量が少ないうえに、味にパンチがない（韓国料理の辛さに対抗するパンチがない）不思議なインド料理だった。

　ホテルにもどり、明日しゃべるレクチャーの英文原稿を書いていたら、突然、停電になった。雷もなしに白昼いきなり停電という経験はしばらく

ぶりなので、新鮮な驚きがあったが、10分後には復帰した。

　3時すぎ、機材を詰め込んだバッグをかかえて、地下鉄に乗る。ソウルのタクシーは安いので、500円も出せば、現場に直接行けるのだが、街を歩いてみたかったのだ。

　ホンギク大学駅で降り、SFXのパンフの地図を見たら、ハングルでしか場所が書かれていなかった。仕方なく、昨日の体感記憶をよびさまし、それを頼りに歩く。スターバックスと「魚」という文字の看板を覚えていたので、そこを左折し、しばらく行くと、カジュアルなブティックなどが立ち並ぶ通りに出たので、そこをしばらく行くと、明瞭に記憶されている通りが見えた。

　3時すぎにHATギャラリーに着いて、セッティング。一応、オープニングのメインイベントということになっているので、緊張して早めに来たが、昨日頼んだものはまだ用意されていない。しばらくして、企画者の一人のヤンさん (Ji-Yoon Yang) があらわれた。わたしに最初にメールをよこしたのは彼女だ。ちょっとイ・ヨンエに似ている。メインの企画者のバルシュ (Barch Gottlieb) は、せわしげに動きまわっている。メインのスペースと別室のようになった空間の両方でビデオを映すことになっていたので、「自由ラジオからラジオアートへ」というテーマのDVDを何枚か編

集して持ってきたのだが、その上映環境の準備が出来ていない。そのうち、『East Bridge』というネットジャーナルがインタヴューしたいが、いいかという話。いいけど、そんなことより、はやくアンプを出してくれよと思いながら、5時すぎにはセッティングを終える。

　6時すぎにスタートなので、一旦ギャラリーを出て、あたりを歩く。ギャラリーが何軒もあり、ホンデでも「ジェントリフィケイション」がはじまったという感じ。イタリアンカフェを見つけ、入る。エスプレッソを飲みながら、外をながめ、気を休める。パフォーマンスや講演のまえに過ごすこういう空白の時間が好きだ。ときとして、そのままさぼってしまいたいと思うこともある。

　HATギャラリーの1階では、壁にスピーカーを埋め込んだインスタレイションや、壁からセンサー付のスピーカーをぶら下げたインスタレイションなどが展示されている。こちらは、フロアの一角に飲み物と食べ物などを出し、いわゆるオープニングの雰囲気だ。その客たちが、1階をしばらく散策したのち、2階にやって来る仕組み。が、6時まえに2階にもどったら、床に客がたくさん座っていた。そのうち、狭いスペースが人でびっしりになった。わたしは、隣室で時間を待つ。ここだけが冷房が効いている。パフォーマンスのスペースはすでに相当の温度。

わたしがやったのは、小さな送信機で電磁波の重層的環境を作り、それを両手の微妙な動きで変化させ、それを音として表現する（映像でもいいのだが）という近年入れ込んでいるヴァージョン。が、面白かったのは、温度と湿気のために、ヨーロッパで演ったときには、わずかの手の動きで変化したリアクタンスが、一向に変わらず、その分、大きな手の動きを要求されたことだった。

第1部を好評のうちに終わり、質問のコーナーになった。この模様はすべて101.5MHzのINVENTION/FMでライブ放送されたのだが、客のなかにはノイズミュージシャンやキュレイターもいたので、けっこう実のある質問が出た。

インターミッションののちの第2部では、第1部で出した（たまたま出た）音と同質のものをシンセサイザーとエフェクターで出す試み。要するに、なぜ電波と戯れるのか、音だけならば、コンピュータで済むでしょうということを実証して見せる。

打ち上げは、居酒屋風の店で、鍋物をみなでつついて食べた。飲み物は大半がビールで、マッコリを飲んだのは、カナダ人のちょっと気どった女子学生だけだった。バルーシュの教え子らしい。

タクシーを拾ってもらってホテルへ。毎度のことながら、すぐには眠りにつけそうもないので、近くのコンビニへビールを買いに行く。

2008年8月6日　　韓国のホスピタリティ

　海外に出ると早起きになる。日本と同時間のソウルでも早く起きた。今日は朝食付のサービスを試してみようと、14階の「ラウンジ」に行ってびっくり。エレベータを出ると、すぐにテーブルがあり、人が並んでいる。泊り客であるかどうかのチェックもない。大半はビジネスマン風の韓国人。並んでいる食事は、一応「コンチネンタル」。人々は、無言でどんどんパンやスープや果物を取ってテーブルに行き、無表情で食べている。形式は「ビュッフェ」だが、どこかちがう。食べ終わると、皿を返すのだが、残ったもの、ナイフ、フォークを別々の「穴」に放り込む。たしかに、合理的ではある。いや、世界で一番合理的な「ビュフェ」式朝食ではないか？

　部屋に帰って、今日の「講演」の準備をはじめる。わたしは、「講演」はしないとバルーシュに言ったのだが、無理矢理やらされることになった。おそらく、謝礼を捻出する関係でそうなったのだろう。

　昼ごろ、Minsoさんが「Sorry, sorry」と言いながら迎えに来る。別に謝らなくていいのだが、地下鉄をまちがえて15分遅れたのを詫びる。かえってこちらが恐縮。タクシーに乗せられ、Soongsil大学へ。新しい、とてもアメリカンなキャンパス。学生たち優雅。環境は、わたしのいる大学なんかよりはるかにいいのではないかと思う。

1時からはじまったシンポは、Sound Effects Seoul Radio 2008 のキュレイター、Ji Yoon Yang のイントロではじまり、サウンドアートについての「学会」風の発表が続いた。サウンドスケープ・デザイナーの Bahn Do-heon がホイスパリングで通訳しようとしてくれたが、すべて韓国語のスピーチなので、ジューンのスピーチでわたしの仕事への言及があったことぐらいしか、内容はほとんどわからなかった。

　3時からは、バルーシュが英語でイントロをやり、それからわたしの番になる。マイクロラジオとそのセラピューティックな機能についてパワーポイントを使って話した。英語から韓国語への通訳はジューンがやってくれた。ヨーロッパやカナダで話をするときのような反響は感じられなかった。そのあと、2004年からはじまった新放送法のもとで「Mapo FM」コミュニティラジオをやっている Changjiu Kim と、「Vaseline Project」という移動ラジオ（不法）をやっている Sangmoo Chung がプレゼンし、ジューンのホイスパリングで理解できる範囲でも、なかなか面白く感じた。質問の時間に、（あとで、昨日も来てくれたノイズミュージシャンの Park Seung Jun だとわかった）若い人が「ラジオホームラン」の内容について少し突っ込んだ質問をしてくれ、話が進んだ。

　終わって、近くの居酒屋風の韓国レストランへ

打ち上げに行く。知らなかったのだが、その店は、第1部で話をしたJieun Rhee教授のおすすめの「カルビがうまい」店なのだった。しかし、わたしは肉を食べないので、教授の歓待に応えることができなかった。教授は表情を変えず、「魚もうまいですよ」と英語で言い、焼き魚や豆腐と野菜の鍋などを注文してくれた。それらはみなうまかったが、ふと気づくと、全員が肉ではなく、魚を取っているのだった。ここでは孔子道徳（？）が生きており、あくまでゲストを立てるのだ。恐縮。

2008年8月7日　　真夏のアジア風ワークショップ

　7時に起きて、コンピュータを開いたら、バルーシュから、今日のワークショップの道具と機材についての問い合わせのメールが入っていた。深夜に入れたらしい。今日の午前に買いに行くという。相当な泥縄である。来るまえからさんざん説明したことを繰り返しているので、ちょっとムカっとして、メールの返事に、昨日のシンポのお客の反応のひどさについても書いてしまう。

　8時すぎにラウンジに行き、朝食を食べる。インド系の人と目が合い、話をはじめる。アメリカの大学の先生で、経済学の集中講義に来たという。

　部屋にもどると、バルーシュから3通もメールが入っている。「軍事政権がつづいた韓国では、依然、オールタナティヴな発想はデリケー

ト で……」、しかし「わたしたちが必要だったのは、あなたの発表だけであって……」などと書いてある。おいおい、あの日は、「Vaseline Project」のような「過激」なのもあったじゃないかと思うが、彼は、わたしが相当気分を害していると思ったらしい。わたしとしては、相手がカナダ人だから直截にものを言ってもいいと思ったのだったが、彼は、長い韓国滞在ですっかり「年長者を敬う」文化に染まってしまったらしい。彼は、この3ヶ月間の打ち合わせのメールのなかでも、「Hi Tetsuo」はむろんのこと、「Dear Tetsuo」とも書かなかった。「Professor Kogawa」なのだ。

　昼になって、いささか「健康」にも腹がすいたので、(夜のワークショップもひかえている)「味見実験」はできないと思い、Hyundaiデパートの10階にあるイタリアンに行く。カースビールを飲み、ワインをとり、前菜とパスタを食べた。味は、日本のデパートにある「有名店」ぐらいの味。

　HATギャラリーに着き、すぐに準備をはじめる。とにかく暑い。水を2本買ってきたが、すぐに飲んでしまう。細かい部品を12人分えりわけなければならないが、部屋が暗く、部品の文字が見えないので、外に出てやることにする。大分たって、下から横長の重そうなテーブル(というより「ちゃぶ台」)が運ばれてきた。なんと、運んでいるのは全員女性たち。男はどうしたのか?

部品の配分をしている途中で、部品が足りないことに気づく。実は、これ、部屋が暗かったので、色のバーコードを読み違えていたのだったが、ホテルに取りにもどる必要を感じる。どうも、今日は運がよくない予感。タクシーはすぐにつかまり、部品を持って、もどる。普通は、ストックも全部持って出るのだが、わたしの無意識のどこかで、「この程度でいいか」といった意識がはたらいていたのかもしれない。すでに、ワークショップがはじまる6時になっており、タクシーでギャラリーの近くに来たら、ジューンが、心配そうな顔で外に出ていた。

　部屋が狭く、暑く、おまけに参加者が座って半田付けをするので、ひとりひとりの世話をやくとき、いちいち腰を下ろさなければならず、わたしには相当の苦行であったが、9時すぎ、全員がFM送信機を完成させて、みな興奮の面持ちで帰っていった。ワークショップのあいだ、バルーシュとジューンは、かたわらのマイクで部屋の模様を放送し、わたしもときどき、めんどうを見る手を休めてしゃべった。まあ、1998年のブリュッセルのときに次ぐ「異様」なワークショップだったが、やった意義はあったと思う。

　9時すぎ、ワークショップも見学したネットマガジン『East Bridge』のSonya Kimのインタヴューを受ける。1階の涼しい展示会場で話す。質問

が的を得ているので、1時間近く話してしまう。

　10時すぎ、近くの居酒屋で打ち上げ。深夜近く、ジューンの運転する車でホテルに送られる。疲れたが、そのまま寝る気にはならず、といってどこかのバーに行くエネルギーはなさそうなので、ビールを飲むことにする。

2008年8月22日　　Nemaf (New Media Festival in Seoul)

　実は、前回の訪韓は、順序が逆だった。今回の旅は、ずいぶんまえから計画されていたのである。ほぼ1年前、Lim Kyung Yongという人から突然メールをもらった。彼は、Mediabus Publicationという活動をやっており、そのムックにわたしの「Toward Polymorphous Radio」という論文を転載したいというのだった。この文章は、もともと、Banff Centre for the Artsの論集『RADIO rethink: arts, sound and transmission』(1994)のために書き下ろした文章であるが、すでにわたしのanarchyサイトにコピーライト・フリーで掲載してしまっているので、わたしはすぐに全然問題ないむねをリムさんに伝えた。

　以後、メール交換がはじまり、一度ソウルでミニFMと送信機製作のワークショップか何かをやってくれないかという話になった。韓国は、わたしにとっては、近くて遠い国であったので、機会があれば是非行きたいと思っていた。「近い」と

いうのは、キム・ジハ以来、わたしは韓国の文化や政治運動から多くを学んだし、心情的に支援もしたからだ。この10年の韓国映画の飛躍にも関心を強めてきた。「遠い」というのは、「軍事政権」のイメージや、韓国の活動家をまじえた集会などに「KCIA」とおぼしき人がいたり、その昔ソウル経由でニューヨークに行ったときに空港で受けた厳しいチェックといった陰惨なイメージがつきまとっていたからだ。それは、大分まえにわたしのなかで消えつつあったが、ラジオ関係でしか海外に行かない（まあ、ほかに暇もない）ので、ソウルに行く機会はなかった。しかし、2年ほどまえ、放送法が変わったり、ラジオの風向きがわたしの方に向いてきた。

　ワークショップなどの打ち合わせをメールでリムさんとしている3月のある日、まえに書いたSFXのJi-Yoon Yangさんからメールが届いた。そのとき、わたしは、てっきりリムさんの根回しか何かで彼女がわたしにコンタクトしてきたのかと思った。事実はそうではなく、両者は無関係で、SFXの方はカナダ・コネクションだったのだ。

　SFXの招待が来てから、リムさんに、どうせなら、SFX主催のわたしのワークショップに合流しないかと提案した。が、彼は、その時期に、別の企画を進めていた。それは、毎年行われるNemaf (New Media Festival in Seoul)のなかにわたしの招待

を突っ込むことだった。奇しくも、それが、SFXと同時進行しており、そのためにわたしは、二度に分けてソウル訪問をすることになったのである。

　ソウルまでは、飛行機であっという間だが、荷物のパッキングや成田でボーディングを待つのは、ヨーロッパへ行くのと変わりがない。午前11時すぎ、成田に着き、チェックイン。バーでビールを飲みながら待つ。ある意味では無駄でバカな時間だが、ふだんはしない瞑想の時間をすごせる。今回は、アシアナ航空を使ったが、この会社は、いまどきめずらしいサービスぶりで驚いた。欧米の飛行機のサービスはますますひどくなっているので、その差が新鮮だったのだ。「古きよさ」を新しい感覚でとらえなおしているというのは、ほめすぎか？

　前回の経験で、インチョン空港から市内に入るには、バスが一番であることがわかったので、イミグレイション（けっこう念入り）が終わって外に出ると、12Ａの乗り場から6015というバスに乗った。最初のストップ地がマッポで、わたしのホテルは、バス停の真向かいだった。

　チェックインしてからしばらくして、リムさんのパートナーのヘレンさんから電話が入った。2時間ぐらいしたら、彼がホテルに来るという。じゃあ、少し散歩でもしようかと窓外を見たら、さきほどはそうではなかったのに、どしゃぶりにな

っていた。傘を買いながら散歩しようと外に出たが、ソウルの雨はディープで、たちまちぐっしょりと濡れてしまった。コンビニ（実に多い）でビニール傘を買い、周囲を歩きまわる。居酒屋風の店が立ち並ぶ一画があり、ちょっと下北沢に似ている。

リムとヘレン

最初に電話してきたヘレンさんは、流暢な英語をしゃべったので、リムさんのパートナーは英語系のひとかと思ったが、わたしのホテルにやってきた彼女は、キム・ヒソンにちょっと似た韓国人だった。そして、それからしばらくしてあらわれたリムくん（こう呼びたくなる）は、韓国というより、中国の農村の「大人」（辞書には「たいじん＝徳のある度量の広いひと」とある）の風貌をした青年だった。

8時すぎ、リムくんが、友人のシムさんを連れてホテルに来た。初めて会うが、そんな感じはしない。会話はすべて英語。すぐに外へ出て、先ほどわたしが見たあたりの、マーケットのなかの細い道の奥にある非常に庶民的な食堂に行く。肉を食べないわたしのために豆腐と野菜の料理を取ってくれたが、なかなかうまかった。2人は、映画製作の仲間で、映画の話で盛り上がった。

明日のワークショップのスペース（Ssamzie）を見ておいた方がいいということになり、地下鉄でSangusまで行き、ホンデの現場に向かった。こ

のあたりは、前回も見たが、実に活気づいている。むかしのニューヨークのヴィレッジみたいだ。大分歩いたが、現場はすでに鍵が閉まっており、部屋そのものを見ることはできなかった。

　近くの居酒屋にヘレンさんたちがいるというので、合流する。zine を作るワークショップのあとの交流会だとのことで、彼女の生徒たちが何人もいた。みな、ビールを飲んでいるが、旧世代のように強い酒をがぶ飲みするようなことはしない。全然飲まない若者もいる。帰りは、タクシーでホテルへ。

2008 年 8 月 23 日　　ワークショップ

　日本と時差はないのに、ヨーロッパやカナダに行ったときと同じように、早起きをする。なぜだろう？　朝食をしようと、外に出たら、ホテルの入口にウェディングドレスを着た女性とその父親らしい人がいた。彼女と彼の着ているものがバリッとしており、まるで 50 年代のハリウッド映画の感じだ。韓国では整形率が高いというが、彼女の「女優」のような顔も整形だろうか？

　韓国の朝食のスタンダードというのを知らない（ほとんど予備知識なしで来ている）ので、開いている店があっても、入りづらい。若い人は、スターバックスやその類似の店でパンとコーヒーなんかを食べている。が、海外に来ると、朝、腹が

減るという癖があるわたしは、もうちょっとしっかりと食べたいなと思う。結局、ホテルにもどり、そのレストランで「アメリカン・ブレクファースト」を取る。が、これは、ひどかった。どうやら、このホテルは、「虚飾」傾向が強いところらしく、格好だけ「洋風」をよそおっているのだ。けっこうの値段なのに、量も少ない。

　昼まえ、材料と道具をつめた大きなバッグをかかえて、地下鉄で Hongiku University 駅へ。街の人に道を訊きながら、現場の Ssamzie Space へ。入口のガラスのドアを押し、なかを見てびっくり。何とその1階の全スペースが、あの「ラジオホームラン」展になっていた。前田敏行が10数年にわたって撮り続けた写真を壁一面に張り、その由来が表示されている。奥では、加藤到や伊藤陽宏が撮ったビデオがプロジェクターでくりかえし上映されている。写真もビデオも、リムさんの依頼でわたしがネット経由で送ったファイルからのものだが、こんな使い方をするとは思わなかった。彼の言では、「いまソウルには、ラジオホームランが必要なんです」と言う。彼は、日本の80年代にことのほか思い入れをしており、ソウルのアートや都市文化が日本の80年代と共通するものがあるのだという。

　彼らが担当するスペースの総テーマが、「Useless Resistance Zone」だということはメールで聞いて

いた。その意味なら、わたしのワークショップは、(1) 作る送信機は大して電波が飛ばない、(2) 使用する部品はいまでは「無用」のアナログ製品、(3) それが本領を発揮するのは、メッセージの伝達としては「無用」であり、まさに「Useless Resistance Zone」のテーマにぴったりだとはメールで告げていた。しかし、こういう形の展示をやるとは思わなかった。地下には、延々と雑談しながら zine などのアイデアをつむいで行くグループ「Irregular Job Zombie」のコーナーもある。

ワークショップの通訳はヘレンさんがやり、順調に進む。やり方は、またしても「アジア」方式で、床にゴザを敷き、そのうえに段ボール箱をならべて、座ってやった。何度も腰を折らなければならないので、畳生活をほとんどしたことがないわたしにはつらい。が、全員送信機を作りあげ、解散。今回も、ノイズミュージシャンの Seung Jun さんが熱心に参加してくれた。ギャラリーの女性から、古典的な麦藁帽（かつて日本では多くの人がかぶっていたが、日本でも韓国でももう街では見かけない）をプレゼントされた。

打ち上げの場所に行く途中、Nemaf の企画の中心になっている Igong というスペースに連れていかれた。そのリーダ格の Kim Yannho さんが出てきて、わたしに Nemaf の資料と T シャツの包みをどさっと渡す。路地裏の居酒屋・食堂で飯を

段ボールの上での半田付けは立て膝で。

Nemaf の麦藁帽をかぶるスタッフ

食いながら話をしているうちに、彼女がシューリー・チェンの知り合いであることがわかった。特別展をやったという高山仁監督の話なども出て、日本の「左翼運動」の話になる。

近所で Nemaf のプログラムの「オールタナティヴ映像展」が野外で行われており、ビールも出るから行かないかというので、みんなで行く。荷物が重いので歩くのはつらいなと思ったが、日本語を話すハンソルさんが断固としてわたしのバッグを持ち、10 数分の道をわたしは手ぶらで歩くことが出来た。ヤンホさんもそうだが、年令的に少し上のせいか、年上の者を敬うといった韓国の古い文化を維持している感じ。

野外のスクリーンに次々と上映されたのは、いわゆる実験映像だが、わたしは、Lim Mi Rang の「Voiceover God」という作品を面白く見た。時代をニュースのコラージュなどを使って批判的にとらえている。

タクシーで遅くホテルに帰り、ビール。

2008 年 8 月 24 日　「ソウルの秋葉原」

昼まえにホテルを出て、地下鉄で Itaewon へ。ワークショップに参加した Hansol さんからすすめられた場所だ。「国際的」なミックス・カルチャーがあり、米兵同士の喧嘩で死人が出たりする場所もあるというので、是非行ってみたいと思っ

た。

　駅でイスラム系の衣装を着けたカップルを見た。ソウルでは初めて。空港でも見かけなかった。うん、これが「街」というもの。通りへ出ると、なぜか「なつかしい」感じがした。路地がサンフランシスコの下町を思い出させる。ひとまわりし、駅を出てすぐに目についたイタリアン・レストランに入る。朝食をしていない。開店してすぐの時間なので、客は一組だけ。

ソウルを歩くには英語の地図のほうが便利な気がして、The Beetle Map を愛用した。

　前菜にモツァレラチーズのディープフライを取ったが、妙なクリーム味がした。一体に韓国ではクリームの味が特殊だという。簡単に言えばまずいというのだが、わたしはちゃんとした比較をしてはいない。ただし、このモツァレラは特殊だった。カベルネ系ではないものを求めたが、グラスで飲めるのでおすすめはカベルネ系のチリワインだというのでそれにする。わたしはカベルネ系が苦手なのだが、そう悪くはなかった。パスタはアラビアータのソースのスパゲッティ。韓国で唐辛子を使ったものを食べるのは、面白い。アラビアータが「キムチ味」と接近遭遇するようなところがあり、その店がどの程度「異国味」を意識しているかがわかるからだ。キムチに使うのと同じ唐辛子を使うと、アラビアータが韓国味になってしまうわけだが、この店のはそうでもなかった。麺の国なので、パスタの茹で方はどこも（ヨ

ーロッパより）繊細だが、ここのも悪くなかった。

　通りを歩き回っているうちにあっという間に時間がたち、ホテルでリムさんと待ち合わせをする時間が近づいた。地下鉄でもどるが、出口をまちがえ、遠回りをした。ロビーを見回すと、リムさんはおらず、Seung Jun さんの姿があった。昨日、リムさんは、わたしを「ソウルの秋葉原」と（日本では）言われる Yongsan に案内すると言った。どうやら、彼が映画の編集で動けなくなり、代わりに Seung Jun さんが来たらしい。

　Yongsan には、前に一度行ったことがあるが、猛烈に暑い日で時間もなく、駅の周辺の店を見ただけだった。が、その経験だけでも、ヨンサンを「ソウルの秋葉原」と言うのはまちがいであることがわかった。むしろ、秋葉原が「東京のヨンサン」なのであり、店舗の規模や数は秋葉原をはるかに上回るのだ。

　少し道に迷ったが、遊歩と会話を楽しみながら、Seung Jun さんとヨンサンの駅の向こう側に行く。教会帰りのファミリーなどの姿もあり、彼は、「このあたりの人はみなクリスチャンだから、店も閉まっているかもしれない」と言う。たしかに、部品をあつかっているらしい小さな店はみな閉まっていた。が、だんだんわかってきたことは、そもそも、このあたりは、完成品の店が主で、もはや電子部品屋街ではなくなっているということだっ

た。そういえば、前回、SFX のバルーシュが、電子部品屋は Jongno だと言っていたのを思い出した。また、SFX でわたしの世話をしてくれたミンソさんが、わたしのために作ってくれた電子街マップが、(もらったときはヨンサンのだと思っていたのだが) 実は、Jongno のラジオマーケットのものであることに気づいた。

　巨大な Yongsan 駅にもどり、Jongno-sam-ga まで乗る。駅を出たら、とたんに雰囲気が他とはちがっていることに気づいた。路上の飲食パーティがいたるところで行われているのだ。アルコール類は、ビールよりもマッコリ。ぐっと「庶民的」で、わたしが日本で目にした在日韓国人・朝鮮人の街の雰囲気に近いのである。Seung Jun さんにとっても、こういう雰囲気はめずらしいらしい。たしかにホンデあたりとは全く違う雰囲気だ。

　ミンソさんの地図が最終的に役立って、ソウルで最大の電子街 Seun アーケードにたどり着いた。残念ながら、ここも多くの店が閉まっており、ところどころにしか人がいない。半開きになっている店に近づいてみると、店のまえで魚などをグツグツ煮ながらマッコリを飲んでいるおじさんがいたりする。とにかく今日は休みなのだ。が、迷路のようになった路地をどんどん進むと、いたるところに旋盤で加工した部品などがならんでいるエリアに入りこんでしまった。「いいねぇ、映画を

撮るにはもってこいの雰囲気だね」とわたし。

　2人でさんざん歩きまわり、火事があって廃墟となったと彼が説明するアパートビルなどを見ながら、Euljiro-sam-ga まで来てしまう。彼と再会を約して別れたあと、Euljiro-il-ga のあたりを歩きまわる。同じ場所を2、3度まわったら、50歳すぎぐらいの女性に英語で声をかけられた。わたしを香港の中国人だと思ったという。英語がうまいですねと言うと、学校で英語を教えていると言った。これからどうするときくので、街のサウンドスケープをリサーチしているのだと答えると、とまどった表情をした。「商売」系というより、「諜報」系という感じの人。

2008年8月25日　　ソウルの路地裏散策

　今日だけわたしの自由な日。明日は早朝の便に乗って日本に帰る。さて、どこへ行くか？　近年は、いつも仕事だけして帰る（らざるをえない）パターンの旅行をしているので、むかしのような遊歩が下手になった。ホテルという空間は好きなので、ホテルでぶらぶらしているのもいい。が、一つ問題は、このホテルのインターネット接続は有料なのだ。コンピュータを接続するとタイマーが出て、使用時間を知らせる。こういうのはどこにもあるが、ネットというのは、いまや「自然」環境のようなものだと思っているわたしには、神

経が疲れる。むろん、コンピュータなど使わずにホテルでのんびり過ごすこともできるだろうが、ネットが身体の一部になってしまったわたしには、ホテルの部屋のような人工的な空間のなかではネットという「自然」の窓がほしくなる。

　ネットを絶たれた空間は牢獄だから、街に出ようと思う。Itaewon をもう少し見てみたいと思い、地下鉄で昨日と同じ駅に降り立つ。目抜き通りを歩いたあと、東の方に歩く。レストランの歩道に面した席にアメリカ人と思われる客がおり、コーヒーを飲んでいる。アメリカンなホテルもあり、ロビーに入ってみたが、なかは日本のビジネスホテル風だった。ロビーに置いてあったチラシに日本語が見えたので手に取ると、「実弾射撃が楽しめます」という勧誘のチラシだった。

　メインストリートの南側は高台になっており、坂が多い。登りつめたら、イスラム教のモスクがあった。イスラムの食材の店もある。細い道を下ると、インドレストランもあった。規模は小さいが、たしかにインターナショナル・タウンになっている。

　電子部品の街のことがまだ気になっており、Gangnam にもそんな場所があると聞いたので、行ってみようと思い、Itaewon の地下鉄駅から Oksu に出て、3 番線で南に下る。しかし、ラジオ街は見つからず、Gangnam のビジネス街で昼食をしただけで時間になった。

ホテルで１時にバルーシュと会う約束をしていた。ひと月にみたない間での再会。ホテルの喫茶店で話す。彼はアジア人に囲まれた西洋人なので、西洋文明とアジア文明の違いの問題に関心がある。まさにイマニュエル・ウォーラーステインが問題にしている「ヨーロッパ的普遍主義」がなぜ世界を支配したのかという問題である。ちょうどわたしは、同名の彼の本を近々連載コラム（東京新聞）で取り上げることにしていたので、話がはずんだ。

　中国の科学技術の歴史を論じた碩学ジョゼフ・ニーダムによると、アジアの知は「実学」であり、理念的な「普遍性」のなかでヴァリアントを変換していくことをしない。が、彼はもっと重要なことを言っていたと思う。ふとニーダムのことを思い出し、帰ったら再読してみようと思う。

　昨日店が閉まっていたJongno-sam-gaのラジオマーケットのことが忘れられず、夕方、地下鉄で行ってみる。Jongmyo公園を左に見ながら（あいかわらず、路上での飲食交流がさかん）大きな電子マーケットへ。なかに入ると、ほとんどが卸屋で、膨大な量の電子部品が取引されていることがわかる。秋葉原の電子部品もここから来るのではないかと思った。

　そこから横道に入ると、小さな部品屋が立ち並んでいる。電線の専門店があったので、リムーバー液で簡単に皮膜がはずれるエナメル線がほしい

という納富貴久男さんのリクエストを受けて、見本を見せる。ガンエフェクトの弾着のコントロールに使うのだが、最近アキバでは望みのものが手に入らないのだと言う。その老主人は、無言のまま、いきなりわたしをうながしながら、店を出た。ついて行くと、向かい側の同業者の店のまえで「ここできけ」とばかりの表情をする。面白い。が、その店では所定のものはなく、さらに路地を進む。また電線屋があったので、尋ねると、若い店主は、英語で「テストしてみよう」と言い、店に並んでいる電線をブチブチ切って、次々にリムーバー液に浸すのだった。見事に皮膜が取れるのが見つかり、1巻を購入。そのフランクさと徹底性が気に入った。

　大分歩き、Euljiro-sa-gaの地下鉄駅の近くに来たときに、空から一滴水しぶきが落ちるのを感じた。雨が降るのかなと思ったその数秒後、バケツ一杯の水を頭の上からぶちまけたような勢いで雨が降ってきた。以前、韓国映画のなかの雨のシーンで、雨があまりにタイミングよく急に降ってくるので、映画的な操作かと思ったことがあるが、あの急な降り方は、ソウルではあたりまえなのだった。

2008年9月19日　　週末のリスボン
　夜10時すぎ、少し遅れてリスボンに着く。何の

チェックもなく外に出ると、ゲバラ帽をかぶったリカルド・レイス（Ricardo Reis——あのフェルナンド・ペソアの「異名」のひとつと同じ）がいた。クールなイケメン。彼の車で市内に。リスボンは空港から市内へのアクセスが世界一いい。が、車の進入規制があり、セント・カタリーナにあるアパートメントホテルのまえまでは行けないので、路面電車の通りに車を停め、リカルドがわたしの大きくて重いスーツケースを軽々とかかえて歩き出す。石畳の道は、ヴィム・ヴェンダースの『リスボン物語』やマノエル・デ・オリヴェイラの『階段通りの人々』で見たことがあり、来たこともないのに「なつかしい」感じ。来てよかったという気持ちがみなぎる。

　海が近いテージョ河が見渡せるホテルに荷物を置いてから、車をパークしておいた通りに出たら、リカルドが急に走り出した。彼の車の後ろで路面電車が停まり、運転手が路上でタバコを吸っている。線路の上に車がはみ出しているために電車を走らせることが出来ないのだ。運転手は、「あと５分たっても来なかったらポリスを呼ぼうと思っていた」（リカルドの通訳）と言っただけ。う〜ん、これがポルトガル風か！

　下町から大分北上した（つまり空港に近い）リカルドの家で、フェスティバルの主催者の一人のパオロ・ラポソ（Paulo Raposo）や Rádio Zero のス

タッフたちに会う。すでに到着していたダイアナ、ピット、クヌート、サラが奥から出てきて、再会の熱い抱擁。すぐにそこで、Rádio Zero の番組がはじまり、皆がマイクに向かって演奏をはじめた。わたしは、ときどきグラスをこすったり、声を出したりして合いの手を入れながら、ポルトガルで初のワインを楽しむ。

　1日以上寝ていないので、リカルドの家を辞す。ホテルの近くまで送ってくれた彼が、「その路地に沿って行けば簡単」だと言い、わたしもそう認識していたのだが、路地に入ると、全く見当がつかなくなった。というのは、夕方通ったときはほとんど人通りがなかったのに、人がびっしりなのだ。まるで日本のラッシュアワーの駅のよう。通り抜けるのもむずかしい。起伏が激しいので、うっかり歩いてとんでもないところに出てしまったらしい。人はいくらでもいるから、片端から道を尋ねるが、酔っ払っていたり、英語がわからなかったり、別のエリアから来た人間でこのあたりの地理に詳しくなかったりで、全く役に立たなかった。週末のリスボンでは、バーがお祭り状態になる。夕方からなかで飲んでいたひとたちが、深夜には外に出て路上でパーティをはじめる。そういう祭りのただなかにわたしはまぎれ込んでしまったのだ。面白い！リスボンは最高だ！

2008年9月23日　　リスボンの「レクチャー・パフォーマンス」

　タクシーで、ゲーテ・インスティトゥートへ行く。モラエスの生家の近くだと言うと、最初「わかっている」と言ったくせに、ぐるぐる遠回りをする。文句を言うと、ポルトガル語で「大丈夫だ、大丈夫だ」と言いながら時間をかせぎ、やっと現場に到着した。海外でタクシーに乗るときは、この程度のことはいつも覚悟しているが、あやしいときは、何語ででもまくしたてると、大体は、（運がよければ）態度を改める。

　エンジニアのアントニオと会い、セッティング。テーブルに半田鏝や工具が並んでいるのが、普通のプレゼンとちがうところ。

　わたしのあと、外のガーデンで演奏をするウィーンの Michael Fischer と Lale Rodgarkia-Dara が、送信機でガーデン内に音を流したいというので、手伝う。やがて、ほかの面々が姿をあらわし、ビールやワインを飲みながら、歓談。今日モントリオールから着いたというアンナ・フリズも姿をあらわし、5月の「Deep Wirelss」以来の再会を喜ぶ。

　ミハエルと話をしているとき、彼が、「日本のサウンドアーティストのなかでわたしが一番尊敬するのは刀根康尚です」と言うので、急に親密度が深まった。近々やることになっている「A Tribute for Tone」（刀根の Tone と音の Tone とをかけたストリーミングのライブイベント）に是非

参加してほしいと告げる。

　ガーデンのベンチでのおしゃべりが盛り上がり、わたしは、プレゼンのことを忘れそうだったが、予定時間から1時間ほど遅れて、マルサが呼びに来る。2階の会場へ行くと、50ぐらいの椅子席がすっかり埋まっていた。

　最初、Google Earthで東京からこの場所にズームインする映像を見せ、これを逆回しして、送信におけるサイズの問題に引き込む。送信サイズを拡大するのが送信の夢だったが、インターネットで世界がつながったいまの時代には、こうした「broadcasting」の発想は無意味になっている。ならば、少なくとも、「ラジオアート」は、そういう拡大の概念を越えたレベルで創造作業をしようではないかという提案だ。

　そのほんの一例として、微弱な出力の送信機をその場で作り、複数の送信機を使ってラジオアート実験をして見せる。最近、わたしは、送信機と受信機とのループに興味を持っているので、それを実演。会場のPAはあてにならないと思い、少しパワーの出るラジオを2台用意したのがよかった。PAからの大音響よりも、「未完成」で面白い音が出て、聴衆も喜んでくれたと思った。

　しかし、質問の時間になって、真っ先に出たのが、「いま作られた送信機のパワーを上げるにはどうすればいいのですか？」という質問で、わ

たしは、わたしの「レクチャー・パフォーマンス」が完全に失敗であったことを知らされる。距離を延ばさないという発想の極限で「ラジオアート」を発見すると言ったはずではないか？ しかし、必ずこういう質問はある。誰もがアートに関心を持っているわけではないからだ。

　終わって、片付けをしてガーデンに行くと、ミハエルたちの演奏がはじまっていた。彼はサキソフォンを吹くが、メインはラップトップ・ミュージック。野外のスクリーンにモノクロ映像を映しながらのマルチメディア・パフォーマンス。

　わたしは、ノルマが終わったので、「アーティスト・フリー」のワインとビールをたっぷり飲みながらみなと歓談。

　すべて終わり、近くの路地裏のレストランで打ち上げ。今日が、フェスティバルの公式の初日なのだという。このイベントをリカルド・レイスといっしょに立ち上げたパウロ・ラポソがとりわけはしゃいでいる。今日ベルリンからついたばかり

前列中央がRádio Zeroのダニエル (Daniel Zacarias)、その後ろのベレー帽がリカルド、前列右端がパウロ。

のサウンド・アーティスト、ジル (Gilles Aubry) やパリ在住のパフォーマンス・アーティストのパトリック (Patrick McGinley) もいる。今夜も帰るのは何時になることか？

2008年9月24日　　リスボンのワークショップ

　昨日行った市電の通りのカフェーで朝食を食べる。途中まで注文したら、その店の奥さんが、「最後はコーヒーでしょう？」と言った。顔をおぼえられた。オレンジジュースがあまりにうまいのでおかわりをする。

　ホテルにもどり、明るい陽射のなかでワークショップの準備。台所は全く使わないが、料理用の大理石の台が、かっこうの作業台になる。10人限定の参加者が、わたしがデザインした回路に従って送信機を作るというだけのワークショップだが、これまで多くのアーティストが参加してくれた。そのノウハウを自分のインスタレイションやパフォーマンスに使った者もいる。わたしの方は、もうやめたいと何度も思ったが、要求があるのでやめることができない。

　毎回同じようで微妙なところでは違う。むかしは、とうとう最後まで成功しない参加者もいたが、その失望の顔を見るのがいやなので、このごろは色々工夫する。料理でいう「下ごしらえ」(dress) というやつが必要なのだ。一見、用意された部品

を半田で取り付けるだけのように見えながら、実は、部品の爪があらかじめ適当な長さに切ってあり、決して取り付けをまちがわないようにしてあるとか、いろいろ手心が加えてあるのだ。これは、「甘やかし」かもしれないが、重要なのは、自分で作れるという実感を体験することであり、それをやや劇的に体験させることなのだ。

　荷物はけっこう重かったが、バイシャまで歩く。地上を歩いていくとけっこう大変だが、Baixa-Chiado駅の地下道をくぐると、チアードからあっという間にバイシャに出てしまう。バイシャには、イタリア料理店がかたまっている通りがある。その1軒の路上の席で昼食。あとがあるので、飲み物はビール1杯にしておく。

　地下鉄でAlamedaまで乗り、The Instituto Superior Tecnico (IST) へ。航空力学が専門のリカルドの本拠である。ここに「Rádio Zero」もある。キャンパスの門を入り、広い前庭を通ってロビーに入ったら、アフリカの象狩りや探検家のような帽子をかぶったリカルドがダンボールの箱をたくさん抱えて立っていた。ラジオ受信機が入っているのだという。

　ワークショップは、ほぼ定時にスタートした。リカルドは、「5時までに終わってほしい」とめずらしいことを言うので、ちょっと気勢をそがれた。こういうワークショップには時間の制限はな

しにしたい。

　これまでもう何十回も送信機ワークショップをやってきたが、こちらが持っているノウハウを思う存分伝えるほどの時間をたっぷりあたえられ、相手も十分ノウハウを身に着けて帰るというワークショップをやったことはほとんどない。本当は、送信機を作り上げ、電波が出たところからradioartがはじまるのだが、電波が出れば、みんな「やったぁ！」と喜び、終わりになる。自分であとから試行錯誤して使うと考えればよいわけだが、わたしには、なにか貴重なことをはしょりすぎているように思える。それが、近年、ワークショップの依頼に対してわたしがいだく躊躇の理由でもある。

　イベリア半島では、今回が初めてで、これはほんのはじまりにすぎないと思えばよいのだろう。このワークショップに参加した１人の男が、終わってからわたしのところに来て、こういうワークショップを自分の学校でもやりたいと言った。近々またリスボンに来ることになりそうだ。

　６時から、ダイアナやエド・バクスターらによるセミナーがゲーテ・インスティトゥートで開かれることになっていて、リカルドはそのために時間制限をしたのだったが、わたしは、連日のパーティで少し疲れた。自由時間もほしかったので、これでみんなと別れることにした。

地下鉄でBixa-Chadoへ出て、歩いてホテルへ。やれやれ、すべてのノルマは終わった。魚料理も少し飽きてきた。イタリア料理はもういい。何かちがったものでも食べてみよう。

　明日は飛行機に乗らなければならないので、パッキングをする。たちまち8時ごろになった。ふたたび、外に出る。気の向くままに歩いて行くと、またバイシャに来てしまう。夜のロシオ広場は美しい。が、このへんのレストランは観光客だらけで落ち着かない。これまで連れて行かれた店は地域性があってよかった。……と思いながら歩いているうちに足は自然にホテルの方に向いたようで、カモンイス広場の近くにもどっていた。ふと見ると、フレンチレストランがある。普通わたしは、フランス料理は食べない。が、たまにはいいかと思い、ドアを押す。

　中は意外と大きくて、天井が高い。気取ったゲイっぽいウェイターが出てきて、席に案内する。ややスノビッシュな感じの店。メニューはなくて、「うちはステーキのおまかせコースだけです」とフランス語なまりの英語で言う。平均的なポルトガル人の雰囲気とはちがい、ちょっと意地悪っぽい。「ああそう、じゃあ、ぼくはヴェジタリアンだから、やめようかな」というと、「ヴェジタリアンのコースもあります」とあわてて言う。顔をよく見たら、なかなかカワイイ顔をしている。早

く言えよという感じだったが、その理由はあとでわかった。この人は、秘密めいたもの言いが好きなのだ。

　非常に美味なサラダのあと、「ヴェジタリアン」料理が出てきたとき、見ると、どう見ても肉だ。口に含むと、歯ごたえも「肉」である。「素材は何？」と彼に尋ねると、いたずらっぽい笑顔を見せながら、「シークレット」と言った。が、わたしは、精進料理などで肉そっくりにつくられたものを何度か食べたことがある。ステーキの部分だけをグルテンか何かの擬似「肉」と替えているだけかもしれない。が、ソースが売りのフレンチベースの料理なので、そのソースの凝った味からすると、ソースもすべて植物だけで作っているはずだ。なかなか、想像力をかきたてられる料理だった。

2009年03月16日　グラスゴウ風邪日記(1)

　グラスゴウの The Arches というスペースで開かれる音楽フェスティバルに呼ばれ、ヒースロウ経由でグラスゴウに行くことになった。ワークショップ、レクチャー、パフォーマンスの3種類の課題をあたえられ、準備に追われた数週間だったが、ほかにも野暮用があり、たまった疲れが出たのか、現地で風邪を引いてしまった。

　風邪といっても流感ではなく、鼻風邪だ。その

まえに花粉症が出ていたので、そこから移行したのだろう。そうでなくても引いたかもしれない。疲労のうえに、12時間吹きさらしの戸外にいれば誰でも風邪をひくだろう。

とにかく、飛行機のなかは戸外以上に寒かった。以前、オーストラリア航空で寒い経験をしたことがあるが、今回のは尋常ではない。あちこちでクシャミが聞こえ、まわりの人も寒がって文句を言っていたが、アテンダントは、「温度を上げます」と言うだけで、結果はともなわない。余分の毛布もないという。これは拷問だ。セーターやコートは持っているが、これだと、顔まですっぽり覆って冬山を登山するようなかっこうでもしなければならない。

そんなわけで、ロンドンに着いたときは、ぐったりし、同時に解放感を味わった。資料が整っていたので、ワーキングビザは比較的すんなりと済み、グラスゴウ行きの国内便に乗った。

出迎えの代行業者はすぐ見つかり、市内のホテルに案内された。すでに鼻水が出はじめていたので、薬を飲んだりしていたら、すぐに電話が鳴った。ディレクターのバリー・イッソンからで、ロビーにいるという。着替えする間もなく、下に降り、熱い抱擁。パートナーで共同ディレクターのブリョニー（Bryony Macintyne）、プロジェクト・マネージャーのジョンもいる。すぐに4人で向か

スコットマン（スコットランド人）であることに誇りを持つバリー。

いのバーに行き、ラフな打ち合わせをはじめた。

バリーは、大分まえ、今回のINSTALは、アンリ・ルフェーブルの"rhythm analysis"の線で行くと言っていたが、それから変わって、アラン・バディウに傾斜したらしい。渡されたパンフの序文でもバディウを引用していた。

1時間後、疲れたので、彼らを置いてホテルにもどろうと外に出たら、えらく身体が寒かった。ワインを1杯飲んだだけだったが、酔い覚めの寒さという感じ。部屋にもどって体温を測ると、37度を超えていた。わたしは、通常、体温が平均より低いから、37度というのは、普通の38度と同じだと考えることにしている。

明日から「働か」なくてはならないからヤバイなと思いながら、荷物を整理し、念のため抗生物質のんで、ベッドに入る。

海外でこういうことは何度かあったので、経過は予想がつく。とにかく、20日のレクチャーのときに鼻がフガフガし声が出ないのではサマにならないから、それまでに山を越えなければならない。

それにしても、あの飛行機はナンなのだ？ ブリティッシュ・エアウエイズは、わたしがエール・フランスの次に敬遠する会社なのだが、今回は、お仕着せで、選択の余地がなかった。チケット自体は決してケチってはいないと思うが、その飛行機のポリシーがおかしいのだ。

2009年03月17日　グラスゴウ風邪日記(2)

　　最初の仕事となるワークショップは、夜の7時半からで、それまでたっぷり時間がある。わたしのワークショップでは、料理とおなじような「下ごしらえ」があり、そこで手を抜くと、失望感を味わう参加者が出る。だから、細かい部品を一つ一つチェックし、分類したり、現場で手間取らない準備をする。

　そんなことをしているうちにすぐに昼になり、腹が空いた。まだ風邪ぎみなので、安全のため、昨晩行ったバーで昼食を食べる。カレー味のパスタ料理とアップルパイのデザート。いつもならビールか何かを飲むが、鼻炎をひどくしそうなのでやめ、スパーリンクウォーターを飲み、エスプレッソでしめた。

　4時にジョンが迎えに来て、The Arches に行く。21日にやるパフォーマンスの場所の電波状況をチェックする。中央駅の地下なので、放送の電波はほとんど入らない。これはありがたい。

　バリーとセッティングの打ち合わせをしたあと、彼らが忙しそうなので、すぐに別れる。中央駅のあたりを歩く。歩いているとすぐ街はなくなるが、郊外都市とはちがう。ショッピングセンターをさまよい、足のおもむくままに歩き、最終的に今夜の会場となる CCA (Centre for Contemporary Arts) に着く。

ワークショップ担当のジョナサン・ウェッブ（Jonathan Web）はすでに来ていたが、テーブルセッティングは全然していない。ビデオ機器もお粗末だ。12人が参加する予定なのに、工具が5人分しかない。これだと予定の倍の時間がかかる。むかしだと、こういうとき、目をむいて文句を言ったはずだが、このごろはそうはならない。「出来成り」（設計図なしの一発勝負）でやることに慣れたのだ。倍の時間だっていいじゃないか。ビデオ機器がダメなら、使わなくてもいいじゃないか、と。

　開始まえ、なつかしい顔があらわれた。ミエコ・コナカ。シドニーのラジオプロデューサのトニー・バレル（Tony Barrell）に紹介されたのが10年ぐらいまえ。その後、風のようにあらわれ、わたしがやっていたネット放送に加わったかと思うと、忽然と消えるという人だった。数年まえ、突然もらったメールで、彼女がスコットランドで刺繍職人になったと知らされた。今夜は、わたしのためにわざわざ見学に来てくれたのだ。

　ワークショップは、例によって例のごとく進み、わたしは、鼻呼吸が苦しいので、だんだん疲れてきたが、参加者は、みな楽しんでくれたようだ。ただ、鼻声の英語とはいえ、しつこく説明したのに、それを全然理解していない人がいた。どうやら、彼は英語が読めず、図解も理解できないのだ

った。仕方なく、でたらめに配線したのを全部取り外し、わたしが最初から作りなおした。

　もう一つ驚いたのは、耳が聞こえない青年が参加していることだった。言ったことを繰り返し訊いて来るので、おかしいなと思っていたが、そうやって何とか送信機を組み上げた。あとになって、母親らしい人が彼の耳のことを言うので、最初から言ってくれればそれなりの対応をしたのにと言うと、「彼はリップリーディングの才能があるので、すべて自力でやることにしているのです」と言った。いや、そうだとしても、風邪でゆがんだわたしの唇の動きを読むのは大変だったろう。音を聴くためでなくラジオ送信機を作る——これぞ radio without content であり、送信機を音の運搬装置ではなく、電波のオッシレイターと取ることじゃないか。彼はこの日最高の参加者だった。

2009年03月18日　グラスゴウ風邪日記(3)

　わたしは風邪を引くと大食になる。ふだんは2食だが、一昨日から3食食べている。昨夜、ワークショップが終わって、夕食をしていないことに気づいた。バリーに夕飯を食いに行かないかと言うと、「え〜、まだ食べてないの？」という反応なので、逆に驚いた。そんな暇あるわけないじゃない。彼はCCAのキャフェテリアで早々と食べてしまったらしい。この時間だと開いているとこ

ろは少ないといいながら、iPhoneで検索し、近くのフレンチ・イタリアンを探してくれた。ブリョニーもいっしょに来て、3人で食べた（2人はデザートのみ）。店を出て、「タクシーで帰ろうよ」と言うと、「歩いてもすぐだ」というので3人で歩く。しかしねぇ、ワークショップの道具を持っての30分の徒歩は、「病気の老人」にはきついのです、わかんねぇかな。

　今朝は、昨夜の「行軍」のせいか腹が減り、朝食もフル・ブレックファーストを摂った。そして、朝の9時まえにタクシーでCCAに着いた。昨日に懲りて、ジョナサンは、道具を人数分（15人の予約があったという）そろえ、ラジオも10台以上用意した。わたしのワークショップの人数のマックスは12人に決めている。15人は多すぎるが、今日は3時間取ってあるというので受けることにした。

　ところが、予定時間をすぎても6人しか集まらない。通常、はじまるまでに出席者のリストを渡されることが多いが、今回はやり方が非常にルーズだ。ワークショップについてどういう告知をしたのかもわからない。音源とラジオを持って来るようにジョナサンに言っておいたのに、誰も持ってこないところを見ると、わたしの指示は参加者には全然伝えられていなかったのだろう。こういういいかげんなワークショップを（しかも3回も）

やるのは初めてだ。

　毎回同じパターンでやってもしょうがないので、今日は、まず、参加者に「どうしてこのワークショップに来たのか」をひとりひとりに話してもらうことにした。すると、半数以上が、「海賊放送がやりたい」のでその技術を身に着けるために来

ワークショップの皮切りに「見世物」を披露する。佳境に入ると、取り囲むひとの輪がぐっと狭まる。

たというのだった。他も、ラジオアートなどのことは少しも知らず、「放送」がやりたいというのだった。

　おいおい、これじゃ、わたしのワークショップの意味をとりちがえているじゃないか。INSTALの紹介サイトにはちゃんと趣旨が載っていたと記憶するが、それも読んでいない手合いなのだ。むろん、「放送」の技術は教えることが出来る。しかし、そういう電波をキャリア（搬送装置）として使い、コンテンツを「広く投げる」（ブロード・キャスト）方法は、もう意味がなく、他の方法でやった方がよいので、電波をラジオアートのマテリアルとして使おうというのが、わたしのワーク

ショップの趣旨である。

しかし、ここにきてそんなレクチャーをしても仕方がないから、若干の指摘にとどめ、組み立てをはじめる。例によって、みんな仕上がり、ハッピーな顔をして帰って行ったが、わたしの心は満たされなかった。

1時すぎ、解放されて、外に出る。天気はいい。ホテルまで歩く。グラスゴウの街は、特に活気があるわけではないが、だからといって「死んでいる」わけではなく、適度の気楽さがある。船舶や工業で栄えた時代が終わり、映画『フル・モンティ』(こちらの舞台はシェフィールドだが)的な脱工業化がすっかり完結し、工業化の最盛期をなつかしがったりする必要がなくなっているという感じ。

ホテルに着いたら、慣れない午前中の仕事で疲れが出た。日本時間では午後の11時すぎで、目がぱっちり開く時間だが、身体は気圧や気温を感知して順応するらしく、時差があっても夜型は夜型で、今日は相当無理をして「朝型」生活をしたわけだ。

夕方までホテルにいて、それから外に食事に行く。今夜は、CCAのキャフェテリアでディナー・パーティがあるとのことだったが、「仕事場」に戻る気になれず、サボることにする。

気の向くままに歩いていったら、イタリアンのレストランがあった。グラスゴウにはイタリアン

の店が多い。ここは、とりたてて特徴のある店ではないが、イタリア人の家族でやっていて、イタリア人の知り合いが話し込みに来るような気楽な店のようなので入る。デザートが食べたいので（量が多いと困るので）、メインはやめ、ミネストローネの前菜とマッシュルームなどが入ったタリアテッレを取ったが、量は丁度よかった。味も水準をクリアしている。

　わたしは、レストランにいるときが一番落ち着く。今回は、まさにレストランが「医院」である。病気になったらレストランに行くにかぎる。もともとフランスのレストランはそういう機能を持っていたし、いまでも、ときどきわたしが行く中国料理の店のシェフは、調子が悪いというと、「これを飲んでごらん」と言って妙な味のスープを飲ましてくれたりする。まだ少し歩いただけだが、グラスゴウには気のきいたレストランが多く、その点では、わたしには快適だ。

2009年03月19日　グラスゴウ風邪日記(4)

　タクシーでCCAへ。今日は、予定の11人がばっちりそろい、時間通りにはじまった。大学院の学生が多く、そのうちの2人は、半田付けの経験があり、早いペースで送信機を作った。しかし、参加者の関心は「飛ばす」ことで、送信機を使ってラジオアートをやろうという人はいなかった。

この点では、トロントの方が面白い。Deep Wirelessというラジオアートの集まりが毎年あるからだ。

　1時すぎには外へ出る。天気がいい。歩いてホテルへ。まだ、歩いたり、集中的な仕事をすると熱が出る。といっても、ウィルスによる発熱ではなく（極寒のドイツで流感になり、死ぬかと思ったこともある）、機能が劣っているための単なるオーバーヒートである。だからゆっくりと動かなければならない。

　部屋にもどり、やれやれこれでワークショップは終わったという気分で、部品や道具を片付け、2時すぎに外へ。ロビーで打ち合わせ中の中村としまるさんに手を振る。

　美術館に行くつもりはないが、美術館やグラスゴウ大学がある方向へ歩く。公園を抜けたり、気ままな散歩。

　そろそろ何か食べたいと思いながら、気を引く店を何軒か通り過ぎてしまい、このへんで決着をつけないと食べるところなど ない通りになりそうな気配を感じ、ちょっと「アメリカン」だなと思う店だったが、そこに入る。メニューはそれほど「アメリカン」ではなく、スープ料理がうまそうなので、それにする。愛想のいいウェイターが内容を詳しく説明してくれた。雰囲気的にアルコールを摂りたかったが、やめておく。風邪のこの時期にアルコールを摂ると喘息状態を誘導するとい

うパターンがわたしにはある。

　今夜は「グラスゴウで1番の」インド料理店でディナーパーティがあるからとバリーが力説していたので、この時間に大食はしない方がいいと思い、軽い昼食程度におさめ、プリンのデザートを食べ、エスプレッソを飲んで外へ。

　それから、路地を気の向くままに歩き、公園のなかを抜け、4時すぎにホテルにもどった。かなりの疲れ。が、気持ちのいい疲れ。しばらくベッドでまどろむ。だらだらと時間がたち、外は暗くなってきた。

　たしか、8時にホテルのロビーに集まってインドレストランに行くということになっていたな、と思いながら、ベッドのなかを出なかった。これは、ある種の「ヒキコモリ」感覚である。ときどき、わたしは、むかしからこんな調子で「重大」な集まりや仕事を流してしまうことがあったが、そのイディオシンクラシーは、いまも変わっていない。まあ、今回は、仕事ではなくプレジャーの集まりだから、実害はないだろう……と頭のかたすみで考えながら。

　みんながインドレストランで食事を終え、おいしいワインなんかを飲んでいるだろうという時間になって最終的にベッドを出ることになった。体調がよければ、遅れていって酒だけ飲むこともできたが、そうする自信がまだ、からだにない。し

かし、インド料理は食べたかったな。

　そのまま朝まで眠ってしまおうと思ったが、何かを食べたくなった。風邪引きの大食だ。たしか、ホテルのならびに何軒かレストランがあったことを思い出し、とにかく、コートを羽織って外へ出る。何と、1軒となりにインドかパキスタンの料理の店があるではないか。「グラスゴウで1番」ではなさそうだが、UKのインド料理ははずれてもまずくはない。

　なかはかなり混んでいて、しばらく待たされたが、通された席は落ち着いた場所だった。離れた席でどよめきが上がったので見ると、ウェイターが持って来たナンの大きさに対する驚きの声だった。たしかに、この店のナンは、平均より大きめだ。ニューヨークなんかでもそうだが、インド料理には、かならず相当量のライスが付くから、そのうえにナンを取ると過剰になってしまう。しかし、あのナンは食べてみる価値があると思い、取ることにする。

　ヴェジタリアンのメニューにしたが、まあまあ美味しかった。ちゃんとナンもライスも食べた。インド料理は、舌で味わうというよりも、からだに染みとおるスパイスの持続時間を体感して味わうようなところがあり、全身を内側からマッサージされるような快感がある。風邪あがりのわたしにはうってつけだった。

2009年3月20日　グラスゴウ風邪日記(5)

　今回、Glasgow School of Art でのレクチャーの話がバリーから出たとき、何を話せばいいのかをきいた。例によって「あなたが話すことならなんでも面白い」といった乗せ方をされ、「しかし〜」というわたしの反発があり、結果的に「これまでラジオでやってきたこと」を話して欲しいというメールをもらった。通常、わたしはこれこれについて話して欲しいとやや強制的に依頼されると、それに反発し、同時にエネルギーもわいて、「いい仕事」ができるというひねくれたパターンがある。今回の反発は、不幸にして、そういう創造性をはらんでいなかった。どこかで乗せられている感じをどこかで崩そうと思っているうちに、時が経った。自分がやってきたことなら、アドリブでもいいかという思いもあり、記録映像のクリップを DVD のチャプターにしたものだけを用意した。それをどう使うかを練らないまま、飛行機に乗った。

　丁度1年まえの3月に Newcastle でやった「レクチャー・パフォーマンス」は、やったあと、自分のなかにフィードバックがあり、5月の Toronto の集まりで、それをさらに深め、最終的に Riga から出たムック『SPECTROPIA』で概念的な部分をテキスト化した。さらに、その後、刀根康尚が、

このテキストをたたき台にして面白い対話的パフォーマンスを仕掛けてくれたので、自己反省もできた。

　今度は、そういう具合にはいかないということは感じていた。チャレンジの方は、音楽のフェスティバルで「音楽家」ではないわたしが音もあるパフォーマンスをするという面に重きが置かれ、レクチャーでチャレンジする気が失せたからだ。とにかく、今回は、やるべきことが多すぎた。

　10時すぎにジョナサンが迎えに来て、Glasgow Movie Theatreへ行く。ここは、映画館だが、Glasgow School of Artはときどき教室としても使うらしい。来てみてわかったのだが、この日のイベントを仕切っているのは、この美大のTara Beallともうひとりの先生で、バリーではなかった。11時の開始には、その先生たちがまず数百人の学生に話をし、それからバリーがわたしの紹介するのだった。わたしの紹介をしたあと、わたしが講壇に立ったら、分厚いノートがあるので、見ると、それはバリーのだった。彼にしてアガることがあるのかと思ったが、そんな雰囲気の開始だった。

　しかし、わたしは大勢のまえで話すのは慣れているので、アドリブで行くことにした。というより、今回、原稿は一切用意していなかったのだ。来てからホテルで書くつもりだったが、風邪とワ

ークショップでその余裕はなかった。結果的に、それはよかったかもしれない。自由ラジオからマイクロラジオ、さらにはラジオアートへというわたしのラジオへのコミットメントの変遷を話せという注文だったが、話しているときの学生たちの反応から、むしろ、身体的な現実性がヴァーチャルなものに移行してきたことや、テクノロジー文化の変化についての方が、興味を引くらしいということがわかった。

　まあ、これも、わたしには新鮮なテーマではないが、グラスゴウの学生も、「ヒキコモリ」のような現象を幾分かは共有しており、ケータイ的・電子的ヴァーチャリティのなかで生きているらしいのだ。このことは、ワークショップで会った学生たちからも感じられることだった。

　終わって、この集まりを主催したTara Beallたちに誘われて昼食をしたときも、ヴァーチャリティや軍事技術の話になった。何だ、早く彼女らと打ち合わせをしていれば、もっと「需要」に見合ったレクチャーができたのに、と思う。

　2時すぎ、歩いてホテルにもどったら、少し疲れが出た。まだ鼻呼吸が制約されるからだ。ベッドの上でくつろぐ。

　今夜もグラスゴウ大のチャペルでディナーパーティがあるといわれたが、さぼることにした。明日のライブまでにからだを整えたいと思ったし、

とにかく働きすぎで休養が欲しかった。

　夕方、ホテルを出て、気の向くままに歩いて行くと、右側にガラス張りのイタリアン・レストランがあり、左側にタイ料理の店があった。右はガラガラだったが、左は混んでいた。ピリッとするものが食べたいとも思い、その店のドアを押した。さいわい、席があった。

　大きな店だが、フロアで働いているのはファミリーらしい。愛想のいいマダム、飲み物を仕切っている息子、シャイな感じだが、相当のスピードで料理を運ぶ小柄な娘。

　料理を十分楽しみ、からだも癒された。ナムジュン・パイクが、疲れたときはスープにかぎるよと言ったことがあった（そのとき、見かけ以上に疲れていたのだろう）が、たしかに、スープは、西洋のものでも東洋のものでも、癒しの効果がある。この店の本格的なトムヤンクンは、なかなかのものだった。風邪の峠は越えたみたい。

2009年3月21日　グラスゴウ風邪日記(6)

　早く目が覚め、8時まえに食堂ルームで朝食。午前中、部屋でシステムのテスト。30分の一発勝負だから、システムが動かないではサマにならない。この日の30分のために来たようなものだから、失敗しました、すいませんでは済まないわけだ。失敗もパフォーマンス・アートとしては許

されるし、それも面白いはずなのだが。

　結局、このへんが、「音楽」と「パフォーマンス」との違いである。わたしの思い込みでは、パフォーマンスはプロセス重視で、メカニカルなアキシデンツもパフォーマンスのプロセスに含まれるが、「音楽」は、メカは音を出すための道具であり、道具が予定通りに動いてくれないと失敗とみなす。

　部屋の掃除のひとが来たが、ドアごしにタオル類を交換して、掃除は省略してもらった。

　昼まえ、近くのイタリア料理店へ行く。新しい店。ペストのパスタを食べ、ソルベのデザートを摂り、エスプレッソを飲んですぐに出る。ワインを飲みたかったが、風邪を気遣ってあいかわらずひかえている。今日が済めば、ガンガン飲もうと思う。

　12:45pm ロビーに降りたら、すでに迎えの人が来ていた。マイケル・J・ポラードが元気をなくした感じの人。The Arches までの車中、おしゃべりをし、「今日はホテルとのあいだを何回も往復しなけりゃならないね」と言うと、「俺はアーティストじゃないけど、この仕事に満足しているんだ」と言った。

　会場に入るとバリーがすぐ出てきたが、約束のテーブルも、ステージの下の場所もビデオも準備が出来ていない。こういうのには慣れているので、

ちょっとドスを効かせ、急がせる。が、ステージは動かせない、みんなこの上で演るというので、妥協する。

PAは意外にお粗末で、エンジニアも素人っぽい。これなら、東経大のわたしのゲスト講座の環境の方がマシだなと思いながら、INSTALに過大なイメージをいだいていたことに気づく。

4pmまえ、時間通りにスタート。まずバリーのフェスティバル開始のイントロとわたしの紹介があり、早速パフォーマンスをはじめる。わたしは「音楽家」ではなく、ラジオアーティストで、音は「電波とのたわむれ（play）」だと主張しても、場が「音楽祭」だから、何をやっても、プレイは「演奏」とみなされる——と思い、音を「楽音」から異化するために、電波を操作するわたしの手先を大画面で映すビデオ装置を用意してもらった。まあ、グラーツで2006年にやったヴァージョンの流れだ。今回は、4回路の送受信システムを使った。

当人はノレたし、反応はなかなかよかったと思うが、ノイズやドローンの変種と受け取られては困るなと思いながら、ステージを降りた。とたんに、スタッフがやってきて、テーブルをそそくさと移しはじめた。このあと10組が演奏をするのだから、まるで学芸会である。

電磁波を透過・遮断する度合いが異なるアクリ板を複数使い、送信機と受信機の位置を微妙に変化させることでインダクタンス（電磁誘導場の係数）に揺らぎを起こす。

以後、Radu MalfattiとKlaus Filipのウルトラ・

ミニマルな演奏が続けられたが、会場の上を 10 分おきぐらいに走る列車の天井をゆるがす音は意識していないらしいから、このミニマルさだと、生の観客よりも、録音という最終地点のみを意識した演奏になるのではないかと思った。

　Nikos Veliotis の、チェロを砕いて機械で粉にするパフォーマンスは、色々理屈があるらしいが、わたしには、古いという印象しかおぼえなかった。声帯を「楽器」にする「演奏」が 2 つあった。Steve McCaffery のと Joan La Barbara ので、どちらもコンセプトや方法がちがうのだが、「芸」としては面白いとしても、アートとしての驚きはなかった。

　いまのアートにとって、身体をどう「処理」するか——コンピュータで「消す」のも一法——が重要なテーマと思うが、この点に関しては、この日のわたしがちゃんと聴いたかぎりの「演奏」からは特に新しいものを発見できなかった。こちらが風邪を引いてボケていたせいかもしれない。

2009 年 3 月 23 日　グラスゴウ風邪日記 (7)

　8 時に迎えの車が来るというので、またもや早々と朝食をとり、最後のパッキングを済ませてロビーに行くと、昨夜遅くまで打ち上げで飲んでいたはずのバリーとブリョニーがロビーにいた。まあ、ラドゥ・マルファッティのようなマエスト

ロもいっしょに帰るので、儀礼をつくして早起きしたのだろうが、タフだねぇ。ロビーで抱擁とフレンチキッスがくりかえされ、ラドゥといっしょにウィーンに帰るクラウス・フィリップほか6人がマイクロバスに乗る。

　空港にはすぐ着いてしまったが、例によってゲイトが直前にならないと決まらない。みんなと別れ、空港内を散策する。オンライン・チェックインをしておいたので、簡単にチェックインできたが、手荷物検査はうるさかった。ベルトも靴もはずさせられた。こういうことをとっても、もう航空機の時代は終わったのだ。ずり落ちそうになるズボンを押えながら男女が裸足で床を歩き、乱暴に流れてくる荷物をあわててかきあつめる。ここには、旅の優雅さなどはどこにもない。

　ヒースロウに少し後れて着いたが、成田行きの便への接続は楽だった。パリのシャルルドゴールなどよりははるかに便利に出来ている。が、テレビも新聞も見なかったので知らなかったのだが、昨日成田で航空機事故があり、成田への便は羽田に着くかもしれないという。遠まわりをする可能性があるので燃料を積むために出発が大分遅れた。さて、1時間半ほど遅れて出発した飛行機は、行きと同じボーイング747-436だったが、行きに懲りてさらにもう1枚セーターを着込んだのに、寒さは来たとき以上だった。何なのだ？　わたしが

老化して感覚がおかしくなっているのかとも思ったが、右隣の40歳ぐらいの女性は、厚いオーバーを着込み、自前の毛布を出して頭からかぶった。なるほど。左側には『地球の歩き方』のロンドン篇を持った学生っぽい女性が座っていたが、寒さに耐えかねてアテンダントに毛布を頼んだ。判で押したように、そのアテンダントは、「温度を上げますからお待ちください」と言ったので、わたしが口をはさみ、「いつもそういうことばかり言って、全然暖かくならないじゃない」と言うと、あわてて毛布を2人分持って来た。その女性は、2枚の毛布を身体にまきつけていたから、やはり寒かったのだろうと思う。

　それにしてもなぜなのだろうという思いがおさまらず、アテンダントの姿を見て、寒さの理由がわかった。彼や彼女らの労働はすごい。食事など立って食べている。昔ほどのサービスはなくなったが、最低限、食事はくばらなければならない。人数は切り詰められているから、仕事量が多い。走り回るのが普通なのだ。あれで、室温を高くしたら、とてもあの労働量をこなせない。つまり、機内の温度は、走り回って労働するのに最適な温度にしてあるのだ。客も、飛行機に乗ったら走り回わればいいのだ。しかし、これって、サービス業としては、末期現象ですよね？

Ⅲ　日付のある手の旅

2009年5月29日　　トロントにふたたび

　昨夜、ハンク・ブルとパトリック・レディとのセッションのあと、ハンクに拉致されるようにクイーン・ストリートのNoceというイタリアン・レストランに行った。いきなり行ったので席がなく、1時間ほど近くのバアでビールを飲んで待ったが、まあまあうまい料理の店だった。しばらく会わないあいだにハンクの関心は中国から離れ、いま一番の関心はウクライナだという。彼はいつも時代の流れを数年先に読む鋭敏さがある。別に時代を読もうと鵜の目鷹の目になっているわけではなく、自然に読めてしまい、その関心の高まりに従って動くというだけなのだが、中国（のアーティスト）への注目も早かった。彼によれば、いま中国は早くも新しいアートが生まれる環境ではなくなったという。

　午前中のセッションは無理としても、午後からのグレゴリー・ホワイトヘッド（Gregory Whitehead）の回には行けるとハンクに言って、深夜に別れたのだったが、今夜の9時すぎからわたしのパフォーマンスがあるので、それもパスすることにした。もともと、パワー・ポイントなんかを使った講義・講演には飽き飽きしており、ましてラジオアートのイヴェントでそんなものを聞きたくないと思っているのだが、そういうのがあとをたたない。講義・講演の形式を取りながら、それがパフォーマ

ンスにたくみに移行していくレクチャー・パフォーマンスを演る人はほとんどない。特に今年のディープ・ワイヤレス（DW）ではそんな気がする。

　昼近く、ホテルを出て、街を歩く。パフォーマンスのまえ、街の「気」を体に溜め込むというか、街の「気」との循環を変えるというか、そんなことをするのが好きだ。そういう時間がたっぷりある方が「気に入った」パフォーマンスが出来る。雑貨を売っている店を見つけ、入り、目についたガラス食器を買う。今夜使うアイデアが浮かんだのだ。

　5時過ぎ、機材をかかえ、ホテルからタクシーで、昨日行った601 Christie Street の Artscape Wychwood Barns に着く。ここは、元市電の修理車庫だったところを改装し、ギャラリーやアートオフィスが共同使用しているところだ。DWは、今年からここに拠点を移した。

　8時から同じスペースで連続的に集団とソロのパフォーマンスが2つあり、最後にわたしのがある。インターミッションでセッティングをしなければならないが、ぶっつけ本番はわたしにはうってつけである。が、1点だけ神経を使ったのは、細くて長い銅線の処理。それをガラスの容器に巻きつけるのだが、ひっかからないように、床にあらかじめ延ばして置く。その作業をやっていたら、外に出ているはずの客が入ってきて、写真を撮っ

たりしているので、それなら、セッティングも「本番」に含めた方がよかったと思う。

　DWは、ラジオアートのフェスティバルということになっているが、わたしの目には、「アートラジオ」のフェスティバルに見える。つまり、ラジオ＝ラディエイション＝電波そのもののアートではなく、既存ないしはオールタナティヴなラジオ局のコンテンツの違いが問題であるにすぎないからだ。だから、わたしのパフォーマンスも、わたしには電波のラディエイションの単なるインデックスにすぎないにもかかわらず、その音で判断されかねない。わたしに問題なのは、「聴こえる」周波数ではない。

　少しまえ刀根康尚が誘ってくれたプロジェクトの際に彼と交換したメールを通じて、わたしは、送信機とわたしの「手」とのあいだで進行する「Hand-waving」（手・振り・波立て）パフォーマンスにおける身体性の問題を反省した。刀根の批判では、わたしの「手」は、結局は「演奏」の手（身体）になっているのではないかというのだった。「手」が送信機を操作して「演奏」するのではないのだが、「手」が音を選択しているかもしれないから、手＝身体は「出来事」の次元にはなく、「再現前」を呼び込んでしまうのではないか……と。

　新作「Tesla Agencements」は、コイルの誘導をニコラ・テスラから、送信機と送信機との関係

をドゥルーズ＝ガタリの「アジャンスマン」（英語では arangements）から触発されている。その際、パフォーマーの側からすると、自分の体（主として手）をどこまで「無化」できるかがチャレンジになる。そのために、わたしは、今回、「手」の動きを、四角いコップ状の容器に巻いたコイルにフェライトコアの小さな塊をピンセットで淡々と入れ続けるという単純な動作に極小化した。

　音的には、送信機を作る音、送信機同士が生むノイズ、ドローン、エレクトロニカ的な音が流れたはずだが、今回わたしはあえて PA を使わず、わざわざ東京から運んだ大型のポータブルラジオを使った。free103point9 の生放送は会場のマイクから採音したのだと思うが、「音作品」としてどう仕上がったかには興味がない。

　すべてが終わり、またハンクと昨日行ったクイーンズ・ストリートのバーに行き、ビールを深夜まで飲む。腹が減ったのでフィッシュ＆チップスを取ったら、そのサイズは優に 2 人分あった。

2009 年 7 月 22 日　　Kaywon School of Art & Design

　　　　昨年、"8th New Media Festival in Seoul"(Nemaf) にわたしを呼んだリムくん（Lim Kyung Yong）からメールが来て、ソウルから車で 1 時間ほどの Naeson-dong にあるケウォン芸術大学（Kaywon School of Arts & Design）の学生たちのためにレクチ

ャーとワークショップをやることになった。

　欧米に行くのにくらべると、韓国への旅はあっという間である。が、わたしが好きだったアシアナ航空も、この１年でずいぶん変わった。明らかに、（ブリティッシュ・エアーやエールフランスほど露骨ではないが）「合理化」を導入したのだ。その分、機内の温度は下がり、食事はまずくなった。変わらないのは、乗客サービスの女性たちの笑顔だけである。

　通関を終え、荷物を受け取ってロビーに出たらミュージシャンの Ryu Hankil さんが出迎えに来てくれていた。が、あとの便で来る川口貴大さんを１時間以上待ってバスと地下鉄とタクシーを乗り継いで大学まで行くという。いやあ、わたしも昔はそういうのをよくやったが、体力に自信が持てなくなったいまは、機材の詰まった重いスーツケースをかかえてエレベータのない地下鉄駅の階段を下りるのは辛い。そのときはなんとかやり抜いても、尾を引く。今夜することもあるので、早く現場に着きたい。そこで、せっかくの出迎えだが、自分でタクシーを拾って直行させてもらうことにした。

　新興住宅地のなかにある Kaywon 大は、森を背後にひかえたモダンな建物。入口に着くと、ワークショップ・シリーズの最終的な引受人である Suki Choi 教授とアシスタントの青年が出迎えた。

すぐにゲストハウスに案内される。大学構内にこういう施設があるのはうらやましい。海外や地方からゲストを呼ぶ場合、一番ネックになるのがアコモデイションで、わたしの大学などは、全然そういう施設を持っていない。

今回、色々な偶然が重なった。Kaywon行きが決まってから、昔わたしが教えていた武蔵野美術大の映像学科の第一期生のカン（Kang Sung Mong／姜殷夢）さんから連絡があり、近々ナムジュン・パイク・アートセンター（NJPAC）の館長Youngchul Lee氏が来日するので、引き合わせたいとのことだった。しかし、それがKaywon行きと重なるので無理だと言うと、「それならばNJPACにお連れしたい」という返事が来て、「ぼくも韓国に行きます」ということになった。聞く所によると、Lee氏は、Kaywon大の教授でもあり、「これは願ってもないことだ」と言うのだ。そして、数日後、Lee氏から丁寧な英文の招待状も届いた。おいおい、これだと、どっちが本命だかわからなくなるよ、とも思ったが、偶然性を愛するわたしは事態の進行に逆らわなかった。

ゲストハウスのわたしの部屋は、大きな台所がついた広めのスペースで、床には靴を脱いで上がる。インターネットやケーブルテレビも完備している。

重いスーツケースを置いたところへ、カンさん

が現れた。彼も並びの部屋に滞在しているという。それからすぐに、近くの韓国レストランに行くことになった。韓国では、座席の位置がうるさいので、わざともたもたしてなりゆきにまかせようとしたが、結局、上座に座らせられてしまった。年令では、たしかにわたしが最年長かもしれない。

　料理も大分進んだころ、Hankilさんと川口さんが姿をあらわした。川口さんはまだ若いはずだが、「地下鉄にエレベータがないのには参った」と憔悴した表情だった。ふと、北米やヨーロッパで重いトランクを抱えてバスを乗り継いだりしていた30年前を思い出した。

　空が暗くなるのが遅いこの地の空がすっかり暗くなったころ、ゲストハウスにもどり、カンさんと話す。そのかたわら、ワークショップでやるかもしれないテレビ送信のチャンネル状態を試す作業をする。韓国のテレビチャンネルは、アメリカと同じで、一番下の第1チャンネルの映像周波数も、45.25MHzと日本の91.25MHzにくらべると大分低く、処理しやすい。

　カンさんは、武蔵美時代、いまの東経大の「教室を教室でなくするチャレンジ」（身体表現ワークショップ）の前身にあたるゲスト講座を熱心に手伝い、ビデオ記録も撮った。その後も、忽然と姿をあらわし、わたしを驚かせた。東経大にも来たことがある。軍隊で鍛えられたので、「喧嘩に

は自信ありますよ」と言っていたので、そのうち海外であぶない取材でもするときいっしょに行ってもらおうかな、と冗談を言ったことがあった。

2009年07月23日　　Nam Jun Paik Art Center

　明るい寝室なので、はやばやと目が覚めてしまった。階下にキャフェテリアがあるらしいが、まだ開いていないので、校門の外に出てみる。昨夜ビールを買ったコンビニは開いていて、そこで材料を買って朝食を作るのが一番賢明のようだったが、外食が好きなわたしは、その店を通り過ぎて、店舗がならぶ界隈に出た。1軒だけ喫茶店のようなのが開いていたので入り、メニューを見たが、すべてハングルでわからない。店の人も英語は苦手らしく、しばらく身ぶりコミュニケーションをしたあげく、コーヒーとマフィンらしきものを注文することに成功した。

　ゲストハウスにもどると、すぐにカンさんが迎えに来た。今日しか自由になる日がないので、これからNam Jun Paik Art Centerに行くことになったのだ。が、まだ早いので、そのまえに「電子部品街」を見に行こうと言うと、カンさんは、最初それをYongsan駅の近くにあるマーケットだと思ったらしい。あそこは、いまは電子部品の店は少なく、コンピュータの店ばかりになったことを話すと、とにかく行ってみようということになった。

名前をすぐ忘れるわたしは、名前が出てこなかったのだが、駅で路線図を見て、それが、Jongno3-ga 駅のそばであることを思い出した。

　駅を降りると、彼は、わたしを「ソウルで一番うまい」という冷麺屋に連れて行った。細いアーケードをくぐると、別世界になる。客は中高年で、ほとんどのテーブルにマッコリの緑の瓶がのっている。その場で叩いて切り、茹でる冷麺の味は、ワイルドで素朴でうまかった。

　昨年来た電子部品街はすぐに見つかり、そこからシームレスにつながっている機械部品や板金の町工場の通りも覗く。「ここはまさにパイク的アートのアトリエになりえるね」と言うと、カンさんも同感する。日本ではすでに消滅しはじめているが、こういう場所が生き残っているのは、すばらしい。

　Insa-dong でギャラリーを開いている Joan Lee さんの運転で NJPAC へ向かう車のなかで、わたしはひたすら眠った。日本と時差はないが、急に昼間中心の世界に引き出されたので、疲れた。

　1 時間ぐらいかで到着した NJPAC は、想像したよりはるかに大きな建物だった。ロビーを入ると、真空管ラジオのジャンクを沢山ならべたオブジェがある。パイクの作品ではなく、パイクにちなんで再構築した作品だという。

　この美術館の面白さは、オリジナルをあまり所蔵できなかったので、それを複製したものや、パ

イクのテーマを再構築した作品が多いことだろう。これは、「オリジナル」の墓場のようになりがちな美術館の宿命を乗り越えるひとつの方法である。解釈や再構成は無限に可能だから、この美術館は、その努力をおこたらなければ、つねに現在進行形のパイク館になる。

　展示の一角で、崔承喜（Choe Seung-hui）の珍しい動画が上映されているのが興味を惹いた。崔承喜とは、戦前・戦中、「半島の舞姫」として国際的に知られた天才的なダンサーであり、久保覚は、崔承喜論を書こうと膨大な資料を集めていたが、突然の死がそれを不可能にした。雑誌『新劇』に書いた短文などでその壮大な構想を思いはかることが出来るだけである。

　館長のLee氏の案内で、近くのレストランへ。肉を食べないわたしを配慮して、豆腐の料理もある店に案内された。日本で韓国・朝鮮料理というと、肉料理しかないような印象を受けるが、実際には、野菜や魚の料理も豊富で旨い。

　Lee氏と話がはずみ、ゲストハウスに送ってくれる車のなかでは終わらず、階下に運転手を待たせたまま、カンさんもまじえて、朝までパイク賞や現代アートの話がはずんだ。

2009年7月24日　　KSADでの講義

　　　ゲストハウスから渡り廊下を通って、教室へ。

昨日の打ち合わせでは、講堂のようなところを使うことになっていたが、映像のコントロールがひとまかせになり、やりにくいので、ワークショップルームの方にする。

アメリカの学生と日本の学生を混ぜたような雰囲気。ときどき居眠りしている子がいて、それが日本の学生を思わせる。が、全体としては、反応はいい。

自由ラジオの歴史、微小なトランスミッションの意味、DIYカルチャー、ラジオアート等々。すべて英語で講義し、通訳がついたのだが、中休みのとき、うしろで傍聴していたカンさんが、「どうも先生の言っていることが正しく訳されていないようだ」と言い、若い女性の通訳が顔を強張らせた。上下関係や年令にうるさい文化がまだ残っているので、こういうときは、逆にこちらが気を使ってしまう。通訳にミネラルウォータをあげたりして、落ち着いてもらい、後半を開始。DIYカルチャーの説明に（懲りずにまた）送信機を作ってみせ、明日のワークショップでいっしょに作りましょうというところで結ぶ。

2009年7月25日　　KSADでのワークショップ

レクチャーの可能性を捨てたわけではないが、ワークショップの方が何かが伝わったという実感は味わえる。わたしは、どちらも自分にとっては

「パフォーマンス」だと思っているから、準備（したごしらえ）に手を抜かない。昨夜も、参加者が使う部品の再チェックに念を入れた。

　決められた時間で全員が送信機を作りあげるためには、それ相当の下準備がなされているのだが、参加者当人はそのプロセスは見ていないから、簡単に出来てしまうと、それ自体が簡単だと思いがちだ。だから、もう一度自分でやってみて、同じようにうまく行くかどうかはわからない。そういう難関をのりこえて、自分で何度もやってみて、送信機をすべて自分で作れるようになる人は、ワークショップの参加者のうちの1％である。

　会場に行ったが、主催者のリムくんはまだ来ていなかった。まあ、そういうのんびりさが、わたしは好きだ。変に緊張されるのも困る。だが、彼とパートナーのHelenさんがあらわれ、道具のチェックの段階になって、半田鏝が用意されていないことに気づいた。彼らは、昨年、同じようなワークショップをオルガナイズしているのである。でも、こういうとき、なぜか、彼の場合は、笑えてしまうのである。

　笑は福を呼ぶ。インスピレイションがわいた。この学校は美大だから、どこかに半田鏝やニッパーなどがあるはずだから、それを借りればいいではないかと。その話を、すでにテーブルについている学生に話すと、2、3人の学生がすぐにどこ

かへ走っていった。

　道具がそろって、ワークショップをはじめたのは、予定より1時間ぐらい遅れてからだったが、それから1時間後、全員がＦＭ送信機の製作に成功し、みんなハッピーな気分につつまれた。やれやれ。

　あとからあとから、ケータイでいっしょに写真を撮りたいという学生たちが来て、おそらく全員がわたしといっしょに写真を撮ったのだが、1人だけ、おとなびた服を着た女性だけが、そういうことをしなかった。が、ほかの子たちが帰りかけるころになって、その子が近づいてきて、2人で写真を撮らせてくれという。なるほど、この人は、みんなといっしょが嫌いな人なのだ。それを「みんな」のなかで主張せず、そうできるまで待っているというのはなかなか奥ゆかしい。

2010年8月24日　　ライプチッヒの日々

　久しぶりのヨーロッパ。旅行は好きだが、飛行機がますます嫌いになり、直行便以外の旅は避けてしまう。が、ラジオアート関係の誘いとなると抵抗できない。

　飛行機の乗り心地は、映画『アメリア 永遠の翼』の描く時代（1920年代）の飛行機よりも後退しているのではないか？　客席の階級差もさることながら、それに関係なく配慮のない機内の

あの騒音は何だろう？　重工業時代の工場内と変わらない音環境を我慢させる強制空間。空港内も、9・11後はじまったセキュリティチェックは刑務所環境だ。

　成田からフランクフルト11時間は何とか我慢したが、フランクフルト空港での5時間待ちは退屈した。とにかく、何時間も待たせるのに、空港内にはロクなレストランもない。

　午後11時まえ、ようやくライプチッヒ空港に到着。ロビーに出ると、今回のフェスティバル「Funk Now!」（さあ放送せよ！）の主催者のミハエル・アールツト（Michael Arzt）と自由ラジオ局Radio Blau（青いラジオ）のアンドレアス・マーチ（Andreas March）の顔があった。

　車に乗せられ、市内へ。疲れていないと言ったので、まずはスペイン人のバーレストランへ案内され、打ち合わせをする。ワインがうまい。

　深夜近く、リンドナウ地区のホテルに送られる。瀟洒なホテル。まずはネットの接続を確認。フロントでもらった暗証番号を入力するとWiFiがすぐにつながった。29日に予定している「ラジオパーティ」に出てもらう人たちにメール。2時前、シャワーを浴びてベッドへ。

2010年8月25日　　Radio Blau

　　東京で「普通」より半日遅れぐらいの生活をし

ているので、7時間遅い時差のあるここでは、7時に早起きすると、東京で午後起きるのと同じことになり、わたしには理想的である。

6時半から開いているというレストランスペースに朝食を食べに行く。席に着くなり青年が近づき「コーヒー？」ときき、諾を告げるとすぐに大きなポットを持ってきた。コーヒーをたっぷり飲み、ベーコンや卵……最後はフルーツのサラダにヨーグルトをかけたのを食べる。ふだんの食事のパターンを崩さないで済むのはありがたい。

打ち合わせのメールを送り、資料をチェックしてから、散歩に出る。東京の猛暑は、寒い飛行機のなかで忘れてしまったが、気温が20度程度というのは快適だ。

「統合」後のライプチッヒは、廃墟だらけだと聞いていたので、かつてのブロンクス的環境を期待したが、全然そういう気配は感じられない。地域にもよるのだろうが、むしろ明るい感じだ。すでにジェントリフィケイションの気配すらある。

昨日バーで話したとき、ミハエルは、「ライプチッヒはドイツで最も貧困な都市の一つだ」と言っていたが、州が「Funk Now!」のようなイベントを助成すること自体、すでに変化の兆しではないか？ むしろ、今後ライプチッヒにはアーティストなどがどんどん流入する感じがする。歩いていて目にした不動産屋の売家情報でも、値段はヨ

ーロッパのなかでは極端に安い。

　夕方、アンドレアスが迎えに来てくれて、市内の中央にある Radio Blau へ行く。案の定、「自由ラジオ」とはいえ、立派な事務所とコンソールがデンとあるスタジオから成る「普通」のラジオ局だった。これだと、放送は、どうしても「普通」になってしまう。

ミハエル・アールツト

　ミハエルのイントロではじまったわたしへのインタヴューは、ごく「普通」のディスクールではじまり、自由ラジオからミニFM、さらにはラジオアートへと移ったわたしの関心を、すでにあちこちで書いた通りに話す。「平凡」なスペースがそういうことを要求したのだ。最後にラジオアートの話になり、馴染みのないリスナーのために何かやってほしいと求められ、(これも「普通」のスタジオを予想して) 用意した音源を Dell Mini 9 に OSX を載せた Hackintosh マシーンの DJ ソフトでミックスして聞かせる。音源は、昨年トロントで即興したラジオアート・パフォーマンスのものと、ポルトガルのポートのフェスティバルのために即興したものとの2つである。

　10時すぎ、スタッフもいっしょに近くのバー・レストランへ。すっかり腹がすき、日本の基準では大盛のパスタ（ペストのソース）をたいらげる。ワインは、「stark」(強い) という文字が冠されたピノノワールを取ったら、えらく芋くさかった。

III　日付のある手の旅

2010年8月26日　　レクチャーの功罪

　今日は「レクチャー」をしなければならないので、「心」を平静にすることにつとめようと思う。というのは、何度も書くように、わたしは「レクチャー」に飽きており、依頼を受けてしまってから土壇場になってやめたくなることが多い（ならば受けなければいいのに）ので、最初の約束を守り、相手に迷惑をかけないために最初の意識を持続させる努力をしなければならないからである。こんなとき、地震とか台風とか電車の事故とか（自分を納得させることができる）アクシデントが起きれば確実にドタキャンするだろう。ライプチッヒには地震も台風もなさそうである。現場はホテルから歩いて行けるところなので電車の事故もなさそうである。ああ、しかし、なんと性悪で勝手な人間なのだろう。

　昼すぎ、ホテルのフロントの人に薦められた近所のギリシャレストランに行く。ひと気のない住宅街のなかにぽつんと建っている店なのに、なかは満員。奥では結婚披露宴をやっている。花嫁の姿が見えたが、映画の1シーンのように華やかだった。

　魚介の料理を注文してすぐ食前酒の「ウーゾ」が出た。これですっかり気分は地中海モード。単純である。わたしは、ひとりでも誰かといっしょでも、とにかくレストランで時間を過ごすのがこ

のうえなく好きだ。ひとりでいるときは、まわりの時間がわたしと関係なく流れていくのを眺めているような気分になり、飽きない。ある種の「映画」を見ている感じだが、そのあいだに料理が味覚を刺激する。きびきびと働き、人をそらさないウェイターが気持ちいい。日本だとこのくらいの広さの店ならときには10人ぐらいのスタッフがいるが、ここではマネージャーを含めた3人が走るように働いている。欧米ではこれが普通。日本と何が違うのだろう？

　6時まえ、会場のD21に行く。壁の時計を見たらまだ5時まえなので面食らう。間違ったのかと思ったら、その時計が停まっているのだった。

　7時すぎ、ミハエルが司会をして「レクチャー」開始。ほぼ満席の会場を見たら、昔見た顔があった。2004年にミュンヘンでいっしょだったフリードリッヒ・ティーティェン（Friedrich Tietjen）だ。あとで、彼がいまライプチッヒに住んでいることを知った。歴史家の彼は、ラジオにも詳しく、以前、ブーフェンバルトの強制収容所で密かに進められた放送計画について書かれた珍しい本『死の鉄柵を通り抜ける信号』（Han-Joachim Hartung: Signale durch den Todeszaun, 1959）をいきなり送って来て驚かせた。そこには製作されたが発見されて使われなかった送信機の回路図や写真も掲載されている。

200ページほどの小本だが内容は濃く、衝撃的だ。

最初は乗り気でなかった「レクチャー」も、自由ラジオからラジオアートまでのわたしの経験を話し、送信機をその場で作って簡単なデモをした。レクチャーを頼まれて躊躇するのは、依頼者が「学術的」なレクチャーを求めているのか、それとも「ショウ」風のレクチャーパフォーマンスを求めているのかがはっきりしないときであることが多い。無理ないしは強引な注文があれば、かえって反発して面白いことをしようと思うが、こちらが歳をとったせいか、相手も遠慮して無理な注文はしない。だから、自分で自分に無理を強いることで二番煎じをしないようにしている。

　この日は、理論にも強い客が多かったので、「構造的カップリング」の概念を拡大した「理論的」な話も手ごたえがあった。打ち上げで行った近くのバーで、（いまどきと思われがちな）現象学のヘルムート・プレスナーを新たにコミュニケーション論の側から研究しているという「女の子」や、ギリシャ人でハイデッガーでもガタリでもなんでもござれの「ノスフェラトゥ」（ムルナウの映画に出てくる）みたいな顔の男と深夜まで議論して飽きなかった。こういうお客がいれば「レクチャー」も悪くない。

2010年8月27日　　ヴェヒターハウス
　　昼間、ときどき降る雨を喫茶店などで避けなが

ら、周囲を歩き回った。人の数は少ないが、殺伐とした廃墟の感じはしない。なぜなのかは依然としてわからない。むろん、「ジェントリフィケイション」が進行しているということもある。古い建物のように見えても、1990年代に改装されたところが多いらしく、小奇麗な店なども大半は1995年以後に開店している。しかし、住居らしきビルが意外にちゃんとした風情なのである。

夕方約束の時間が大分すぎても姿をあらわさないので、出てしまおうと思っていると、夜の8時すぎになってやっとヤン・ブリュゲンマイヤー (Jan Brueggenmeier) がホテルにやってきた。彼とは10年来のつきあいで、彼がヴァイマルのバウハウス大学の学生だったとき、ラルフ・ホーマンのゼミでわたしが講義とワークショップをやり、それに深くコミットして「人生を誤った」。アーティストにはならなかったが、Ustream や Skype などというものがない時代に「pingfm」というストリーミング放送局を学内に開設し、数々のラジオアートイベントのオルガナイズをやった。彼の卒業論文の審査をしたので、ありていには、彼はわたしの「教え子」ということになる。実は、明日彼は、卒業後住み慣れたライプチッヒを発ち、メルボルンに行く。わたしの知り合いの Norie Neumark のところで4年間研究することになったのだ。

訪豪前日のヤンくん

ラルフ・ホーマンのゼミにいたヤンくんの後

輩のマレイケ・マーゲ（Mareike Maage）もヴァイマルからわざわざやってきて、3人で会食をした。彼女は、しばらく会わないあいだにすっかり「キャリアウーマン」風になった。ヤンくんだって、かつての「美青年」の面影は大分薄れたけど。

　せっかくライプチッヒに来たのだから都心部も見てほしいと言われ、ヤンくんの車で「名所」を外から眺める。しかし、わたしは、今回観光には関心がないので、スラムとか廃墟とかを見せてほしいというと、彼は何ヶ所かそれらしきところへ車を走らせたが、彼が昔言っていた「シュリンキング・シティ」の雰囲気はない。

　そこで、D21のミハエルから聞いた「ヴェヒターハウス」（Wächterhaus）はどうなの、と水を向ける。彼の目が輝き、車の方向を変えた。「ヴェヒターハウス」というのは、D21自身がそうなのだが、いわば「スクウォッター・ハウス」の「合法版」のようなもので、空いているビルの「留守番」（Wächter）（補修や管理も含む）をするという条件で家賃を払わずに家に住む方式だ。どうやら、「廃墟」が見えないのは、廃墟になったビルがすでに「ヴェヒターハウス」に転換されつつあるからかもしれない。こういう場所にアーティストやアクティヴィストが住み込むという傾向は確実に強くなっているらしいから、今後、「ヴェヒターハウス」から面白い文化（ラジオ局も含めて）が

生まれてくる可能性はあるだろう。

2010年8月28日　　ゲーテの「手わざ」（Handwerk）

　午後、ワークショップの機材をバッグに詰めてD21へ歩いて行く。早すぎたようなので、少し何かを食べておこうとあたりをうろつく。土曜なのでこのあたりのレストランは閉まっている。バーがあったが、入ってみると、タバコかシガーの煙がもうもうとし、ほとんどアル中的雰囲気の男たちが数人いて、こちらをじろりと見た。なるほど、ここには古いライプチッヒがあるように見える。しかし、肉系の大きなサイズの料理ぐらいしかなさそうなので、あきらめて外に出る。

　ライプチッヒには、一見してヤク中らしい感じのひとを見ることはほとんどないが、アル中にはときどき出会った。アルコールの問題が深刻だという話は聞いた。それは、「社会主義政権」時代からの継続かもしれない。急速な「社会進出」のために女性のアル中率がとりわけ亢進したそうだ。

　雲行きがあやしくなったときアイスクリーム屋の看板が見えたので入ったら、どしゃぶりの雨が降って来た。果物系が食べたいと言うと、愛想のいい女性が、「これが絶対」というので、アイスクリームのうえに生のチェリーがこんもり乗ったのを注文する。外をながめ、コーヒーを飲み終わったころ、雨がやんだ。

D21に行くと、ミハエルも到着していた。すぐにワークショップのセッティング。これは、大体方式が決まっているので、苦労はない。あとは、それをマンネリでなく、いかに自分にとっても緊張度を保ちながら遂行するかが問題なだけだ。

　終わりごろになってやってきたのがいて、特別にめんどうをみなければならなかったが、限定人数10人がすべて送信機を作りあげ、それぞれに送信実験をやり、ハッピーな顔をして引き上げた。毎度のことだが、リアクタンスがどうのとか、コルピッツ回路なのかとか、「専門的」なことを言いながら作る参加者は、たいていうまくいかないのは面白い。少し経験があるために、こちらの指示通りに作らないのだ。この日も、昔無線技師をやっていたとかいう「おじいさん」が一人いて、「ちょっと黙れよ」という感じでやっていたが、案の定、作った回路が全然作動しなかった。

　ワークショップのあいだ、手わざや手作業 (Handwerk) とDIYの話をし、ゲーテの『ヴィルヘルム・マイスターの遍歴時代』のなかの言葉「Allem Leben, allem Tun, aller Kunst muß das Handwerk vorausgehen, welches nur in der Beschränkung erworben wird.」（あらゆる生活、あらゆる行為、あらゆる芸術・技芸には、手わざが先行しなければならない。そしてその手わざは、マイナーのものにとどまることによってのみ獲得できる）を読み、「今

日はゲーテの誕生日ですね」と切り出すと、その「おじいさん」を含めて誰もそのことを知らなかったのには、隔世の感がした。若い人が、ケータイで調べて、そうだそうだと言い、「そうなんだ」ということになる。まあ、8月28日がゲーテの誕生日なんてことをいつも意識しているのは、わたしぐらいかもしれない。わたしの親は、正月を祝わないときでも、毎年、ゲーテの誕生日だけは祝ったので、わたしはうんざりするほどこの日をおぼえている。

　面白かったのは、一昨日の「レクチャー」のとき、送信機の使い方として「コンテンツ」を送るのはつまらない、コンテンツがない方法で送信機を使う方が面白いのではないかという提案をし、送信機で干渉や発振状態を起こす簡単なデモを見せたのだが、そのとき来ていた人が何人かこのワークショップにも参加しており、彼らが、作り上げた送信機でそういう実験をはじめたことだった。ワークショップが、単なる送信からラジオアートを触発したのは、喜ばしい。

　夜は、ミハエルの家でパーティだというので、一旦ホテルにもどる。バーのカウンターが見えたので、まずは生ビールを一杯。

2010年8月29日　　ラジオパーティ
　　ミハエルの注文は「ラジオパーティ」をやって

III　日付のある手の旅

ほしいということだが、彼は、「ラジオパーティ」がどんなものであるかがわかっていないらしい。「レクチャー」では、少しその「歴史」映像を見せた。そのヴァリエイションの一つである「ラジオ・ピクニック」も紹介した。ヴァイマルのゲーテパークでの記録があった。

　場所が既存のラジオ局で、（「ラジオ・ブラウ」が「自由ラジオ局」だとはいえ）普通のスタイルのスタジオで放送することが決まっているので、わたしはライプチッヒに来るまえから、本格的な「ラジオパーティ」は期待しなかった。25日に現場を見て、大きなコンソールが部屋の面積の大半を占めているこのスタジオでは「パーティ」は無理だろうと確信した。だから、わたしは、これならヴァーチャルで行こうと、今日までその準備をしてきた。

　はじまるすこしまえになって、ミハエルが「ちょっと出てくる」というので、「どこへ？」と聞くと、「パーティだからビールなんかを買ってこなきゃ」という。え〜、だけど、どこで飲むのと思ったが、わたしも飲みたいので止めなかった。

　スタジオでラジオパーティをするとすれば、スタジオのドアは開放されなければならない。空間だけでなく時間や習慣の壁も取り払い、ラジオ放送と遊びの空間・時間が溶け合う必要がある。

　ビールのおかげで、最初、スタジオに何人かが

ビール瓶を片手に入って来たりもしたが、スタジオ内ではスピーカーを使わずにヘッドフォンでモニタリングをしているので、番組に参加することが出来ず、すぐに出て行ってしまった。

　わたしが準備したのは、ブライトンのオナー・ハージャー、ウィーンのエリザベート・ツィマーマン、ベルリンのラルフ・ホーマン、ユーブリックのクヌート・アウファーマンとサラ・ワシントンといったラジオアート関係の古い知り合いをSkypeで結び、リモートオンラインパーティをすることだった。現場のフィジカルな参加をベースにしたラジオパーティは無理だと思ったからである。

　オンラインのリモートパーティは、みなが熱弁をふるったので、たちまち予定の２時間が来てしまった。途中、ネットでも流れる「ラジオ・ブラウ」の放送を聴いて、ベルリンのダイアナ・マッカーティがいきなりSkypeで「介入」してきたので、パーティらしさが強まった。彼女も予定の参加者だったのだが、連絡が途絶えていたのだった。

　しかし、「番組」が終わってスタジオの外に出たら、ソファーがある広いスペースにたくさんの人がいて、わたしとミハエルに拍手をしている。テーブルにはビール瓶がころがり、まさにパーティがたけなわなのだった。彼や彼女らは、このスペースでラジオを聴き、それをサカナにして盛り

上がっていた。それならば、このスペースにマイクを置いて「ラジオパーティ」をやればよかったのだが、ミハエルも局長のアンドレアスも、スタジオを「不要」にする放送なんて考えたこともなかったのだ。わたしはそれを予測したが、無理やりやっても意味がないので、成り行きにまかせた。しかし、これも「構造的カップリング」である。閉ざされたスタジオとデジタル空間のなかでも、一つの「共振」が起これば、それが別のフィジカルな空間（身体空間）と「カップリング」し、その「共振」が同時進行するのである。

　その「共振」は、その後繰り出した近くのレストランでも深夜まで延々と続けられた。空間をいくつもシフトさせる「ラジオパーティ」もありなのだというのは、一つの発見であった。

Ⅳ　失敗と成功　芸人への道

IV 失敗と成功　芸人への道

2010年10月31日

久しぶりのロンドン。Cut & Splice: Trans-missionというイベントに招かれてやってきた。暑くもなく、寒くもない快適な気温。

迎えに来てくれたSound & Musicのジョナサン・ウェブ（グラスゴウでも会った）に案内されたホテルは、チェーン店の一つだったが、イーストロンドンのブリックレーンに近く、バーは遅くまで開いており、インターネットの接続もうまく行き、しばしの滞在には悪くないと思った。

予定を打ち合わせてから、機材と生活用具の整理をする。明日1日だけ自由な時間があるだけで、明後日からワークショップがはじまり、4日にラジオアート・パフォーマンスをして東京に帰るという大いそがしの旅行。日本に帰ったら、すぐに「教室を教室でなくするチャレンジ」というゲスト講座がある。今度は、招かれるのではなく、招く側になる。イベントのゲストは招く側の姿勢や勢い次第のところがある。招く側が手を抜けば、招かれる側は力を発揮できない。

大分遅くなったが、夕食に出る。機内ですでに2度食事をした。Virgin Atlanticは、サービスの「合理的」なカットをしているが、ネットであらかじめ「ヴェジタリアン」の指定をしておいたこともあってか、まあまあ食べられる食事が出た。

ブリックレーンには、ベンガル料理の店が軒並みあるが、ホテルから５分ぐらいのところにパキスタン料理の店を見つけて入る。客は、ほとんどイスラム系の人。まわりはみんな大きなグラスでラッシーを飲んでいたが、ビールを飲みたくなり、たずねる。すると、「置いてはいないが、隣で買ってくる」という。これは、宗教上の理由ではなくて、ライセンスがないだけの話なのだが、いかにも異端者になったような気がしないでもなかった。しかし、店の中学生ぐらいの子が、「隣」（そんな店は見当たらなかったが）からビニール袋にビール瓶を入れていそいそと帰ってきたのが見え、異端者気分はすぐに消えた。

　どこの国に行っても、ボーっと、窓外や室内を見ながらひとりで食事をするのが好きだ。自分がいまどこにいるのかを忘れる。だから、その記憶は、時と場所を越え、いりまじり、ごたまぜになってしまう。言葉も、自分のジョイス的な内的独白（日本語）とまわりの英語とイスラム系の言葉などなどが混じりあい、夢うつつになる。

2010年11月2日

　昨日は、２つのインタヴューのあと、たった１日だけの「休日」を街路歩きや旧友との邂逅で楽しんだ。ラジオアート関係で初めて招待を受けた"Hearing is Believing"というイベント以来つきあ

いが続いているキース・ド・メンドサ (Keith de Mendonca) とピカデリーサーカスちかくのイタリアンレストランで会食した。

　考えてみると、アンナ・ダグラス (Anna Douglas) が1996年にサンダーランド大学で仕掛けたこの「百聞は一聴にしかず」とでも訳せるイベントは、貴重な機会だった。ヨーロッパでラジオアートに特化した集まりが開かれたのは、これが初めてだったからである。インターネットは普及しておらず、通信は手紙とFAXと電話だったが、ラジオアートの多彩な関係者が一同に会した。ハイディ・グルントマン、ダグラス・カーン、スキャナーと初めて顔を会わせたのもこのときだった。カーンは、わたしも一枚かんだ『Cultures in Contention』という本（前述）の編集者で、その後彼は、ラジオアートの研究者になり、教職についた。

　日本にいるときにはありえない午前8時に身繕いを終わり、ホテルの1階に朝食を食べに行く。オレンジジュース、コーヒー、ベーコン、ビーンズ、クロワッサン、オレンジマーマレード、フルーツサラダにヨーグルトといった献立。

　なぜか、少しナーヴァスな気分。ベッドのうえでは、目が覚めて水を飲むのをくりかえしていた。多くの夢を見たが、わすれてしまった。アレルギーで涸れてきた喉は、寝るときよりよくなったが、

まだ異物感がある。耳鳴りはまだする。

　周囲を散歩したあと、ホテルにもどってワークショップの部品の整理。

　アレックス・コルコウスキー（Aleks Kolkowski）というひとからメールで、自分は Edison Phonograph（蝋管録音機）で録音するのをアート作品にしているが、リハの時間の合間にでも、わたしの音の一部を録音したいというオッファー。面白いことをやるアーティストもいる。実働するエディソン・フォノグラフは見たことがないので、心からウエルカム。

　送信機ワークショップの部品は、日本で、万端ととのえてきた。この時点ではそう信じていた。5時半に迎えが来ることになっている。これから昼飯を食いに行くつもり。

　午後1時まえにホテルを出て、ブリックレーンに行く。イースト・ロンドンのふところ。そのまま歩いたら、ホワイトチャペルに出た。むかしこのへんをよく歩いたことを思い出す。少し徘徊し、ひきかえす。ブリックレーンには、バングラデッシュのレストランが何軒もある。その一軒の Sheraz という店に入る。野菜のカレー、キングフィッシャーのビール（大瓶）、ライス、アイスクリーム、コーヒーを取った。

　ブリックレーンを歩く。1976年だったか、初

めてここに来たとき、路上のマーケットで、当時の日本では(その間に「品種改良」が進んだので)もう見かけなくなったような「しょぼくれた」リンゴを売っていたので、手に取ろうとしたら、触るなとどなられた。みんな暗い顔をしていて、喫茶店に入ると、なぜか顔が黒ずんだ老人が1杯の紅茶椀をかかえて、放心したように動かないのだった。が、10年後には、当時言われた「イギリス病」はどこかに吹っ飛んだ。

　Forner St. まで行き、Commercial St. に入る。イスラム系のスーパーマーケットを2つ覗く。パフォーマンス向きの材料はなかったが、料理用のサフランが安かったので買う。ブリックレーンの East Gallery に立ち寄ったら、Mao Ishikawa の "Okinawa Soul" という写真展をやっていた。

　ホテルにもどり、4時まえから20分ほど眠る。喉が少し痛い。

　5時半ぴったりにワークショップ・コーディネイターのヤナ・フィリップス (Jana Philips) がみずから迎えに来て、送信機ワークショップ＋ラジオパーティの会場に着く。そこは、壮大な Somerset House のなかの一室で、招聘先の Sound and Music の事務所もここにある。有名な建物で、多くの美術展をやっているが、展示・展覧会アレルギーのわたしには縁がない。ロビーに飾ってある船は、18世紀の戦艦ばかりで、腕のないネル

ソン提督の大きな絵もある。大英帝国の強欲がただよってくる不吉さを感じた。

　創造的であることと時間のながさは必ずしも比例しない。たっぷり時間があり、準備万端という意識にいるときは、その後の展開がダメになることがよくある。今回は、そのパターンが的中してしまった。そもそも、夜7時からのイベントのために朝から起きているというのはわたしには不自然である。しかし、この日の失敗の原因は、ロンドン到着以前から準備されていた。

　わたしが送信機を作り、電波を出すことがいかに解放的なことかを示す最初の重要なパフォーマンスで、わたしは重大なへまをした。なんと、熟知しているはずの部品をまちがった位置に半田付けしてしまったのだ。それほど複雑ではない回路なので、まちがったら、取り外して付け直せばいいのだが、まるで《手》が意志に反抗して動いているような気がして動揺した。こういうことは、ワークショップをはじめた初期のころにはなかったわけではないが、この10年間、こんなみっともないことをやったことはない。

　こういう場合、パフォーマンスをするわたしの意識の緊張度は下がるとしても、観客は気づかなかったかもしれない。そう思い、この時点では、ポーカーフェイスをつくろって、配線をしなおした。しかし、次に起こった失敗は、当面、とりか

IV 失敗と成功 芸人への道

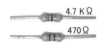

抵抗は、3つの色縞で値を表示するが、ボケた老眼には、黄・紫・茶（470Ω）と黄・紫・赤（4.7KΩ）の区別が、このモノクロ写真のように、あいまいに見える。

えしのつかないもので、その事実を告白せざるをえなかった。

なんたること、日本から持参した抵抗の値が、完全にまちがえていたのである。「470Ω」だと思って持ってきたものが、「4.7KΩ」だったのだ。さらに、「10P」というコンデンサーのつもりで、「103」という表示のものを持ってきている。これは、「10P」の1万倍の容量のコンデンサーであり、代替はきかない。形が似ているので、わたしの老いた眼は、部品を準備するときに見まちがえたのである。

こんな馬鹿なことはしたことがない。それに、10名限定の参加者のために用意している部品がすべてまちがったものであるはずだから、これでは、ワークショップがなりたたない。明日ももう10人ひかえているのにどうするのか？ものごとをシンプルにして、最大の効果をあげるように設計されているわたしのミニ送信機の回路では、たった1個の部品でも、なければ致命的になる。さあ、どうする⁉ わたしは完全にファック・アップしている、もうだめだ。

しかし、パフォーマンスアートは、危機やアクシデントのなかでこそ真骨頂を示さなければならない。計画通りに進まなかったときに新たに何かをやることがパフォーマンスアートなのである。

わたしは内心狼狽したが、ひらめいたことがあ

った。部品をまちがえたことを簡単に説明したのち、「10P」というコンデンサーを省略する方法を提案した。

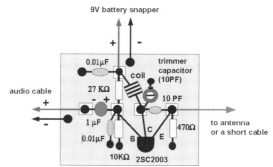

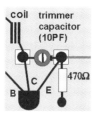

10PFのコンデンサーを省略するために、同値の可動コンデンサー1つで両方の機能を満たすように回路を替えた。

会場で配った手製の配線図の上記の部分に見えるように、この回路には、この10Pという固定コンデンサーのほかに、同じ値の可変コンデンサーがある。それは、まちがいなく人数分持ってきている。この可変コンデンサーは、送信機の出力周波数を変えるためのものであるから、周波数を固定してしまえば、なくてもよい。また、コイルの巻き数や幅を変えれば、周波数は変えられるから、利便性を棄てれば、省略できるのである。

では、「470 Ω」の抵抗のほうはどうするか？ これは、DIYで自作しよう。さいわい、抵抗値は470 Ωである。細い線を100回ぐらい巻けばこの値に近づけられるだろう。そこで、担当のヤナ

に頼んで、いらない線を探してもらった。Sound and Music のほかのスタッフも、オーディオのケーブルなどを持ってきてくれた。10人の参加者もなにやら面白がって、これから何が起こるのかに期待満々の顔。

結局、手本を見せるわたしの送信機製作パフォーマンスは、オーディオケーブルの細い線をぐるぐる巻きつけた DIY「470 Ω」で、ちゃんと電波が出た。15分のはずが1時間を越えたが、パフォーマンスとしては面白かったはずだ。

わたしは、同じことを10人にやらせようと思ったが、そのとき、姿が見えないなと思っていたワークショップ・コーディネイターのヤナが、満面笑顔で部屋に現れた。何と、手にはサイズはやや大きいが正真正銘の「470 Ω」の束を持っているではないか。彼女の話によると、近くにラジオ部品をあつかう MAPLIN があるので、行ってみたらあったので、買ってきたというのだ。彼女のコーディネイションもパフォーマティヴでいいではないか。わたしは感動し、彼女をハグした。

外見は普通の電気店だが、部品も売っている。

そのおかげで、参加者たちは、あらかじめ配った配線図とは少しちがう回路ではあるが、DIY で電波を出す「劇的」な経験をして、この場を去ることが出来た。

この夜、ホテルに帰ったらすでに11時をすぎていたが、明日の準備にかかった。午後の1時半

からはじまる同じパターンの送信機製作ワークショップで配る配線図を、さきほど即興的に思いついたヴァージョンに書き換える作業だ。軽い（この時点で）ので持ってきた旅行用の Hackintosh マシーンにはデフォルトのアプリしか入れていないので、ネットから OpenOffice を落とし、その Draw を使って配線図を描き替え、PDF を作り、メールに添付してヤナに送った。あとは参加者の人数分プリントアウトしてもらえばいい。やれやれ、階下のバーでビールとミネストローネを摂り、外を見ると、夜景が親しげに見えた。

2010 年 11 月 4 日

　昨日のワークショップは期待通りうまくいった。今日は、いよいよライブパフォーマンスの日だ。夜の本番のまえに音合わせがある。タクシーを呼んでもらう。荷物が重いので、現場の Wilton's Music Hall の門前までタクシーで乗りつけるつもりだったが、路地が狭いので運ちゃんに敬遠され、すこし手前で降ろされた。

　わたしのパフォーマンスアートに「リハーサル」はいらないのだが、今回も、主催者側は「音楽イベント」のノリで事を進めている。音楽家でもリハをしないひともいるのだろうが、その場合は代理人がやる。さもないと、エンジニアが困るのだ。

　ノイズミュージック興隆のおかげで、途中でア

IV　失敗と成功　芸人への道

ンプを止めるようなエンジニアはいなくなったが、それでもパフォーマンスの世界のなかでも「ラジオアート」などという、まだ世間的に知られていない世界の人間に対しては、かなりの偏見をいだいているエンジニアが少なくない。だから、わたしは、エンジニアにはなるべく頼らないで済むように自前の装置を持参することにしているが、そうもいかない場合は、リハでは型通りのことをやり、本番で彼らを裏切るということにしている。

　が、この日会った主任エンジニアのデイヴはヘビースモーカーの気のいい男で、わたしにはとても親切だった。すこし若いフィリッポは最初気難しそうだったが、ニューヨークのラ・ママのエレン・スチュアートのことを話すので、わたしが会ったときのことを話すと、急に親しげになった。

　メールで連絡をしてきたアレックス・コルコフスキーが、約束通り、エディソン・フォノグラフ（蝋管録音機）を持ってきて、セッティングし、わたしに音を出してくれという。リハでは、マックスの音量を出してみせただけでごまかせたと思ったが、アレックスのために本番で出すかもしれない音（まだ作っていないから同じになるかどうかはわからないが、音合わせのために完成品を持ってきた）を出さなければならなくなった。

　この現場でインタヴューされたBBCのロバート・ウォービー（Robert Worby）にも言ったことだ

シリンダー（拡声器）を付けたエディソン・フォノグラフを操作するアレックス。

が、わたしは音楽を作っているのではない。問題は電波であり、電磁波の場をそのつど新たに変えようとしている。だから、音や映像は、電波の変化を示唆するさしあたりの手がかりにすぎない。ノイズ系のミュージシャンやサウンドアーティストのためのイベントでラジオアートをやるのは、ある種の「妥協」であって、もっとちがう、ラジオアートに適した場所やイベントがあるはずだ。

　アレックスの場合、いまの時代の録音機を使わずに録音をすることによって、いまとは全く異なる音場を作る。それは、音の振幅が、録音盤の蝋盤（ワックス）に直接変化をあたえるわけだが、ラジオアートも音を介さずに直接やれるのなら面白い。ちなみに、彼が、PAから出るわたしの装置によるビート音をエディソン・フォノグラフで録音したものをあとで聴かせてもらったが、それは、19世紀の人にとってはあたりまえでも、いまのわれわれには、なんとも不思議な音で、なかなかインスパイアリングであった。

　1時すぎ、一旦ホテルへもどり、帰りの飛行機の予約をネットでし、10分ほど眠り、外に出る。ブリックレーンのイスラム系の店で食事。3時をすぎていたので、デザートは出せないというので、アイスクリーム屋に立ち寄る。歩いていたら、フリーマーケットがあり、廃品や古い写真が廃棄物のように積まれていた。ふと、そのむかしに書い

た小説「Lost Memory Lost」を想い出した。原稿を読んでもらった編集者が食指を動かさなかったので、ネット小説にしようとした。最初、Javaプログラムなどを使ってインタラクティヴなことをしようと意気込んだが、すこし放置しているあいだにいろいろ便利なツールやゲームが登場し、DIYのこのサイトがえらく未熟でダサいように思え、やめてしまった。記憶喪失の主人公の、路上に捨てられた持ち物、写真やノートから、その過去をよみがえらせるプロセスの話である。

　いまなら、それは、《手の記憶》と意識の記憶との乖離ということを軸にしてもっと面白い展開ができただろう。わたしがラジオアートをやりながら、昨日のワークショップで直面したのも、この《手の記憶》と意識の記憶との乖離である。

　電波はいたるところにある。体を動かせばむろんのこと、指１本うごかすだけで、電場（これをわたしは "Inductance" と呼ぶ——これが今夜のわたしのパフォーマンスのタイトルでもある）が変わる。その変化は、音や映像だけでは非常に制限・歪曲された形でしか表現されないだろう。

　昨日の失敗を避けるため、会場に入る時間をギリギリまでおさえた。パフォーマンスアートに「失敗」という概念はないとわたしは思うが、「演奏」が期待される場では、失敗と成功とが明確にわけられる。イベントの告知には、「ラジオをド

ラマティックな舞台やパフォーマンスの楽器として前衛的に使う3日間の探究」とあり、ここではまだラジオは「楽器」にとどまっている。それは、通信装置を運搬装置とみなす古典的な解釈よりはましかもしれないが、ラジオを「楽器」と考えているあいだは、そのパフォーマンスは、音楽を理想型とする「演奏」にとどまらざるをえないのだ。

　わたしよりも先にやるニコラス・コリンズ（Nicolas Collins）には、「音楽」とラジオアートとのあいだをバランスよくあんばいするしたたかさがある。わたしの場合、それはできない。「音楽家」と「共演」する場合には、むこうにわたしの音を勝手に利用してもらう。それがどんなに面白い音を生み出したとしても、それはわたしの功績ではなく、「音楽家」のものである。そして、わたしのラジオアートを「音楽」のソロ「演奏」として聴く者は、そのひとが勝手にそうしているのであって、わたしにはそのつもりはない。が、今回、わたしはまさに、そういう「すれちがい」の高度の緊張のなかにみずから踏み入ることになる。

　わたしのラジオアートパフォーマンスでは、「演奏」とみられることを避けるために、装置の製作プロセスを見せる。送信機（ワークショップのものとは別物）を作るところからはじめるのだが、昨日のワークショップのときのような失敗は、単なる失望を生むだけだろう。時間は30分しかな

いから、「失敗」を脱構築する時間はない。失敗のリスクはいろいろある。半田付けをまちがえたら、周波数を誤った位置にセットしたら、送信機を振り回したりするから、コイルが切れたら……。

7時すぎ、ニコラス・コリンズのパフォーマンスがはじまり、2度インターヴァルがはいったが、よくおぼえていない。1階のバーのパーティ・トークにうんざりして外に出たら、タバコを吸いながら立ち話をしていた男が、わたしにむかって、「君は Tone か？」と訊いてきた。「Tone」とは刀根康尚のことだと思い、「Tone は尊敬する友人だが、わたしは違う」と答え、刀根さんのことを知っている客なら期待できると思いながら、しばらく話をしたのだけはおぼえている。

毎度のことながら、この種の「コンサート」では、自分の番が来るまでの時間は、なければよいたぐいの利己的な時間になってしまう。が、あっというまに時は過ぎ、自分が試される時がやって来る。そして──

結果は、わたしとしては、「会心の出来」だと思った。BBC の録音でもわかるように、終わると、300人を越える観客が、スタンディングオベイションをしてくれた。この日、"The Resonance Radio Orchestra" の一員としても「演奏」（まさにラジオ受信機を楽器として使う）をした先のロバート・ウォービーは、こんなメールをくれた。

水を満たしたガラス容器の水量・位置・誘導係数（インダクタンス）などを変えて、送信電波に不確定なゆらぎをつくった。

Your performance was beautiful and very inspiring. I have never seen or heard anything like it before. You work with extraordinary ideas and materials and at Cut & Splice you presented a unique performance that included ritual, theatre and sound. You made radio more magical than it already is.

　むろん、褒め言葉であるが、ブログで "mesumerising" という言葉を使っているレヴューもあった。

　Tetsuo's radio art takes on a shamanistic performance aspect, as he builds transistors in from of you using electromagnets and the proceeds to conjure beautiful noises from them through the use of his hands, a pippet of water and further magnets. It's truly mesumerising.

　"mesumerising"とは、「魅惑的」といった意味だが、同時に「催眠術にかける」といった意味を含意する。もともとこの言葉は、「動物磁気」のフランツ・アントン・メスメル（Franz Anton Mesmer）に端を発する。メスメルは、いま考えれば、「磁気」というよりも、「気功」の「気」のようなものに注目し、それを治療に使おうとしたが、他方で、ヨーロッパの各地でその実験をライブで披露し、見世物として、いやパフォーマンスアートとしても注目を集めた。ときには山師のようにいぶかしがられたこともあった。

　ラジオアートにとって、気功の気もまた電磁波

IV 失敗と成功 芸人への道

現象である。その意味で、メスメルは、ラジオアーティストであったのであり、また、すべてのラジオアーティストは、彼が「山師」とみなされたのと同程度に「山師」でもある。

英語で山師やペテン師のことを "con artist" と呼ぶが、ラジオアーティストの artist は con artist のそれなのだろう。すくなくとも、ラジオアートが、見世物や催眠術の延長線上でとらえられることをやめるまでは。

後日、この日の「演奏」にも来てくれた旧友のキース・ド・メンドンサが言った。ウィルトンズというホールは、手品の公演でも有名なところで、ここによく来る観客の意識のなかには、手品や奇術の「芸」の刷り込みがあるのではないか。だとすれば、彼や彼女らが、わたしが送信機を5分で作り、それを使って電波を出し、近くのポータブル受信機に奇妙な音を出して聴かせたのを「奇術」と受け取っても不思議ではない、と。

キースは、1990年代に、小型の送信機を郵送し、その電波を追跡するというパフォーマンスを仕掛けた。いまなら爆発物でも入っているのではないかと疑われ、逮捕されかねない。息苦しい時代になった。

サウンドアートを聴きつくし、マイナーなパフォーマンスアートを見つくした彼が、わたしのやることに「アート」を認めないのはありがたい。わたしは、「アート」なんかどうでもいい。ラジオアートのアートは芸術ではない。語源辞典によると、13世紀には、artは、詩や絵画や音楽の技・スキルを意味するよりも、狡猾、セコい芸を意味したとある。ラジオアートは、「芸術」になって

はならない。たかだか、大道芸人の「芸」にとどまるべきだ。

　ウィルトンズ・ホールの「成功」は、わたしに、たかだか年に10回程度ヨーロッパで行ってきた「芸行脚」をコンスタントなものにしたいという気持ちを強めた。電子芸人になるのも悪くない。わたしは、そのことを真剣に考えた。

あとがき

　本書の終章は、わたしが電子の「芸人」になることを決意しているかのようなくだりで終わる。時間設定は、2010年11月だから、それから5年半の歳月が流れている。結果は、そうはならなかった。わたしは、あいかわらず、半分物書き、半分ラジオアーティスト、その半分……要するに「半端者(はんぱもの)」であり続けている。

　芸人にならなかったのは、なれなかったからである。以前は苦も無くやれたノマド生活が無理になり、また、知覚的にもボケを感じるようになったからである。おそらく、近い将来、体力の衰えなどというものは、身体を代替する諸装置で補うことができるようになるであろうが、ボケのほうはどうだろうか？

　ヴァーチャルな装置で補うといっても、能力の操作そのものまで補ってくれる装置はない。視力・聴力・味覚・感触等々を拡大・増強してくれる技術はあるし、ますます進化している。しかし、ボケというのは、単なる衰退や減衰の問題ではなくて、身体の内的・外的関係の根底的な変化である。

あとがき

　終章で記述した「失敗」は、単なる視覚の誤認というよりも、《手》と脳神経的思考との乖離と考えたほうが面白い。このような「失敗」は、体にどんなに高度のセンサーを装備したとしても、くりかえされるだろう。だから、あえて失敗を防ごうとすると、その一連の行動を予知して、その行動そのものを控えてしまうという方向に進む。不可能や失敗をもプログラムしようというわけだ。が、しかし、これではパフォーマンスアートは成り立たないし、そもそも「人間」として生きることができなくなる。
　「頭脳的」な思考のレベルでは名前や概念が思いだせなくても、手や身体の各部つまりは皮膚がおぼえているということがよくある。記憶や知覚が「頭脳的」な思考だけで済むのならば、話は簡単である。データとしての記憶や知覚は、いつでも書き換えが可能であり、そもそも忘れたり、知覚をあやまったりすることもない。ゼロデータや別データが問題になるだけだからである。
　問題は、《手》にも思考の機能があり、それが、通常の「思考」と嚙み合わなくなることだ。
　もしそうだとしたら、わたしにとって《手の思考》はどのように変化してきたのか、どのように育ち、「手慣れた」ものになり、そしていま、混乱を起こしはじめたのか——これを手探りするのが、本書の課題である、と本書をまとめる「手探

り」をしながら「頭脳的」思考が考えた。

　わたしの場合、《手の思考》は秋葉原とともに幅を広げた。だから、秋葉原が有力な参照点にならざるをえなかった。

　「手先」のことにこだわる《手の思考》に入れ込んでいると、概念的な思考はつねに修正や逆転を強いられ、裏切りを起こさざるをえないが、その分、概念的思考は、あらゆる境界線を踏み越える。わたしの文章や本が、概念的には、メディア、都市、映画……と右往左往し、変節をくりかえしているのはそのためである。

　わたしが、概念的な意味での《手》の面白さに目を開かれたのは、ベルギーのルドヴィク・ロブレクツによる『フッサールの現象学』(せりか書房、1971年)の「わたしの身体」(Mon corps)という章を訳しているときだった。そこでは、わたしがすでにフッサールとメルロ=ポンティで修士論文を書き、知っていたはずの諸概念が、もっともしなやかに生かされていた。

　生きた思考は、解釈や理論を伝える以前にその身ぶりの波動に共鳴させる。だから《手の思考》は、手がつねにすでに「頭脳的」な思考に先行し、裏切るとしても、どこかで「頭脳的」な思考の身ぶりと交差し、絡み合う。

　本は、《手の思考》の生成過程をドキュメントするよりも、その結果を定着するのに向いている。実

あとがき

際、出来上がった本を読んでも、そのどの部分が「手直し」され、「手加減」されたかはわからない。しかし、本書でわたしは、せめてもそうした「手直し」や「手加減」の「手つき」が依然として感じられ、読者に共鳴状態を起こさせることを期待している。これまでのわたしの本と物的に異なる形を採用したのは、そんな期待からである。

　本書が出来あがるまでに、多くの方々のお世話になった。当初の「アキバ」論から「手の思考」の方に重心移動できたのは、前著『メディアの臨界』でも世話になった武秀樹氏のおかげである。あえて横書きにする決断、アイコン式の写真の挿入、リモートでのデジタル編集等、手作業の醍醐味を味あわせてくれた。わたしの超夜型に合わせるのに苦労されたと思うが、わたしの飽きっぽさが顔を出す余地をあたえなかった。感謝！

　思えば、少年時代の秋葉原について書くきっかけを最初に作ってくれたのは、『東京人』の編集者時代の坪内祐三氏であった。《手の思考》という発想を深めることが出来たのは、文字通り「電子と手の思考」という長期連載の機会をあたえてくれた『グラフィケーション』の田中和男氏であ

る。『ラジオライフ』で秋葉原を舞台にわたしの好き勝手を許してくれた諏訪英世・関口勇・村中宣彦の諸氏、『朝日ジャーナル』時代からわたしの手仕事を支援してくれている増子信一氏、文中で触れたイベントを通じて共に手の経験を共有しあったハンク・ブル (Hank Bull)、エリザベート・ツィマーマン (Elisabeth Zimmermann)、ラルフ・ホーマン (Ralf Homann)、アダム・ハイド (Adam Hyde)、オナー・ハージャー (Honor Harger)、クヌート・アウファーマン (Knut Aufermann)、サラ・ワシントン (Sarah Washington)、そして、いつもはるかニューヨークから刺激をあたえ続けてくれる刀根康尚氏にもこの場を借りて心からお礼を申し上げたい。

2016 年 4 月 10 日

粉川 哲夫

著者紹介

粉川 哲夫（こがわ　てつお）

1941年東京生まれ。上智大学、早稲田大学で哲学を学ぶ。1980年から微弱な出力のFM送信機を用いた「自由ラジオ」に関わる。1984年ごろから電子メディアによるパフォーマンス活動を開始。和光大学、武蔵野美術大学、東京経済大学などで「教室を教室でなくする」教育実験も行なった。
著書に『主体の転換』（未来社）、『メディアの牢獄』（晶文社）、『ニューヨーク街路劇場』（ちくま学芸文庫）、『ニューヨーク情報環境論』（晶文社）、『情報資本主義批判』（筑摩書房）、『電子人間の未来』（晶文社）、『カフカと情報化社会』（未来社）、『都市の使い方』（弘文堂）、『国際化のゆらぎのなかで』（岩波書店）、『シネマ・ポリティカ』（作品社）、『もしインターネットが世界を変えるとしたら』（晶文社）、『無縁のメディア』（三田格との共著、Pヴァイン）、『映画のウトピア』（芸術新聞社）、『メディアの臨界』（せりか書房）などがある。

　ウェブサイト：http://cinemanote.jp
　　　　　　　　http://anarchy.translocal.jp
　メール：tetsuo@cinemanote.jp

アキバと手の思考

2016年5月30日　第1刷発行

著　者　粉川哲夫
発行者　船橋純一郎
発行所　株式会社　せりか書房
　　　　〒112-0011　東京都文京区千石1-29-12　深沢ビル
　　　　電話 03-5940-4700　振替 00150-6-143601
　　　　http://www.serica.co.jp
印　刷　中央精版印刷株式会社
装　幀　工藤強勝

ISBN978-4-7967-0352-9